李文萱◎主编

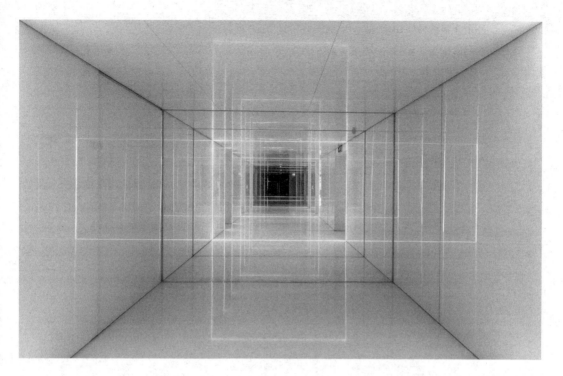

指向学科
核心素养的
课堂教学范式

华东师范大学出版社

·上海·

图书在版编目(CIP)数据

指向学科核心素养的课堂教学范式/李文萱主编.—上海：华东师范大学出版社，2019

ISBN 978 - 7 - 5675 - 8671 - 0

Ⅰ.①指… Ⅱ.①李… Ⅲ.①课堂教学-教学研究 Ⅳ.①G424.21

中国版本图书馆 CIP 数据核字(2019)第 085269 号

指向学科核心素养的课堂教学范式

主　　编　李文萱
策划编辑　刘　佳
审读编辑　林青荻
责任校对　胡　静
装帧设计　高　山

出版发行　华东师范大学出版社
社　　址　上海市中山北路 3663 号　邮编 200062
网　　址　www.ecnupress.com.cn
电　　话　021 - 60821666　行政传真 021 - 62572105
客服电话　021 - 62865537　门市(邮购)电话 021 - 62869887
地　　址　上海市中山北路 3663 号华东师范大学校内先锋路口
网　　店　http://hdsdcbs.tmall.com

印刷者　上海锦佳印刷有限公司
开　　本　787 毫米×1092 毫米　1/16
印　　张　18.5
字　　数　296 千字
版　　次　2019 年 6 月第 1 版
印　　次　2024 年 3 月第 8 次
书　　号　ISBN 978 - 7 - 5675 - 8671 - 0/G·11740
定　　价　54.00 元

出版人　王　焰

(如发现本版图书有印订质量问题,请寄回本社客服中心调换或电话 021 - 62865537 联系)

上海市教育科学研究重点项目、上海市哲学社会科学规划教育学课题"基于课程标准教学的区域性转化与指导策略研究"研究成果之一

目　录

第一章　新授课：好的开始是成功的一半 / 1

　　新授课主要是指引导学生学习初次接触到的以新知识、新技能等为主的学习内容的课堂教学形式。"好的开始是成功的一半"，新授课的质量从根本上决定着学生学习的质量。新授课的特点是"新"，这就要求在新授课的课堂教学方面，教师要善于研究新方法，从而让学生学出新味道，有新收获、新进步。但同时，一切新知都以旧知为基础，新授课与旧知识有联系，因此，在新授课的课堂教学过程中，教师要充分考虑学生已有的知识基础和生活经验，通过创设和学生已有的知识与经验相适应的问题情境，引发学生的认知冲突，唤起学生的好奇心，激发学生主动学习、探究的欲望。教师在这一过程中适时帮助学生生成意义、建构理解。

第二章 序言课：学科学习的"开场白" / 47

序言课是为了让学生高屋建瓴地了解学习内容，形成良好的认知结构，在教学上具有"先行组织者"的作用。序言课主要是为学生之后的学习搭建学习框架，帮助学生做好学习的知识和心理准备。序言课在正式学习材料前呈现，为新知识的学习打基础，但并不是为了让学生深入细致地学习知识、解决问题，而是让学生整体了解章节或单元的体系，知晓接下来要学习的内容及其主要方法。序言课在各学科教材中只占很小的比例，但一堂精心设计的序言课能够发挥出带有自身独特色彩的教学力量，为学生的新知识学习做好铺垫。在序言课的课堂教学过程中，教师首先需要优化教学目标设置，并在充分认识学生的心理特征的基础上，通过创情境、激兴趣等教学策略，实现序言课"为迁移而教"的有效教学设计。

第三章 概念课：构筑思维体系的意义载体 / 71

概念，是对现实世界本质属性的抽象；是人类在认识过程中，从感性认识上升到理性认识，把所感知的事物的共同本质特点抽象出来加以概括而成的；是自我认知意识的一种表达。概念课，是学生在教师的指导下，调动认知结构中已有的感性经验和知识，去感知理解材料，经过思维加工产生认识飞跃（包括概念转变），最后组织成完整的概念图式的过程。概念课以纠正、补充、完善学生的前概念，建构正确的认知为核心，让学生分析了解概念的形成原因，并将其运用到各种具体的情境中去解出相应的问题。概念教学注重学生对前概念的了解，并基于学生的认识来设计教学，帮助学生建构概念。因此，在概念课的课堂教学过程中，教师要根据不同概念的不同特征，遵循学生的认知规律和认知特点，采取适当的方法进行教学。概念教学一般可以遵循如下流程：回顾以往的经验、认知冲突、概念的意义解释与辨析、概念的应用、概念系统化与渗透等。

第四章 写作课：腹有诗书气自华 / 121

　　写作课是以写作教学为主的课堂教学类型。写作是运用语言文字进行表达和交流的重要方式，是认识世界、认识自我、创造性表述的过程，也是学生观察、思考、表达和创造等能力的体现。在写作教学方面，写作内容和教学模式要依据学生的心理、认知特征，挖掘学生的兴奋点和兴趣点，设计学习环境，进行各种创新型尝试，为学生营造自主表达的氛围，引领学生深入探索生活、善于思考与勇于表达。目前，写作教学主要是进行任务写作，即有一个比较明确的写作对象，有一个比较明确的写作目的，有一些比较规范的写作样式。因此，在写作课的课堂教学过程中，教师要为学生的写作提供必要的指导，如写作的审题技巧、作品结构以及语言表达技能等，帮助学生根据写作材料进行思考并审题立意，构思符合逻辑的写作框架，运用丰富的语言词汇使得表达更加有血有肉。

第五章 讲评课：在反思中成长 / 141

　　讲评课主要是以评讲学生作业、练习、试卷为主要目的的课型。如果说新授课是学习知识，复习课是巩固知识的话，那么讲评课则是通过对作业、练习、试卷的讲评实现对前两个阶段学习效果的评价。通过评价，确认正确的学习，纠正偏颇的学习，保证后续的学习。讲评课的课时虽然不多，但在课堂教学中的作用却不可低估。在讲评课中，讲与评是辩证统一的。评是对学生而言的，讲是对知识而言的。立足于评，才能展开来讲；评得到位，才能讲得彻底。只评不讲,评价不具体;只讲不评,讲解无方向。因此,在讲评课的课堂教学过程中,教师要根据不同的讲评材料,运用不同的教学方法,进行有效的横向比较、纵向贯通、深层挖掘或变式训练,以拓宽视野、深化理解;同时要指导学生大胆质疑、深入思考,进一步激发学生的学习兴趣和热情。

第六章　活动课：做中学与玩中学 / 179

　　活动课主要是在教学过程中为了达到既定的教学目的,从学习需要出发,引入、创设与教学内容相适应的具体场景或活动,以引起学生的情感体验,帮助学生更好地理解学习内容。在活动课中,教师要注重通过氛围营造、活动设计等引起学生积极的、健康的情感体验,提高学生学习的积极性。同时,活动课使抽象的知识具体化、形象化,能使学生从形象的感知达到抽象的理性的顿悟,有助于学生的意义建构,激发学生的学习情绪和学习兴趣,使学习活动成为学生主动的、自觉的活动,以此推动学生认知活动的进行。因此,在活动课的课堂教学过程中,教师要注重创设情境,使学生感到轻松愉快,促进学生心理活动的展开和深入。

前　言

在深化课改的系统攻坚阶段,核心任务是根本实现课堂教学的真正转型,有效落实学生核心素养的培育,促进学生的全面发展和个性发展。课堂教学向何处去? 从以教为中心走向以学为中心是教学改革的方向,这似乎已经成为基本共识。但对广大的一线教师来说,到底是停留在口号上,还是文本的概念上,或是真正进入了观念与行为,恐怕都各有之。

近年来,我们在区域课程教学的系统整体改革过程中,进行了基于课程标准教学的区域性转化研究与实践,前期着重于区域性的《学科教学指南》和校本化的《学科教学手册》、《课堂教学设计框架》的研制和实施,建立了由课程标准层级式转化的支架工具系统、以校为本的教学质量保障系统和院校联动的教师研修系统等构成的国家课程校本化实施实践体系,优化了区域课程实施的生态系统。在对基于课程标准教学的区域性转化与校本化实施中,如何使基于标准的教学最终有效落到课堂? 教师的教如何更好地服务学生的学? 这是广大教师最为关心的问题,也是课改深化最艰巨的问题,是学生核心素养得以发展的关键问题。我们提出了课堂范式创生的设想,继而在课堂中进行了深入的实践探索。

进行课堂范式的创生,是对已有课堂实践的反思与系统改进。新课程实施持续近二十年了,中小学课堂教学也的确发生了很大的变化,但没有实质性突破的原因在于,对广大一线教师来说,没有一个基本的、可理解的、可操作的新课堂的普适性框架。已有的探索局限于传统框架下点的、局部的变化,或流于形式的低效的操作,如课堂中大量的假合作,虚探究,无效的满堂问。所以我们需要再构课堂范式,也就是说,课堂全面整体转型需要以课堂教学范式变革为依托,从而从认识论和方法论的高度来重新认识课堂是什么,并影响教师的教学思想和教学观念,指导教师的课堂实践。正如贝塞特(R. T. Bisset)所说的:"教学范式的作用就好像一系列教学透镜或教学信仰,它可以用来过滤或支配人们的主观意向和实际行动。"

借鉴托马斯·库恩(Thomas Kuhn)的范式理论,我们认为教学范式是指教学人员及研究群体共同接受的信念,以及这些信念指导下的课堂教学活动的基本规约和实践模型。从学科核心素养培养的视角出发,深入把握基于课程标准教学的内涵特征,基于对实践经验的提炼和借鉴,形成了立足育人、基于标准、能力导向的课堂教学范式四个基本规约。

一是教学目标源于课程标准,适于学生的差异化发展。教学目标要源于课程标准,符合国家对学生核心素养培养的统一要求,同时要基于校本情况,做生本化细化和处理,适合班级学生的个性化、差异化发展。教学目标是课堂教学中的重要因素,贯穿教学的始终,引领教学的方向和进程。这是基于标准的课堂教学的前提。

二是评价先于教学活动设计,评价融于教学。在教学目标的导向下,课堂评价不仅仅是对学生学习结果的评判,还是收集学生学习表现、学习效果证据,并以此调节课堂教学过程的教学手段和方法。教师在确定教学目标之后,要精心设计评价任务和活动,尤其是表现性、过程性评价,使之成为教与学的活动的一部分。评价活动过程蕴含着教师对学生学习状态的深度了解与精准把握。这是课堂教学科学有效的有力保障,也是当前教师课堂的难点。

三是学习过程合理充分,促进学生自主发展。课堂教学要把学习的权利还给学生,释放学生的学习时空,合理安排充分的学习活动,激发学生的学习积极性和主动性,引导学生进行深度学习。教师作为学习过程中的引导者,应注重处理好引导、指导、疏导和学生自主学习与发展之间的关系。教师通过情境创设、适当点拨、方向引领等适合学习的方式方法,促进学生的自主学习。学生有主动参与学习的活动、经历和时间,如通过预习、独立思考与探究、合作学习等经历体验感悟、意义建构和问题解决的过程,建构自主学习的能力,实现学习方式的转变,让学习行为真正发生。这是基于标准的课堂教学的关键。

四是学习氛围民主和谐,构建活力课堂文化。教师基于对学生个体生命的尊重和对无限学习潜能的赞叹,也基于学生的长远发展而非功利的短视,在师生之间、生生之间的对话、合作、交流等互动过程中,营造安全、友好、平等的学习氛围,鼓励学生大胆发表观点和想法,允许学生犯错,不随意打断学生的思考与行动,欣赏独特的思想与合理的创造性行为。生生之间相互尊重,相互学习,认真倾听,从而建构宽松、民主、和谐的师生、生生关系,构建活力课堂,绽放师生个性,促进生命成长。此乃师生持续发展的显性与隐性的课堂情境场域。从这些基本规约出发,并根据学生发展需求和教学实际操作,我们构建了"三维多元聚合"的课堂教学范式,试图给指向学科核心素养的教学观的重建以理念引领和课堂操作的导引。

指向学科核心素养培育的课堂范式,为课堂教学实施提供了基本框架,但并没有限定其具体的方法与教学形态,相反,鼓励其在基本规约下进行形态多样化、个性化的探索,这也契合了以人为本和活力课堂的内在主旨。本书中大量的课堂模式正是这一课堂范式的多样化表达。本书是这些实践探索的初步成果,作为前期成果《从标准到课堂——基于课程标准教学的区域性转化与指导策略研究》一书的后续与姊妹篇,我们试图在本书中体现出如下特点:

一是前瞻性,虽然研究的是基于课程标准教学的微观领域——课堂教学,但是我们始终将其置于学科核心素养培育的背景下加以考察,以小见大,由具体的学科课堂的教学充分透视出背后的价值取向与教学理念,以体现课程改革新的发展趋势。

二是引领性,本书从各学科教学模式的构建视角出发,分析了核心素养培育背景下学科课堂教学的基本特点、关键要素及操作,从规律性的原理阐述分析,帮助教师立足具体课堂教学又高于具体操作,从整体的系统层面思考课堂,思考教学,感悟其中的规律。

三是实践性,本书提供了中小幼各学段各学科翔实的教学模式典型案例,涵盖了基础教育阶段所有学科,为了充分发挥这些典型案例的启发作用,我们按照课型的共性特征对案例进行分类,并且在每一类案例前提供相应的引导性提示与解读,对本类课型的核心素养内容以及课堂教学各种操作模式中的关键要素加以简要说明,以帮助读者更好地理解这些案例,便于借鉴,并能结合自身实际进行迁移与创新。

诚然,指向学科核心素养的课堂教学范式是一个常研常新的重要命题,本书旨在抛砖引玉,引发大家对这一命题的进一步深入思考与探索,我们将永不懈怠,执着追求,期待取得更加丰富而有价值的成效。

李文萱

2018.11

第一章

新授课：好的开始是成功的一半

新授课主要是指引导学生学习初次接触到的以新知识、新技能等为主的学习内容的课堂教学形式。"好的开始是成功的一半"，新授课的质量从根本上决定着学生学习的质量。新授课的特点是"新"，这就要求在新授课的课堂教学方面，教师要善于研究新方法，从而让学生学出新味道，有新收获、新进步。但同时，一切新知都以旧知为基础，新授课与旧知识有联系，因此，在新授课的课堂教学过程中，教师要充分考虑学生已有的知识基础和生活经验，通过创设和学生已有的知识与经验相适应的问题情境，引发学生的认知冲突，唤起学生的好奇心，激发学生主动学习、探究的欲望。教师在这一过程中适时帮助学生生成意义、建构理解。

1　小学一年级汉语拼音课教学模式

　　汉语拼音是识字正音的工具,是查字典的工具,是学习普通话的工具,也是文字输入的工具。汉语拼音教学是小学一年级语文课堂教学的一项重要内容。根据《义务教育语文课程标准(2011年版)》的要求,在一年级第一学期,通过相对集中的一个月左右时间的汉语拼音教学,学生能初步掌握汉语拼音这一工具,并在之后的学习过程中进行巩固、熟练,逐步满足信息社会对拼音掌握程度的要求。因而,一年级起步阶段的汉语拼音教学尤为重要,教师如何准确把握这一阶段的汉语拼音教学的基本要求,如何充分利用现行的统编教材的教学资源,让枯燥、乏味的汉语拼音学习变得充满情趣,使学生能在愉快的氛围中,轻轻松松地学习汉语拼音,更好地掌握这一工具,提升阅读与交流的能力,这与汉语拼音课的教学模式密切相关。

　　为了更好地进行汉语拼音教学,我们开展了汉语拼音课教学模式的研究,希望通过研究能探寻出具有一定理论基础的汉语拼音教学指导的实践模式。经过一个阶段的研究,我们总结提炼出汉语拼音课的教学基本模式。

一、汉语拼音课基本教学流程

汉语拼音课教学模式的流程如图所示:

看图说句(词语),引出学习内容　→　借助情境图认读拼音字母　→　多种形式练习音节拼读　→　借助图片与音节识字、读词　→　朗读儿歌,读中识字,巩固已学拼音

二、流程说明

1. 看图说句(词语)，引出学习内容

统编教材第一册汉语拼音阶段的每一课大都由字母、情境图、音节、词语、儿歌、识字、拼音书写七部分内容组成，这与原先沪教版教材无太大差别，但其呈现顺序不同，首先呈现的是情境图、字母与音节，接着是词串和儿歌。整合的情境图将拼音的学习与学生的生活建立联系，以相应的事物示音或示形。这样的编排意在利用情境图帮助学生降低字母认读与音节拼读的难度，因此富有情趣的情境图是学生学习拼音的一个重要载体。教学中教师应充分利用情境图，帮助学生建立联系，展开拼音教学。

汉语学习是母语学习，学生在入学前，其口语表达不可能是零基础。因此，教师在教学中可充分利用情境图，利用学生的口语基础，通过看图说句子促进学生的语言发展。教学伊始，教师可让学生观察情境图，说说图上有谁(什么)、他(它)在干什么(怎么样)，通过看图说句子或说词语的活动，帮助学生建立汉字字音与拼音字母读音之间的联系。在自然引出要学习的汉语拼音字母的同时，培养学生仔细观察、认真倾听、规范表达的基本习惯。

在这一板块中，教师需关注的不是学生是否将拼音字母读准了，而是要关注学生的表达是否规范，说的句子或词语是否与看到的图画内容相匹配。在学生看图说句子的过程中，教师要特别注意避免拔高要求，切不可将这一活动变成看图说话的指导，要求学生将整幅图的内容有序地说清楚、说完整。

2. 借助情境图认读拼音字母

低年级学生的认知特点是善于形象思维，所以，教学中要充分利用直观、形象的情境图，激发学生的学习兴趣；利用图中的事物示音又示形的特点，帮助学生建立事物的音、形与拼音字母音、形之间的联系，适当降低汉语拼音字母认读的难度。

在这一板块的教学中，教师应注意为学生搭建平台，给予他们充分练读的时空。在学生观察、模仿、认读的基础上，教师通过指名读、同桌互读、开火车读等方式，使学生在充分的"习"中逐步掌握汉语拼音字母的认读。

另外，由于低年级孩子自制能力比较差，注意力难以集中，而汉语拼音学习相对比较单调、枯燥，不易激发学生的学习兴趣，因此，教学中教师可以结合情境图提供的资源，通过"比比谁的耳朵灵"、"比比谁的眼睛亮"等游戏，帮助孩子读准汉语拼音字母的读音，认识字形；通过"听音举卡片"、"看口型，猜字母"、"叫号"、"我们来做操"等游戏，

引导学生兴趣盎然地在活动中辨析、巩固汉语拼音字母的认读。

活动中教师应注重培养学生基本的学习习惯。仔细观察、用心倾听的习惯,同伴合作、遵守游戏规则的意识,这些都需要教师在教学中予以关注,并通过具有针对性的评价夯实习惯的养成。

3. 多种形式练习音节拼读

拼读音节是汉语拼音学习的一个难点。在初学阶段,学生常常会出现"拆开来会认,合在一起不会拼"的现象,可见,正确拼读音节是需要通过一定量的练习方能达成的目标。然而,一成不变的练习又会引发学生的厌烦情绪,对汉语拼音学习极为不利。所以,在这一板块的教学中,教师应特别注意通过不同形式的学习活动,如自己练读、同桌互读、小组轮读等形式,给予学生充分练习拼读的时间。另外,为了避免机械地练习拼读,还可通过"我问你答"、"打纸牌"等互动性游戏,增强拼读的趣味性。在充满情趣的活动中引导学生观察——模仿,倾听——模仿,培养认真倾听、仔细观察、大胆表达的习惯,使学生在同伴互动中了解合作学习的基本规范,逐步树立学习的自信。

需要强调的是,在这一板块的教学中,教师应牢固树立关注全体的意识,尤其要注意把握好阶段教学标准,放平心态,放慢节奏。切不可因为某些学生已经会拼读了,而忽略了那些零起点的学生,缩减学生练习拼读的时间;更不可要求学生做到"堂堂清"。在整个汉语拼音学习阶段,无论是字母的认读、音节的拼读,还是汉字、词语的认读,都应允许遗忘。当学生遗忘时,教师可通过同伴间的互助,或是自己的示范指导,帮助学生克服畏惧心理,克服畏难情绪,使他们能充满自信地经历学习过程,从而将"基于标准的教学与评价"落到实处。

4. 借助图片与音节识字、读词

教材中的词串和儿歌为学生提供了练习、巩固音节拼读的语境。通过音节拼读认读少量汉字,学生能体会到学拼音、识字带来的乐趣,尽早进入阅读状态。

因此,教学中应注意凸显在语境中学习汉语拼音,认读生字和词语。教学可遵循以下的基本流程:学生看图说句子——教师根据句子内容出示相关词语——学生拼读音节读词、识字。需要强调的是这一阶段的识字教学,教师无需赘述字的结构等概念性知识,但是可以适度地渗透一些汉字的音、形、义之间的联系,激发学生识字的兴趣。

5. 朗读儿歌，读中识字，巩固已学拼音

教材中富有情趣的儿歌，为学生巩固汉语拼音的音节拼读提供了生动的语境。因此，教学中，教师可以让学生先自己练习拼读儿歌中呈现的已经学过的音节，通过拼读，认一认相关的汉字；在此基础上，可以通过"拼音节，请汉字"的游戏，帮助学生进一步建立拼音与汉字之间的联系，强化借助拼音识字、阅读的意识；也可以通过"圈音节，练拼读"的游戏，引导学生在语境中巩固拼读音节。

由于学生在这一阶段处于汉语拼音的学习过程中，儿歌中的许多拼音和汉字可能还不认识，所以，教师在教学中还需采用跟读的形式，即教师读一句，学生跟读一句，帮助学生读通儿歌。

需要强调的是，这一阶段的儿歌阅读，只需学生大致了解内容，知道儿歌写了什么，感受到儿歌的情趣即可，无需做过多的阅读理解与分析。

最后需要说明的是，这五个板块的教学并非是孤立的，教师应注意把握各部分学习内容之间的联系，增强教学的整体性。教学中应遵循三条基本原则，即：将识字、阅读、表达与学习汉语拼音融为一体；以知识学习为载体，养习惯、育情感；放慢学习节奏，展开学习过程，给予学生充分的学习经历。课堂教学中应注意"充分利用教材资源，帮助学生建立联系，规范语言"、"增加学习活动的趣味性，落实幼小衔接"这两条基本教学策略的运用。

三、案例

9 ai ei ui
（统编版一年级第一学期）

说明：

根据《上海市小学一年级语文学科教学基本要求》，汉语拼音每一课的教学时间大都为三课时。第三课时主要以完成各种形式的巩固练习（汉语拼音、识字、儿歌朗读）与书写指导为主，因此，我们没有将这一课时纳入到"模式"中。以下呈现的案例为两课时的教学内容，为了与教学基本流程相对应，在案例呈现时没有做两课时的切割。特此说明。

案例提供：徐汇区汇师小学　严　琴

温故知新,揭示课题

1. 借助情境游戏"鲜花盛开"巩固拼读音节词。

(复习拼读音节词:dà shù gē zi mǔ jī)

游戏玩法:花苞上有三个音节,拼对了音节,鲜花就会盛开。

2. 借助情境,初步认识复韵母,引出课题。

出示:bái fēi zǔ

(1)引导发现这些音节中的韵母是有两个单韵母组成的。

(2)认识复韵母,读词卡:复韵母。

(3)板书课题:9 复韵母 ai ei ui

说明:

因本课是进入汉语拼音复韵母学习的第一课,所以,在进入新课学习前增加了"温故知新"这一板块。这一板块的设计遵循了"以知识学习为载体,养习惯、育情感"这一教学原则,教学伊始即运用"增加学习活动的趣味性,落实幼小衔接"这一教学策略,为学生创设一个情境:去野外学习。这一情境与教材所提供的情境图相匹配,同时贯穿于两课时的教学中。"鲜花盛开"的游戏,一是增强了课堂教学的趣味性;二是让学生在游戏中巩固拼读已经学过的由单韵母组成的音节;三是很自然地引出了本节课要学习的三个复韵母;四是让学生通过观察直观地了解到复韵母就是由两个单韵母组成的韵母。

第一板块:看图说句(词语),引出学习内容

1. 看情境图,用一句话交流看到的图片内容。

出示:情境图

(1)回顾观察图片的方法。

(2)观察图片,说说"谁在干什么"。

媒体随机出示词语:

白(bái)头发 奶(nǎi)奶

(3)进一步观察图片,说清"谁怎么样,哪里有什么"。

媒体随机出示词语：

围(wéi)巾　背(bēi)书包　一杯水(shuǐ)

说明：

情境图是学习汉语拼音很重要的一个教材资源。因此，教学中运用"充分利用教材资源，帮助学生建立联系，规范语言"这一策略，在看图片的时候引导学生回顾观察图片的方法，一是为了体现单元学习的层进性，逐步达成"授之以渔"的目的；二是为了通过说情境图上的内容引出本节课要学习的复韵母，将其读音和日常生活中常用词语的读音建立联系。

第二板块：借助情境图认读拼音字母

1. 初步认读复韵母 ai、ei、ui。

(1) 游戏：听一听，猜一猜。（根据汉字的读音，猜读复韵母）

① 猜读 ai。

媒体出示：ai

师领读"白"、"奶"。

根据"白"、"奶"的读音猜猜 ai 的读音。

② 猜读 ei。

出示：ei

师领读"围"、"背"。

根据"围"、"背"的读音猜 ei 的读音。

③ 猜读 ui。

出示：ui

师领读"水"。

根据"水"的读音猜 ui 的读音。

(2) 读准复韵母 ai、ei、ui。

① 媒体演示，引导发现三个复韵母的字形特点。

（都由 2 个单韵母组成；都有一个 i；i 的位置都在后面）

② 读准 ai。

师范读,学生仔细观察并模仿老师的口型。

各种形式朗读,读准 ai。

③ 读准 ei 和 ui。

根据 ai 的口型变化规律,学生自己尝试着摆对口型读准 ei 和 ui。

指名读,在评价中纠正口型和读音。

各种形式朗读,读准 ei 和 ui。

④ 小结。

(3) 游戏中巩固口型,读准 ai、ei、ui。

游戏玩法:一人做复韵母的口型,大家根据口型猜这个复韵母是什么。

师生合作玩"看口型猜韵母"的游戏。

同桌合作玩"看口型猜韵母"的游戏。

2. 认读 ai、ei、ui 的四声,初步了解标调规则。

(1) 借助"滑板车"的游戏认读 ai、ei、ui 的四声。

(个别练习——小组合作——全班合读)

(2) 初步了解标调规则。

① 引导发现,ui 的调号位置与 ai 和 ei 的调号位置不同。

② 渗透标调规则:i、u 在一起,调号标在后。

说明:

运用情境图引出本节课要学习的复韵母,在引导学生初步建立"ai、ei、ui"这三个复韵母与相关事物的读音之间的联系之后,让学生听词语,猜一猜相关复韵母的读音。这里强调了学习过程中学生的自主发现,同时又帮助学生进一步建立汉字字音和复韵母读音之间的联系,有助于学生对复韵母读音的记忆。在指导学生读准复韵母的过程中,遵循"以知识学习为载体,养习惯、育情感"的教学原则,强调模仿教师的口型来读准字音,进一步巩固仔细观察的习惯,同时,落实拼音学习中"读准拼音字母"这一重点。

第三板块：多种形式练习音节拼读

（一）学习拼读声母与复韵母 ai 组成的音节。

1. 练习拼读声母和 ai 组成的音节。（内容详见语文书 P40）

（1）复习认读声母。（关注声母的读音，强调声母的尾音要咬准）

出示：g　t　k　c　h

（2）复习认读复韵母 ai 的四声。

出示：ai 的四声

（3）练习拼读 gāi。

（个别练习——指名拼读——集体拼读）

（4）练习拼读 guāi。

（个别练习——小老师领读——开火车拼读——集体拼读）

2. 游戏中练习拼读声母 t、k、c、h 与 ai 组成的音节。

（1）摆摆拼音卡片，拼读音节。

（自己摆卡片练拼读——同桌两人轮流摆卡片练拼读）

（2）玩"寻宝"游戏。

游戏玩法：拼读藏宝箱上的音节，打开盖子，获得宝物。

出示音节：tái　kāi　cāi　huài　kuài

（3）收拼音卡片，复习认读过的声母和 ai 的四声。

（二）正确拼读声母与复韵母 ei、ui 组成的音节。

1. 复习声母认读。

2. 练习 ei 的音节拼读。

（1）自己练习 ei 的音节拼读。

（2）同桌交流读。

（3）开火车领读。

3. 练习 ui 的音节拼读。

（1）小组轮流拼读。

（2）小组展示，轮流领读。

（三）巩固音节拼读。

1. 出示图片和音节：bēi shuǐ wéi hēi

（1）教师示范说句。

（2）玩"拷贝不走样"游戏。（听记句子）

（b-ēi-bēi，背书包）

（3）同桌照样子拼一拼，找一找，说一说。

（sh-uǐ-shuǐ，一杯水；w-éi-wéi，围巾；h-ēi-hēi，黑头发）

2. 小结。

（学会汉语拼音，就能认识更多的汉字）

3. 创设情境，玩玩"翻纸牌"游戏，巩固音节拼读。

纸牌上的音节：péi gěi zǔ ruì

游戏玩法：

学生自主选择卡通纸牌，并正确拼读出纸牌背后的音节。

说明：

拼读音节是拼音学习的另一项重点，也是难点。教师在教学时遵循"放慢学习节奏，展开学习过程，给予学生充分的学习经历"这一原则，以 ai 为例，通过各种形式让学生练习拼读。进而运用"增加学习活动的趣味性，落实幼小衔接"这一策略，通过"寻宝"游戏，让学生在课堂上能够"动"起来，兴致盎然地练习音节拼读，巩固字母认读。游戏过程中，同伴合作的形式，听音收卡片的活动，可进一步巩固合作规范和培养倾听习惯。

ei、ui 的音节拼读，则采取由扶到放的方式，但同样遵循"放慢学习节奏，展开学习过程，给予学生充分的学习经历"这一原则，教师先是通过各种形式让学生练习拼读，进而结合情境图，运用"充分利用教材资源，帮助学生建立联系，规范语言"这一策略，利用教材提供的情境图，让学生到图片里去找一找相应的事物，降低拼音拼读的难度。同时，通过"拷贝不走样"的游戏，学生听记、模仿，将表达与学习汉语拼音融为一体，巩固倾听的习惯。

↓

第四板块：借助图片与音节识字、读词

1. 借助情境图，复习学习内容，引导观察。

2. 借助情境对话，复习旧知，学习新知。

（1）听第一段对话，巩固认读 ai、ei、ui。（女生、男生分别认读）

（2）听第二段对话：拼读儿歌中"白、尾、嘴、在"等汉字的音节。（齐读）

（3）听第三段对话：拼音节，认读生字、词语。

出示字卡：妹、奶（拼读音节，认读生字）

出示词卡：奶奶、妹妹（拼一拼，读一读）

（4）听第四段对话：引导发现"奶"、"妹"字形上的相同处。

3. 小结，引导养成交流分享学习成果的习惯。

说明：

这一板块的教学，教师充分利用教材提供的图片，创设与学生生活相契合的情境，通过录制的音频，将学生带入到情境中，引导学生回顾已学知识，认读生字、词语，将识字、表达与学习汉语拼音融为一体。同时，初步培养学生"温故知新"的意识，并通过比较"奶、妹"字形上的相同点，引导学生感受汉字的奇妙，进一步激发识字兴趣，巩固仔细观察的习惯。

第五板块：朗读儿歌，读中识字，巩固已学拼音

（一）听读儿歌。

1. 创设"亲子阅读"的情境，出示儿歌。

2. 跟读儿歌。

（教师扮演妈妈，学生扮演孩子）

（1）游戏：拼音节，请汉字。

（小组内轮流拼读儿歌中的已学音节；指名小组交流，随机出示汉字）

（2）听读儿歌。

（3）跟读儿歌。

（提醒学生认一认儿歌中的生字"白"、"皮"）

3. 用一句话说说自己读懂的内容。

（二）借助拼音，认读生字"白、皮"。

说明：

这一板块的教学，遵循"将识字、阅读、表达与学习汉语拼音融为一体"的原则，以"亲子阅读"的情境，引领课堂学习。在学习儿歌的过程中，教师首先通过"拼音节，请汉字"的游戏，引导学生初步树立汉语拼音是识字与阅读的工具的意识。在读儿歌的时候，教师以身示范，端正读书姿势，并要求学生"字字过目"，认一认儿歌中的生字，在巩固习惯的同时，引导学生在阅读中识字。在学生跟读儿歌之后，再让学生用一句话交流读懂的内容，帮助学生感受儿歌的情趣，进一步培养学生进行规范表达的习惯。

（闵晓立）

2 小学英语"三环节·四话语·五要素"的新授课教学模式构建与应用

　　小学英语新授课以新的词汇、词法、句法、语音等为核心语言学习内容。小学英语的新授课课时占课时总数的 90% 左右。新授课的目标达成度决定着课堂教学的品质。

一、模式框架与操作路径

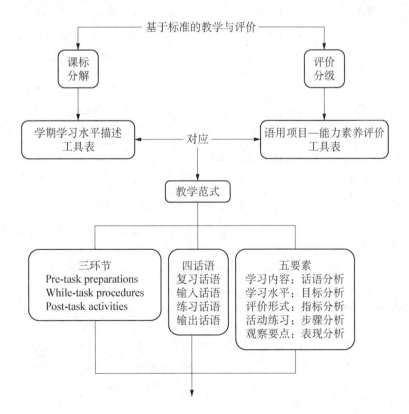

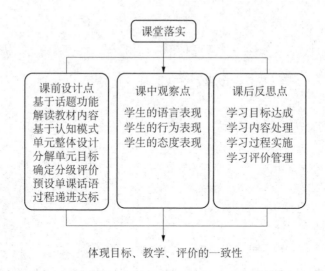

体现目标、教学、评价的一致性

二、操作步骤要点

单元整体	设计提示：基于基本认知模式,确定各课时话题、功能、语境的关联
教学目标	叙写结构：To＋行为描述＋学习内容＋（表现程度）
语用任务	叙写结构：To＋任务形式＋话题＋学习方法＋（核心语言）
任务评价	叙写结构：Students＋can＋学科核心素养维度的行为表现 操作提示：分级叙写 达成目标水平：核心语言,思维工具,学习方法,文化感受 超越目标水平：语言整合,高阶思维,方法迁移,文化理解
学习重、难点	叙写提示：语言运用正确、流畅：音、义、形和话语结构 思维工具的使用：picture guide, mind map, q-chain, key words, etc. 方法习惯的养成：聆听、说话、阅读、写话
评价伴随	设计提示：学习职责与角色,语言形式与结构,思维工具与学法,过程行为与表现。

教案设计			
学习过程	学习内容	教学方法	表现评价
Pre-task preparations	叙写内容： 复习话语,输入话语 练习话语,输出话语	叙写内容： 活动、练习形式 活动、练习步骤 学习的组织形式 活动、练习时间	叙写结构： To＋行为动词＋学习内容

（续表）

学习过程	学习内容	教学方法	表现评价
While-task procedures	操作提示： 基于教材，预设输出逆向推设，话题一致功能一致，语境贯穿	操作提示： 学习内容，话语解读水平表现，目标分解评价形式，要求对应教学步骤，分级落实观察要点，评价激励	操作提示： 学习活动、练习的学习表现达成所对应的学习内容的分解目标； 学习水平循序渐进，从知道、理解到运用，逐步达成课时目标
Post-task activities			
板书设计	设计提示：语言形式，话语结构，语义功能		
学习资料	设计提示：内容分析，要求分析，形式分析，步骤分析，观察点分析		

三、模式应用案例

根据小学英语新授课的设计与实施模式，以小学牛津英语3A Module 3 Unit 3"In the park"的第二课时"Children in the park"为例，对"如何借助这教学模式与操作途径开展句型教学设计并在课堂中落实"进行说明。

（一）课前设计

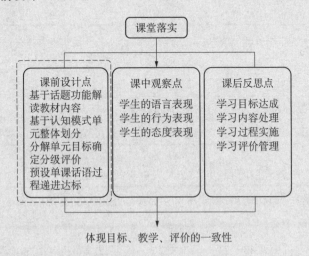

体现目标、教学、评价的一致性

1. 基于话题功能解读教材内容

本课时是典型的以故事为语境带动句型的教学。而在小学阶段类似这样以对话为主要语言形式的故事共有 39 篇,教师对此类故事的教学模式开展研究,可以充分挖掘故事语篇在词汇教学或是句型教学中的功能。

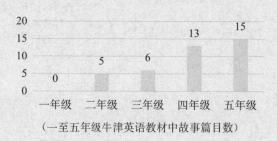

（一至五年级牛津英语教材中故事篇目数）

本单元内容来自《英语(牛津上海版)》3A Module 3 Unit 3 "In the park",核心内容为词汇 boat、balloon、flower、kite 以及句型"Look at ... What colour is it? It's ..."。

通过对教材内容的解读可以发现,三年级的学生已经能较为熟练地使用"What colour is it?"进行口头问答。因此,有别于一、二年级学生的语言水平,为了凸显语言增长点,三年级学生在学习本单元时,应更关注句型的认读、书写以及在不同语境中语言的准确性,即:能借助故事语境,体会句型中的特指与泛指之间的差异,并能根据所给的语境,选择更恰当的句型进行提问。如下:

	一、二年级学习要求	三年级学习要求
语言知识	What colour is it? It's ...	What colour is the/your ...? It's ...
语言技能	听、说	听、说、读、写
语言功能	询问颜色。	根据语境,正确选用特指或是泛指,询问物品颜色。

分析书本中的故事内容,可以发现故事本身是围绕着"找东西"开展的,这个情节方便学生在讲故事的时候使用问句,避免了陈述句复述以及"看着颜色问颜色"的尴尬。

但同时,故事中核心句型"What colour...?"凸显不够,故事语境比较单薄,不利于学生体会泛指"What colour is it?"与特指"What colour is your/the...?"

之间的区别，因此，为了凸显语言功能，帮助学生更好地在语境中体会句型的差异，教师将书本中的故事情节与语言进行了调整。如下：

（调整前故事文本）

（调整后故事文本）

这样通过故事情节的推动、场景的转换,学生能体会到语言差异,并能在不同的语境下正确使用句型。

2. 基于认知模式单元整体设计

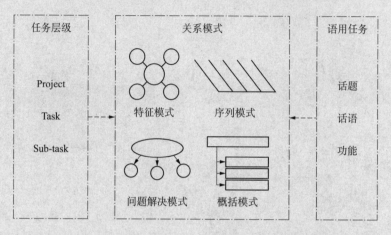

根据本单元任务及认知模式中的问题解决模式,本单元可划分成以下三课时:

	Period 1	Period 2	Period 3
Objectives	1. To identify the objects in the park. 2. To use the key pattern to give simple instructions. 3. To use the questions to find out the colours of objects. 4. To read, understand and remember 〈Look and say〉 properly. 5. To carry out a 2-3 rounds of dialogue about "The colourful park" and write with at least 3 sentences.	1. To use questions to find out the colours of certain objects. 2. To know the difference between the questions "What colour is it? What colour is the/ your …?" 3. To find out what the children will say in the story and try to complete the story in written. 4. To understand the story and feel happiness from helping others.	1. To know the changes of the colours. 2. To read and understand the story and try to retell the story. 3. To carry out a 2-3 rounds of dialogue about "My park" and write with at least 3 sentences.
Contents	OE 3A Student book P43 Look and say P44 Look and learn P37 Listen and enjoy	OE 3A Student book P36 Read a book	OE 3A Student book P35 Play a game P37 Learn the sound

（续表）

	Period 1	Period 2	Period 3
Topic	COLOURS in the park	CHILDREN in the park	FUN in the park
Use of language	To make a description about the things in the park by using the core words and the questions they've learnt before. **In class：** Different feedbacks of pair works and group works. **After class：** Colour the park and talk about it.	To complete the story "In the park" orally and in written according to the given pictures. **In class：** Different feedbacks of pair works and role-play. **After class：** Write the dialogue of the story.	To design a nice park, and then make a dialogue about it by using "Look at … What colour …?" **In class：** Different feedbacks of dialogue and description. **After class：** A mind-map about your park.
Procedures	**Pre-task preparations：** Warming up **While-task procedures：** 1. *On the grass* Words：balloon flower kite Patterns：Look at the … What colour is it? It's … 新授词汇，记忆语言结构 2. *Near the lake* Words：boat 二次输入，尝试使用语言 **Post-task activities：** A colourful park 运用语言，完成公园涂色	**Pre-task preparations：** Picture-talking 检测前课时学习情况 **While-task procedures：** 1. Story book *In the park* Part 1 Patterns：What colour is …?故事推进，新授句型 2. Story book *In the park* Part 2 故事推进，巩固比较 **Post-task activities：** Story book *In the park* Part 3 故事推进，运用语言	**Pre-task preparations：** Retell the story 检测前课时学习情况 **While-task procedures：** 1. Kitty's Magic park 语篇阅读，了解颜色的变化 2. Danny's wonderful park 语篇阅读，了解不同的公园 **Post-task activities：** My nice park 设计公园，运用语言
Board design	M3U3 In the park Period 1 COLOURS in the park Look at the … balloon flower kite boat What colour is it? It's … yellow red blue green orange	M3U3 In the park Period 2 CHILDREN in the park  	M3U3 In the park Period 3 FUN in the park 

（续表）

	Period 1	Period 2	Period 3
Assessment	Speaking and writing： To describe the park e. g. ， S1：Look at the boat. What colour is it? S2：It's red and yellow. S1：Look at the balloon. What colour is it? S2：It's blue. S1：Look at the flower. What colour is it? S2：It's pink. S1：Look at the kite. What colour is it? S2：It's pink and yellow.	Speaking and writing： To complete the story e. g. ， K：What colour is the kite? A：It's yellow. K：Hi, Peter. What colour is your kite? B：It's blue. D：I can't see my kite. K：What colour is your kite? D：It's purple. A：Look! It's over there. A：Here you are. G：Thank you.	Speaking： To talk about the park e. g. ， S1：I have a nice park. S2：What can you see in the park? S1：I can see a slide and a swing. S2：What colour is the slide? S1：It's yellow. S2：What can you do in the park? S1：I can run on the grass. S2：How nice! Writing： To make a mind-map of the park
Emotion	Colours make our lives magic and wonderful.		

3. 分解单元目标确定分级评价

学校《英语学科教学手册》在 3A 学期学习水平描述中将句法的学习目标按难易程度由低到高划分成了三个等级。

句法	L1——能规范抄写、背记核心句型;能知道句法规则(to be、特殊疑问句 how many 等)。
	L2——能理解句子表达的含义;能理解句法规则,对核心句型进行句式转换。
	L3——能根据语境,运用核心句型的不同句式进行口头以及书面表述。

为了体现年段要求,同样"知道(A)"的等级对于一年级与五年级的要求是不一样的,所以教师必须根据学校教学手册中的学习要求,将《上海市小学英语学科教学基本要求》中的学习水平界定标准再进行细化。

学习内容			学习水平	学习与评价目标
1 语音	1.1 读音规则	u	A–L1	知道元音字母u的发音规律。
2 词汇	2.1 核心词汇	boat, balloon, flower, kite, red, orange, yellow	C–L3	背记、理解和运用核心词汇。
3 词法	3.1 冠词	an, the	B–L3	知晓冠词的意思，并能正确使用。
	3.2 代词	my, your	B–L3	知晓代词的意思，并能正确使用。
4 句法	4.1 句子的种类	4.1.1 陈述句　Look at the kite. Here's a ball.	C–L3 C–L1	能运用陈述句进行表达。
		4.1.2 疑问句　4.1.2.1 一般疑问句　Is this your ball?	C–L3	能运用一般疑问句提问并作回答。
		4.1.2.2 特殊疑问句　What colour is it/ the kite/your kite?	C–L3	能运用特殊疑问句提问并作回答。
5 语篇	5.1 记叙文	5.1.1 基本信息　In the park	A–L3	简单讲述对话、故事等记叙文中的内容。

在此基础上，根据课时目标，结合故事内容以及故事教学特征设计了这样一张评价表：

Title：*I know the title of the story.*

Cover：*I can make the cover.*

Storybook：*I can complete the storybook.*

Sharing：*I can share the story.*

Feeling：*I feel happy from helping others.*

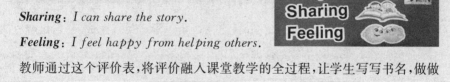

教师通过这个评价表，将评价融入课堂教学的全过程，让学生写写书名，做做封面，讲讲故事，编编对话，给学生一个完整的编写故事、制作故事书的体验，在这

过程中逐步完成句型学习,落实教学目标。

4. 预设单课话语过程递进达标

根据教学设计模式中提出的"三环节·四话语",本课话语预设内容如下:

三环节	四话语
Pre-task preparations	复习话语:(封面) Look at the . . . What colour is it? It's . . .
While-task procedures	输入话语:(场景一) What colour is your kite, Ben? It's blue. What colour is the kite, Danny? It's . . . 练习话语:(场景二) I can't see my kite. What colour is your/the kite? It's purple. It's over there.
Post-task activities	输出话语:(场景三) I see a ball. What colour is it? (What colour is the ball?) It's red and white. I can't see my ball. What colour is your ball? It's red and white. Here you are. Thank you. (话语不唯一)

通过这样"三环节·四话语"的设置,学生们能够在故事场景的转换中,逐渐感受到语言的差异性,最终能在输出话语中根据所给的故事情节,自己合理选用不同的问句询问颜色,从而体现语言功能,落实教学目标。

(二)课中观察与课后反思

结合教学设计中的"五要素",教师们应该从学生的语言表现、学生的行为表现、学生的态度表现进行观察。同时,也通过反思学习目标达成、学习内容处理、学习过程实施、学习评价管理这四个方面,来检测教学设计的有序性与有效性,达成"目标—教学—评价"的一致性。

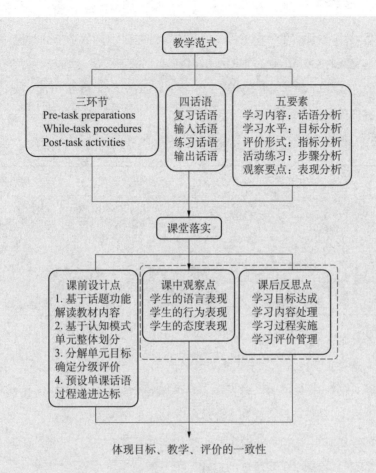

1. Pre-task preparations 环节课中观察

四话语	学生语言表现	学生行为表现	学生态度表现
复习话语	Look at the kite. What colour is it? It's yellow.	1. Ask and answer. 2. Make the cover. 3. Predict the story.	积极 兴奋

课后反思：

作为复习话语，首要功能必定是对上一课的语言进行复现与巩固。

在这一环节中，教师出示了一张彩色的公园图，让学生对图上景物颜色进行提问，学生语言表述清晰、流畅，学习兴致高，达成本环节教学目标"To use the core words and sentences they've learnt in last period."。

随后,教师告诉学生手中的彩图便是本节课要学习的故事书的封面,并带领大家一起完成封面制作,通过预测故事内容,引出故事名字,引发学生对学习故事的兴趣。完成评价表中"I know the title of the story."与"I can make the cover."两项内容评价。

2. While-task procedures 环节课中观察

四话语	学生语言表现	学生行为表现	学生态度表现
输入话语	What colour is your kite, Ben? It's blue. What colour is the kite, Danny? It's …	1. Listen and follow the story. 2. Read and match. 3. Learn the new pattern. 4. Read and stick. 5. Read and choose. 6. Write and stick. 7. Role play.	积极 乐学

课后反思:

输入话语主要涵盖了本节课主要的新授句型:What colour is the/your kite?

在输入话语环节中,教师首先让学生一起跟读故事的旁白部分,在学生原有的语言基础上,学生通过这样初读故事能了解故事主要内容,通过图文阅读能理解故事的发展脉络,大概知道故事发生地的不同场景。之后,教师设计图文连线练习(如下图),检测学生对故事的理解。

之后,在故事的第一个场景中,教师通过 Kitty 与 Alice 两人对天空中风筝的提问,引出两种不同句型的对比;通过对比询问对象,学生选一选正确问句,写一

写，贴一贴，最后演一演，从而体会语境不同，使用的语言也不同。

学生在这一环节学习过程中，高效正确地完成所有活动，达成目标：To know the difference between the questions "What colour is it? What colour is the/your...?"教师通过写、贴检测学生对句型的掌握程度，完成评价表中"I can complete the storybook."的第一部分内容。

四话语	学生语言表现	学生行为表现	学生态度表现
练习话语	I can't see my kite. What colour is your/the kite? It's purple. It's over there.	1. Pair work：Read, choose and stick. 2. Role play.	乐学 高效

课后反思：

练习话语，将所学语言放入一个较为完整的语境中进行尝试使用或是替换使用，并在这一过程中建立起语言模型，为后期输出使用作准备。

故事进入第二场景，即：Danny 在 Alice 和 Kitty 的帮助下找到自己丢失的风筝。在这一环节中，教师出示了六句句子（其中三句为本课重点区分的问句），让学生根据语境，选择需要用的句子，并进行合理排序，贴在故事上。（如下图）

学生在这一环节学习过程中，根据自己的理解合理地进行选择与排序，通过演一演，帮助记忆对话结构，达成目标：To construct the dialogue of the story. 通过在"What colour is it? What colour is the kite? What colour is your kite?"中选择

恰当的问句,完成评价表中"I can complete the storybook."的第二部分内容。

　　3. Post-task activities 环节课中观察

四话语	学生语言表现	学生行为表现	学生态度表现
输出话语	I see a ball. What colour is it? (What colour is the ball?) It's red and white. I can't see my ball. What colour is your ball? It's red and white. Here you are. Thank you.(话语不唯一)	1. Group work：Read, think and talk. 2. Role play. 3. Read the whole story. 3. Assignment：Write and stick.	兴奋 积极

　　课后反思:

　　输出话语,学生使用语言完成语用任务。

　　故事进入第三场景:Kitty 和 Alice 帮助小女孩找回丢失的球。在这一环节中,学生将在练习话语建立的对话模型基础上,结合自己原有的语言内容,开展小组讨论,完成最后场景故事的编写。

　　最后通读故事,再次体验不同场景中语言的差异,完成目标:"To find out what the children will say in the story and try to complete the story in written."同时完成评价表中"I can share the story."和"I feel happy from helping others."。

（陈一明,案例提供：日晖新村小学　王莹）

3　初中物理新授课"目标导向活动"的教学设计模式

新授课就是教授新内容、新知识的课，是基本课型之一。学生学习新知识主要通过新授课，在正常的教学进度中，新授课占课时总数的 70% 以上。新授课对学生获取新知识、建立新的认知结构、提高问题解决能力有着重要意义。

教学设计是以系统方法论为指导，对教学过程诸要素进行系统的规划，在把握学生的知识、技能、能力、情感等实际状况的基础上，根据课程标准和教学内容，确定恰当的起点和终点，将教学过程诸要素有序、优化安排，以求得教学过程这一系统的整体优化。

初中物理新授课课堂教学设计过程，是在一定教学思想或教学理论指导下，结合日常教学研究成果及教学经验对教学内容用系统分析方法进行研讨的过程。初中物理课堂教学设计有一系列基本环节，每次的设计和实践，对教师而言都是一次提升。初中物理教学设计从课程标准出发，对教材进行整体分析，综合考虑学生的心理特点，制定教学目标，注重目标导向，努力贯彻"基于课程标准，注重目标导向"的指导原则。下面结合具体课例谈谈在基于学科核心素养教学的实践与研究中，经不断探索而逐步完善的初中物理新授课"目标导向活动"的课堂教学设计模式。

一、初中物理新授课"目标导向活动"的教学设计模式框图

"三维多元聚合"课堂教学范式，包括学生发展、教学要素、教学时空三个维度的明确指向。因此，初中物理新授课"目标导向活动"的教学设计模式是在"三维多元聚合"课堂教学范式下的一种具体教学模式。第一行框图是教学设计的"教学要素"维度，包

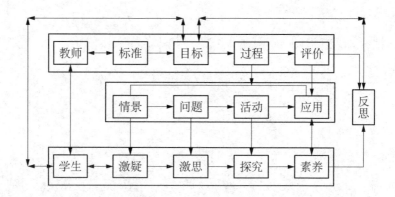

含与教师教学直接相关的课程标准、教学目标、教学过程、教学评价等诸多要素。第二行框图是教学设计的"教学时空"维度,教学过程的设计应把握内容维度和方法维度的要求,通过合理实施两个维度的联结,建立起课堂教学结构。第三行框图是教学设计的"学生发展"维度,即教师在教学设计过程中要从学生发展的角度去考虑如何创设真实情境激发学生产生疑问,用真实问题激发学生思考,通过探究活动解决问题,最终提升学生的核心素养。

二、初中物理新授课"目标导向活动"的教学设计操作流程

1. 基于"课程标准"确定教学目标

课程标准是教学与评价的方向指导,是宏观、抽象的要求,与日常课堂教学目标存在着较大差距。依据课程标准细化教学目标就是要将课程标准中比较宏观、抽象的目标转化成简单、具体、可操作的教学目标。因此教师在课前首先要研读课程标准,明确课程标准对教学内容的要求,然后确定教学目标。

2. 进行教学任务分析

教学任务分析的基本内容包括教材分析、学情分析以及教材特点与学生特征之间的联系的分析。

教材分析,应注重教材内容的逻辑结构和相互关系。首先是分析教材内容的地位或特点,要指出教材中相关知识与技能的结构,并阐明相关知识与技能在教材体系中的地位与作用。其次要分析本节知识的必要基础,要指出本节知识形成的前提条件,阐明本节知识与前后知识的联系。然后要分析获取本节知识的主要学习过程和学习

环节,指出本节知识主要学习过程(环节)的特点和实施要点。最后要分析完成这一学习过程采用的主要方法以及有关情感态度与价值观的要求等,要阐明有关的学习方法与要求。

学情分析,主要是针对学生,分析的重点是学生原有的知识基础、学习能力、学习态度等。学情分析的表述包括三个方面。一是对学生学习态度的分析。二是对学生学习心理状态的分析。学生由于年龄、性别等个体差异,对不同学科的学习有着不同的心理特点和思维特点,教师在教学设计时要仔细分析。三是对学生背景知识的分析。学生在学习新知识时,总要与有关的旧知识,即背景知识,发生联系来理解和获取新知识。在教学设计中,教师应积极采用那些有用的背景知识,以帮助学生实现新知识的意义建构,同时要尽量排除不相关的背景知识的干扰。

3. 确定起点行为

在教学设计时要从学生"学"的角度对学生能力起点进行分析。教学面对的是一个个富有个性,具有独特生活方式和经验的学生;教学要促进学生发展,使之健康成长。教学设计首先要关注教学对象——学生,可以这么说,脱离具体教学对象的教学设计是得不到好的教学效果的。教学从哪里开始?美国教育心理学家奥苏伯尔曾经说过:"假如让我把全部教育心理学仅仅归结为一条原理的话,那么,我将一言以蔽之:影响学习的唯一最重要的因素,就是学习者已经知道了什么。要探明这一点,并应据此进行教学。"学生在对特定的学科内容进行学习前已经具备的有关知识与技能,以及有关的态度等,是影响学生学习新知的重要因素。所以,教学的任务是解决学生现有的认识水平与教学要求之间的矛盾,为学习而设计教学,是教学设计的出发点,也是归宿。起点能力是指学生在学习新知识、技能之前,原有知识、技能准备水平。研究表明,起点能力与智力相比,对新的学习起着更大的决定作用。起点能力是学生学习新知识的内部前提条件,它在很大程度上决定了教学的成效。

4. 编写具体教学目标

依据课程标准的有关要求,教师应根据学生身心发展的现实水平来细化教学目标。拟定的教学目标,应具有针对性、合理性和适切性,同时注意可操作性和可测量性;要使教学目标对教学内容有导向作用,并确保教学内容对实现教学目标的支撑作用,从而使教学目标进一步转化为可观察、可测评的教学行为。教学目标要针对教学重点、难点提出分层要求。教学设计中确定的教学重点和难点,是课堂教学实施中应予以特别关注的着力点,进行教学设计时要设计突出教学重点和突破教学难点的策略。还要考虑学生群体的个性差异,在一节课的教学中,同一学习内容对不同学生应提出不同的具体目标,由于教学时间有限,在课堂教学设计时,只针对教学重点和难点提出分层教学的要求。关于教学分层要求的设计,通常是着重在能力方面,包括学科能力和通用能力;着眼于教学过程中有关教学策略和方法的运用,例如问题回答、讨论、作业等。这时,可针对分层的不同要求加以具体说明,有关的说明主要指向学生的具体行为。还可对学生在这些方面的行为表现进行评价设计①。

5. 设计和进行教学的形成性评价

教学评价设计是解决教得怎么样和学得怎么样的问题,其内容包括形成性评价和总结性评价的设计。教学过程中的评价是以学习目标的形成性评价为主。课堂教学过程中的形成性评价,是一种过程评价,其目的在于对目标形成的过程进行诊断,通过及时反馈与矫正,形成更适合学生的教学,从而帮助师生完成既定的教学目标。

基于标准的教学设计倡导"评价优先"的教学设计理论。该设计主张教师在设计教学过程之前,就思考如何评价学生学习结果的达成情况。这种基于课程标准的预评价引领着教学活动,并渗透在教学活动之中,对教学过程与方法的合理性起调控作用,使评价由"对学习结果的评价"转向"促进学习的评价",可以促进教学目标的明确化,促进教师的教和学生的学。因此,在进行教学设计的同时要进行评价设计。

6. 围绕教学目标设计教学活动

课堂教学目标的确定意味着对教学的实施进行了定向。在课堂教学设计中,一般的思路是由教学目标导向教学内容,再以教学手段、方法来表现教学内容,而创设教学情境、根据情境提出相关问题、围绕问题开展教学活动、应用所学概念和规律解决问题等是常用的重要的教学手段、方法和策略。

根据教学目标合理选择教学内容后,应围绕目标任务精心组织和合理安排教学活动,并建立起符合逻辑顺序和教学规律的教学过程。教学活动的组织和安排,对教学目标的达成具有关键性作用。同时,还要对教学活动的评价进行设计,从而实现教学目标、教学活动、教学评价的一致性。

---

① 陆佰鸿. 上海教研素描　转型中的基础教育教研工作探讨[M]. 上海:上海教育出版社,2017.

三、初中物理新授课"目标导向活动"教学设计具体课例分析

课题：重力①

一、教学设计方案概述

物理课程标准中关于"重力"的目标：理解重力。

在教学任务分析的基础上，确定本节课的教学目标以及教学重点、难点，具体内容如下：

1. 教学目标

（1）知道重力的产生原因及定义；知道重力的方向；理解物体所受重力和其质量的关系；知道 g 的数值、含义及其单位；知道重心。

（2）初步学会探究物体所受重力和其质量关系的技能。

（3）经历探究重力大小与物体质量关系的过程，认识"从定性到定量，从粗略到精确"的科学方法。

（4）知道重垂线在生产、生活中的应用。

（5）在运用重垂线的活动中，体验学以致用的乐趣。

2. 教学重点、难点

教学重点：探究物体所受重力大小与物体质量的关系。

教学难点：重力的方向是竖直向下。

3. 教学目标到教学过程设计

从教学目标到教学过程的设计如下：

一是依据教学实施审视教学目标。

根据物理课程标准中提出的"理解重力"的目标要求，拟定了上述的教学目标。为了实现围绕教学目标安排教学活动的任务，可把本节课的教学目标表述调整为下列学习目标：①知道力的三要素，会正确使用弹簧测力计测量力，会正确使用电子天平测物体的质量（此目标内容是本节课以前的学习内容，是本节学习

———————————

① 本课教学设计方案原稿由上海市理大附中汪清松老师提供。

的基础,增加此目标的目的是在课前复习相关内容,但此学习目标不列在本课教学设计的教学目标中);②知道重力的产生原因及定义;③知道重力的方向;④理解物体所受重力和其质量的关系(此目标内容反映上述的教学目标(1)中关于物体所受重力和其质量关系、g 的数值、含义及其单位的学习要求、(2)中关于技能的学习要求、(3)中关于过程与方法的学习要求);⑤知道重心;⑥知道重垂线在生产、生活中的应用(此目标内容反映上述教学目标(4)中"知道重垂线在生产、生活中应用"的知识学习要求、(5)中关于情感态度与价值观的学习要求)。

二是针对教学重、难点提出分层要求。

探究物体所受重力与物体质量的关系是教学重点,据此提出如下不同能力的要求:①根据日常生活体验,提出猜想:物体所受重力与物体质量有关;②观察实验现象,定性地得出"质量越大的物体,其所受重力也越大"的结论;③分析实验数据,知晓"物体所受重力与其质量成正比"的关系;④得出比例系数 g 的数值,知道其单位及含义。

"重力的方向是竖直向下"是教学难点,为突破这个难点,设计时针对教学行为的表现提出如下分层要求:①观察实验现象,感知重力方向;②知道"重力的方向总是竖直向下",并区分"竖直向下"和"垂直向下"。

三是围绕目标任务安排教学活动。

在上述拟定的教学目标中,目标内容的陈述主要围绕重力产生的原因及定义,重力的方向、大小、作用点、应用等展开的。审视目标后,增加了本节学习的准备知识:知道力的三要素,会正确使用弹簧测力计测量力,会正确使用电子天平测物体的质量。根据调整后的教学目标,本节学习应设计六个教学活动。

在根据教学目标进行教学活动设计的同时,还要对活动的评价进行设计。即依据拟定的教学目标中的各项要求,设计相应的教学活动,并对活动加以评价或说明。评价主要针对教学重点、难点,围绕教学目标与教学行为之间的关系进行,在"教学流程图说明"中具体反映。

二、"教学流程图说明"

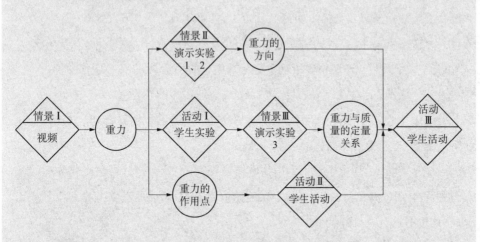

1. 教学目标：知道重力的产生原因及定义

——情景Ⅰ：视频

说明：通过让学生观察物体在太空中与在地面上运动的差异，唤起学生对地面物体受地球吸引的感知，引出重力的产生原因及定义。

2. 教学目标：知道重力的方向

——情景Ⅱ：演示实验1、2

演示实验1：固定在铁架台上的容器内装有细沙，当铁架台放在水平面上时，记录细沙在重力作用下的流动轨迹，得出"重力的方向是竖直向下"的结论。

演示实验2：先根据演示实验1所观察到的现象，猜想当将铁架台放在斜面上时细沙在重力作用下的流动轨迹，然后通过演示实验2验证猜想，得出"重力的方向是竖直向下"的结论，并与之前细沙在水平面上的情况作对比，得出"重力方向总是竖直向下"的结论，并且区分"竖直向下"和"垂直向下"。

说明：情景Ⅱ中的两个演示实验，分别是为突破教学难点中关于重力方向的环节而设计，体现了教学难点中的两个层次要求。演示实验2中的猜想环节，既可以检验学生是否已经知道"重力的方向是竖直向下"，又能突破教学难点中的第二个层次的要求（目标为知道"重力的方向总是竖直向下"，并区分"竖直向下"和"垂直向下"）。

评价：通过观察学生猜想的结果，可以判断在教学中是否突破了重力方向这个难点。若猜想的方向不是竖直向下,说明只达到了第一层要求(观察实验现象,感知重力方向);若猜想的方向是竖直向下,说明达到了第二层要求(知道"重力的方向总是竖直向下",并区分"竖直向下"和"垂直向下")。

3. 教学目标:理解物体所受重力和其质量的关系

——活动Ⅰ:学生实验;情景Ⅲ:演示实验3

学生实验:用电子天平测出物体的质量,再用弹簧测力计测出它们的重力,分析数据,得出重力和质量的关系。

演示实验3:用电子天平称出物体质量,通过DIS力传感器测得物体所受的重力,作出 G-m 图像,得出结论:在地球表面附近,物体所受重力与其质量成正比,比例系数 $g = 9.8$ N/kg。

说明:活动Ⅰ和情景Ⅲ是为了突出"理解物体所受重力和其质量的关系"这个教学重点而设计的。活动Ⅰ中,学生分析实验数据,得出"重力与质量成正比"的结论,并粗略算出比例系数。情景Ⅲ中,通过电子天平和DIS力传感器精确测得物体的质量和其所受重力,作出 G-m 图像,更直观得到"物体所受重力与其质量成正比"的结论,更精确地得到比例系数。

评价:活动Ⅰ中,若不能从质量和重力的实验数据中得出"物体所受重力与其质量成正比"的结论,说明只达到了教学重点中的第一层和第二层目标(①根据日常生活体验,提出猜想:物体所受重力与物体质量有关。②观察实验现象,定性地得出"质量越大的物体,其所受重力也越大"的结论);若能从质量和重力的实验数据中得出"物体所受重力与其质量成正比"的结论,说明达到了教学重点中的第三层目标(分析实验数据,知晓"物体所受重力与其质量成正比"的关系);若进一步分析质量和重力的实验数据,可以得到比例系数及其单位,并能解释其意义,则达到了第四层目标(得出比例系数 g 的数值,知道其单位及含义)。情景Ⅲ中可以帮助部分同学达到教学重点中的第三层和第四层目标。

4. 教学目标:知道重心

——活动Ⅱ:学生活动

学生活动:判断质量分布均匀、形状规则的铁球的重心。

说明:活动Ⅱ是为了落实教学目标(知道重心)而设计的。

5. 教学目标：知道重垂线在生产、生活中的应用

——活动Ⅲ：学生活动

学生活动：通过利用重垂线判断桌面是否水平以及利用重垂线将日历挂端正的活动，感受重力知识在生活中的应用。

说明：活动Ⅲ是为了落实教学目标（知道重垂线在生产、生活中的应用）而设计的。

三、教学主要环节

本节课分设下列三个主要环节：

第一环节：通过创设情境，引入重力课题。

第二环节：通过演示实验和学生实验，知道重力的三要素。

第三环节：通过学生活动，感受重力知识的应用。

（赵谊伶）

4 高中英语教学活动设计模式研究

20世纪60年代,教学活动设计被引入基础教育领域,对改善课堂教学效果和提升课堂教学效率具有相当大的推动和促进作用。生动活泼的活动设计,能够激发学生学习的兴趣,能让学生在活动的过程中自然地学习和掌握知识,因此不断受到国内教育界的认同和应用。

笔者认为,英语教学活动就是在语言教学原则指导下,为达到某个特定的英语语言教学目标,实现学生对教学内容的认知、理解及运用,恰当地采用各种教学手段而开展的师生互动和生生互动的活动。

一、教学活动设计的策略

教师不仅仅是要将已有的知识传授给学生,更应该引导学生积极主动地参与教学活动,让学生通过独立思考,自主探究知识的发生过程。采用有效的策略进行的课堂教学活动设计,才能使教学活动有效地实施并取得满意的效果。

(一)设置的方案应该保留一定的空间,存在一定的弹性

教学是一个动态生成的过程,这种生成性对教师的提前预案提出了一定的要求。教案设计应该关注学生的成长以及学生之间的个体差异,开展的活动应能够根据临时的变化灵活地对教学目标的达成度进行调整。活动方案在设置上,应该是让学生"跳一跳,摘桃子",这样才能使学生主动参与,积极探索,从而不断激发学生的潜能。

(二)创设情境,营造氛围,突出"生本"课堂活动形式的多样性

学生在学习中会选择最感兴趣的那个点作为核心,教师也就可以选择大多数学生

都喜欢的点作为活动的重点，以此来保持学生的强烈情感和兴趣。在教学过程中，教师应该努力创设最佳的语用情境，吸引学生积极参与。教学活动的形式要呈现多样化，以确保学生学习兴趣的持续性。教师可以根据教学内容设计出丰富多彩的活动形式，并且辅之以现代化的教学手段。活动形式的多样化、趣味性可以增加课堂的活跃气氛，使课堂教学有效进行。

（三）合理地利用多媒体教学手段，发挥现代技术手段的积极作用

现代技术的教学手段的运用会使课堂教学生动活泼起来，能够激发学生的学习兴趣，提高学习效果，优化教学过程，取得更好的教学效果。以多媒体课件为代表的现代信息技术是一种有力的教学工具，在教学过程中起到了很好的辅助作用，但是在使用过程中，不能只是为了追求现代化的教学气息而滥用多媒体，应当合理使用。在使用多媒体教学时，要从多角度、多层面来呈现教学内容，同时结合传统的教学技术，发挥各种技术手段在教学中的积极作用，使它们相互弥补不足，从而使课堂教学有效地进行。

二、活动设计要素

笔者根据自己多年的活动设计经历认为，一个活动设计的基本要素可以归纳为以下六点：

目标（purpose），即活动所要达到的语言习得和应用，或者说是输入和输出的目标。活动的目标又可分为：语言结构目标（structure），特别是语法的基本结构；语言的功能目标（function），即该语言结构所呈现的语言功能；技能目标（skills），技能即指活动所侧重训练的听、说、读、写中某一个或几个方面的能力。

组织（organization），即该活动实施的组织形式，有个人活动（individual work）、配对活动（pair work）、小组活动（group work）以及集体活动（team work）。

水平（level），即该活动适合何种水平层次的学生。

材料（materials），指活动中要使用的文字、图片、实物等各种相关的资料和教具。

过程（procedure），指活动的先后程序和具体内容。

分析（analysis），主要指对该活动的用途、适用范围及其他相关内容的说明。根据活动的实际应用情况，还需对活动内容和形式进行修改和调整，同时呈现学生的学习成果。

三、活动设计方法

从活动设计的六个基本要素来看,教师在设计活动的过程中,首先应该考虑该活动的目的;其次,为了达成活动目的要对活动内容和活动对象进行分析;然后,在分析的基础上编写可行的教学目标;接着,根据制定好的教学目标,设计活动环境、活动过程;最后,对活动的实施和结果进行反思分析。

(一)活动目标设计

目标是教学活动设计的关键,决定了教学的大方向。后期教学方法的采用、环境的考虑以及活动的评价与分析都要以该目标为依据而展开。

设计教学目标,教师首先要对教学内容(学习任务)和学生进行分析。

1. 高中英语教学目标的确定

高中英语新课程的总目标是使学生在义务教育阶段英语学习的基础上,进一步明确英语学习的目的,发展自主学习和合作学习的能力;形成有效的英语学习策略;培养学生的综合语言运用能力。综合语言运用能力建立在语言技能、语言知识、情感态度、学习策略和文化意识等素养整合发展的基础上。

新课标从五个维度对当前外语教学提出了基本目标,即语言知识目标、语言技能目标、情感态度目标、学习策略目标和文化意识目标。

对语法而言,高中语法的核心内容是:非谓语动词,三大从句,特殊句式,动词时态语态,情态动词。学习语法知识要有成体系的领悟英语的思维方式,要明白英语行文造句的规则。这些对进一步的英语学习起着至关重要的作用。

再来谈谈词汇。教师有必要采取精加工策略来指导学生学习词汇。根据认知心理学的学习理论,教师可采取如下的指导策略:

(1)注意。知识分类学说认为,知识的学习始于学生的注意。注意就是学生指向目标的活动状态。教师可要求学生讨论含有学习词的句子的意思,并用英语解释。

(2)非语境化。将学习词从原课文语境中脱离出来,激活原有知识,回忆出与学习词相近的所有词项,然后对这些词以英语定义的方式进行解释,并指出词项间的语义形似点和语义差异,还要求找出与学习词构成搭配关系的词组。这样,便能形成以学习词的横组合关系(搭配)和纵组合关系(近义词)为语义结构的完整的语义场。

(3)语境化。将分析的结果,即近义词项及其相应搭配,还原到语境中去。自己创造有意义的合适的语境，如联想一个与自己的生活和学习密切相关的场景，让这些词汇及其搭配得以恰如其分地运用。这样，学生能快速学会运用词汇，有利于激发学习兴趣。

教学目标主要表述的是学生学习的结果，它也可称为学习目标，在本文中，教学目标与学习目标同义。

2. 高中英语学习目标的分类

> 高一主要目标：词汇＋语法
> 高一上学期：强化词汇记忆，征服语法体系。
> 高一下学期：突破语法细节，巩固生词、难词。
>
> 高二主要目标：完型填空＋阅读＋写作
> 高二上学期：加强阅读能力，攻克完形填空。
> 高二下学期：阅读、完型两手抓，加强写作方法。
>
> 高三主要目标：查漏补缺＋迎接高考
> 高三上学期：单项巩固复习，各个击破。
> 高三下学期：大量模考，综合提高。

从上面的这个表格中所列出的高中基本教学目标来看，词汇、语法和写作是高中阶段应该突破的重头，也是本文后面所要谈及的主要问题。

而在具体解决这些目标的设定方面，教师又可以根据具体的教学内容从语言表达、语言技能和情感态度三个维度设计活动目标。

布卢姆（Bloom）等人受到行为主义和认知心理学的影响，把学习分为认知、情感和动作技能三个领域，这也是目前被人们广泛应用的一种目标分类。语言表达维度主要包括单词、短语、句型等的学习；语言技能维度则指英语听、说、读、写能力的发展；情感态度维度主要指的是培养英语学习的兴趣、形成积极的学习态度，以及对他人、对事物的良好态度。

3. 活动内容分析

活动内容分析也称任务分析。内容的选择基本是围绕课本中的相关主题进行的，因此，学习内容基本上都是主题式的。一个主题为一个独立的单元，一个单元又包含若干部分，主要内容包括与本课教学主题相关的基本词汇、基本句型、对话等；各主题单元的内容之间具有相对的独立性，而没有明显的递进和层次关系。

拓展学习的内容主要是围绕单元主题，为学生提供与单课话题相关的、多样表现形式的、不同难度水平的学习内容，使他们掌握某一话题的灵活多样的表达方式，为他们提供在真实情景中灵活运用所学内容进行交流的机会。

4. 教学对象分析

对学生的分析应从三方面开展：首先是对学生的社会特征进行分析，主要包括学习风格、态度、动机水平、心智发展水平等；其次，是对学生已有的知识技能的分析，包括他们已有的语言水平和知识基础等；第三，是对在教学开始前（亦即实际上课前）学生所必须掌握的知识技能进行分析，了解学生是否已经掌握或部分掌握了课程教学目标中要求学会的知识和技能。

5. 教学目标的编写

根据对学生学习背景及教学内容的分析，课堂教学目标便得以确立。

此外，在教学目标的表述上要注意两个问题。一是目标对象的正确定位，目标表述要以学生为主体。正确地界定和编写教学目标，应以"期望学生在教学过程中该做什么"为依据，即以学生为教学的主体和目标的主体，把教学的重心指向学生和期望他们达到的学习结果。其次，教学目标的编写应尽可能明确、具体，是可以观察和测量的，对学生"完成学习任务后能够做什么"有一个具体的、明确的描述。

科学的教学目标的编写和界定，一方面要考虑是否有利于指导教师教学，另一方面还要使它便于教学结果测评。能否做到这两点，主要取决于行为动词的可观察性和可操作性。

(二) 活动过程设计阶段

活动过程设计包括设计活动环境和设计教学活动。

1. 设计活动环境

从狭义上说，活动环境是就学校教学活动而言，主要是指学校教学活动的时空条件、各种教学设备、师生关系等等。在这里，教学环境的主要构成要素有：心理环境（教学气氛）和物质环境（教室布置、教学材料与设备）。确实，教室的舒适程度和整体氛围是对师生双方都非常重要的因素，营造良好的教学环境将有助于学生的学习，对教学的成功也有重要影响。

首先，根据活动设计的愉悦原则，英语课堂气氛应是轻松和谐、张弛有度的。努力创造愉快、友好、合作、和谐的课堂气氛，降低学生的焦虑感，增强其学习的自信心，让每个学生都能在各自的学习团体中体验到成功的快乐。

其次，在物质环境的准备上，教室应是宽敞明亮、通风良好的，有足够的活动空间和良好的布局。空间布局，特别是桌椅和座位排列的形式对学习产生的影响比较显著。针对不同教学目标和活动安排的需要，教室的空间布局应是在不断地变换之中。

总的来说，教师应依据活动的目标要求，为学生的学习及活动的开展提供必要而有效的材料，活动材料应具有趣味性、可操作性和针对性。活动材料是为教学服务的，笔者主张用最少的材料达到最好的效果。

2. 设计教学活动

教学活动是外部环境与学生内部认知加工过程相互作用的桥梁，它在促进学生语言信息的输入，输入信息的内化、外化和反馈等信息认知加工过程的各环节中均具有非常重要的作用，因此是设计的核心要素。

外语学习的内部认知加工系统，由输入、理解和吸收、整合和重组、输出四个阶段组成。输入（input）是指来自不同媒介的、多种表征形式的语言信息进入学生的感知和记忆中。理解和吸收（comprehension & intake）是指学生基于语言系统中已有的知识经验，对经过选择性注意和知觉的信息进行识别、分析、比较、联系、转换等内部加工活动，促进对所知觉到的信息的吸收。整合和重组（integration & reconstruction）是指经过学生加工、理解和吸收的信息，会对学生的语言系统产生两种可能的影响：一是将新信息整合到学生已有的语言系统中，促使其与原有认知结构产生丰富性联系，即同化；另一种情况则是对原有的语言系统产生改造和重组，即顺应。输出（output）是加工过程的可观察化结果，同时构成对应学习的每个阶段的反馈。课堂教学应是精心安排的一组被设计来支持内部学习过程的外部事件。

整体而言，教师可以通过视、听、唱、说、读等活动为学生提供大量地道、形象、生动、可理解、多样的语言信息，创造语言输入的环境，有效激发学生学习的兴趣，丰富其英语词汇的储备。再对输入的信息提供各种帮助理解的线索，进而通过后续的反复循环、滚动式练习，帮助学生吸收和储存输入信息。最后还应该设计多样化的学生个体或群体性交际活动，在理解的基础上不断进行有效输出，培养学生的语言运用能力，如通过学生的自主活动，师生、生生合作等多种形式指导他们进行模仿、会话、表演、唱英文歌曲等语言实践活动，在活动中实现语言的输出。

四、语言活动类型及优化

英语课堂活动有语法活动、词汇活动、拼写活动、听能活动、言语活动、读写活动等等。按照一般的教学程序,活动类型大体可分为三大类:1. 呈现活动,即呈现新的语言内容的活动;2. 练习活动,指新语言内容呈现后所进行的旨在训练听、说、读、写技能的活动;3. 交际活动,指运用所学语言交流信息以共同完成某项任务的活动。

广大教师在长期的教学实践中已经创造出了大量具体的课堂活动形式,如猜测、预测、图表、传话、交流信息、小品、描写与辨认、接龙、辩论、记者招待会等等。这些活动形式深受学生喜爱,在教学中取得了良好的效果。但活动不应该是固定不变的,应该是不断发展更新的。在实际运用的过程中,教师应根据学生的实际情况和教材内容确定适当的形式,创造出适合自己教学的活动。

(一)任务型课堂教学活动的多元化设计形式

1. 游戏型任务设计

英语教学的主要目标是培养学生学习英语的兴趣。因此,教师应以兴趣为支点,以任务为基础,尽量设计活泼而有趣的任务活动。教学实践证明:越能让学生发觉和感受有趣和愉快的任务,越能激发其参与学习的欲望,学生就越乐于加入任务学习中。

2. 竞赛型任务设计

在笔者的教学经历中,相较于游戏,笔者更多地采用了竞赛的形式。竞赛的紧张感和乐趣能让学生保持长久的兴趣,这样不仅学习效率明显提高,还培养了学生的参与意识、合作精神和集体荣誉感,学生特别喜欢这样的学习活动。竞赛结束后,给获胜的学生或小组相应的奖励,可以是物质的,也可以是精神的,并鼓励其他学生或小组继续努力。

3. 合作型任务设计

合作互动学习是以合作学习小组为基本单位的教学活动形式,"不求人人优秀,但求人人进步"是合作学习方式所追求的一种境界。因此笔者常常通过合作互动来促进学生学习,形成智慧共享,以团体成绩为评价标准,以期共同达到教学目标。在任务型教学中,很多任务都是通过配对活动和小组活动合作完成的。合作型任务设计有助于培养学生之间的合作精神,有助于因材施教,可以弥补一个教师难以面向有差异的众多学生教学的不足,从而真正实现使每个学生都得到发展的最终目标。

4. 猜测型任务设计

猜测型任务易操作，用时短，能使学生运用语言的能力得到充分锻炼，而且适合教学的各环节。运用学生身边所熟悉的人或物，既贴近学生生活，又极大地调动了学生的积极性，也让学生在猜测的过程中获得了快乐和成就感。

5. 调查型任务设计

在英语课堂中设置调查任务，能给学生带来学习运用语言的强大动力，培养学生用英语解决问题的能力，最重要的是使他们真正进入社会情境，接触社会现实，融入生活，获得感受，不仅使学生进行了一次有意义的社会实践活动，而且也达到了英语学习的目的。

6. 创造型任务设计

每个学生都有一对想象的翅膀，他们的创造力是难以估量的。创造型任务是学生在对原有知识的消化和理解的基础上，充分发挥创造性思维来完成的学习任务。合理地设计创造型任务并运用于课堂教学，能使教学活动更具开放性，给学生的参与和思维扩展提供更广阔的空间。

当然，任务型课堂教学活动不单单局限于课堂教学活动，它还有很大的拓展空间，可以延伸到课堂之外，其延伸性可以体现在所设计的活动内容上，冲破原有的教材内容的局限，带给学生拓展、想象和创新的空间。

（二）通过教学活动设计来优化课堂教学

1. 优化教材

教材是课堂教学最直接、最主要的依据，教师在英语课堂设计中应努力做到：(1)总揽全局，组织好教材，考虑好整体教学，安排好课时，分配好各个课时内容，注意各个课时内容的前后衔接。(2)抓住教材中的关键，突出重点，分散难点。(3)教学时尽可能多用英语，少用母语，用学过的单词解释新单词的意思和用法，用英语解释课文中的难句，简化课文中的长句。(4)教材与实际相结合。根据学生的实际，对教材内容进行合理增删。在遣词造句、语言情境设置时，应恰如其分地联系本班、本校或本地的实际情况，使学生对教材耳目一新，倍感亲切。(5)实施素质教育，教育学生在学会知识的同时，学会做人，学会做事，学会生存。(6)用教材教而不是"教教材"。教师要创造良好的教学情境，把教材内容激活，还原为活生生的交际现实，让学生在富有情趣的交际中主动领会、学习教材内容。

2. 优化教法

优化教法指对教学手段的优化。科学地选用教学手段,可以更好地服务于教学。在科学技术迅速发展的今天,教师可以根据教材内容的特点来选择最佳的、最有效的教学手段:有的课可以在语音室上,有的课可以选择多媒体教学,有的课可以将学生带入一个真实语境中去理解、应用目标语。总之,教师在选用合适的教学手段时应注意以下几点:(1)要有明确的目的性。(2)坚持从实际出发。(3)课前作好充分准备。(4)要选准时机。(5)要注意全员的可视度。(6)要有实效。

3. 面向学生

教学活动的设计不仅仅是设计教材、设计方法,更重要的是如何根据不同年龄阶段的学生的心理和智力特点,充分调动他们的学习积极性,挖掘学生的内在潜力。好的教学设计应面向全体、兼顾两头。教师首先必须了解全体学生的学情,如知识水平、接受能力、学习态度和学习风气,以便根据大多数学生的实际情况,确定教学的起点、难点、深度和广度,但还要了解到个别差异,尽量照顾到每一层次上的每一位学生,调动每一个学生的积极性,让每一个学生都参与到教学活动中来。要努力做到让好、中、差不同程度的学生都能"吃得饱、吃得好、吃得了"。让每一位学生在每一堂课上都有收获,有进步。

4. 优化组织形式

教师要根据每节课的教学内容、教学目标、教学任务来灵活组织课堂教学,但无论怎样组织课堂教学,都必须要设法激发学生的学习动机,调动学生的学习积极性,优化课堂氛围,获得最佳教学效果。在设计课堂教学组织形式时,教师应注意:(1)充分发挥学生的主体作用,教师的主导作用。英语教学时,教师要尽量使用英语,着重培养学生运用英语进行交际的能力,给学生创造各种语言环境,提供各种机会,让学生充分接触英语、运用英语,使学生始终保持学习英语的主动状态,主动观察、主动思维、主动回答,使教学过程本身成为学生听、说、读、写能力的发展和提高过程。(2)科学利用评价手段。教师要善于利用有效的评价方法,捕捉学生的闪光点,多表扬少批评,多肯定少否定,使每个学生在既轻松愉快又热烈紧张的状态下学习和掌握英语知识。(3)注意保持和谐的师生关系。在组织课堂教学活动时,教师应热爱、尊重每个学生,了解每个学生的心理特征和需求;让每一个学生体会到教师对自己的爱、关心和尊重,激发学生健康的情感,产生积极学习的动力,在和谐的氛围中学习知识、培养能力。

五、活动设计的目的和意义

英语课堂活动教学是以学生为主的语言教学。众多英语教学研究者和实践者认为：只有涉及真实交际的活动才能促进学习，只有使用语言完成有意义的任务的活动才能促进学习，只有使用对学生具有实际意义的语言才能促进学习。英语教师实施课堂活动教学就是要将教材内容按其交际原貌"活化"于课堂，组织不同层次、不同性质、不同形式的活动，让师生共同投入，互相交流。

精心设计教学活动、优化活动的控制、提高活动的效益是开展活动教学的关键。教师在教学中应明确目标，激发学生的学习兴趣，使学生积极"动"起来，在活动中用听、说、读、写等方式使用目的语言，提高运用能力。

（孙毅）

第二章

序言课：学科学习的"开场白"

序言课是为了让学生高屋建瓴地了解学习内容，形成良好的认知结构，在教学上具有"先行组织者"的作用。序言课主要是为学生之后的学习搭建学习框架，帮助学生做好学习的知识和心理准备。序言课在正式学习材料前呈现，为新知识的学习打基础，但并不是为了让学生深入细致地学习知识、解决问题，而是让学生整体了解章节或单元的体系，知晓接下来要学习的内容及其主要方法。序言课在各学科教材中只占很小的比例，但一堂精心设计的序言课能够发挥出带有自身独特色彩的教学力量，为学生的新知识学习做好铺垫。在序言课的课堂教学过程中，教师首先需要优化教学目标设置，并在充分认识学生的心理特征的基础上，通过创情境、激兴趣等教学策略，实现序言课"为迁移而教"的有效教学设计。

1 高中数学单元序言课教学模式的构建

序言课的主要任务是揭示这门学科研究的对象、内容、解决问题的思想方法,它具有承前启后的作用。数学单元序言课的目的在于使学生对本单元的数学内容有个大致的概念,了解本单元的数学内容的特点及其应用,领略数学的美妙,同时明确上好数学课的要求,从而帮助学生克服畏惧心理,激发学生的学习兴趣。

一、高中数学单元序言课的教学设计

(一)明确目标,把握总体

教师通过研读教材,结合课程标准,从总体上对教学目标进行合理分解,弄清本单元内容在整个数学体系中的地位和作用,在此基础上,选择恰当的教学方法。

例如沪教版数学教材第十四章《空间直线与平面》的序言内容只有七行,其中一行介绍了唐朝诗人陈子昂的名诗:"前不见古人,后不见来者。念天地之悠悠,独怆然而涕下。"序言将诗人对时间和空间的文学描述和感慨,提升至以时间的延伸为线,扩展到大地为面,充实到天地空间的境界,用古人对时间与空间的认识引出立体几何中主要的研究对象点、线、面和体的概念。这段序言文字不多,但充分说明数学教学要重视数学思想与数学文化的学习,使受教育者切实提高自身的数学素养。

(二)创设数学情境,引入课题

课题引入的设计要由教学目标和教学内容来决定,其关键在于"引导"二字,目的是引起学生的"疑"、"趣"、"情",使学生产生强烈的求知欲和愉悦的学习情感。

例如在"圆锥曲线"的序言课中,学生对于椭圆只有"像圆不是圆"、"被拉长的圆"、

"平面曲线"等印象。教师发问"操场的一条跑道线是否是椭圆"并由学生回答之后，学生便产生了认知冲突：虽然操场的一条跑道线具有这些属性，但它却不是椭圆，那究竟什么才是数学意义上的椭圆呢？在这段教学活动过程中，教师通过构建认知上的矛盾冲突，提出了一个看似熟悉却又很难回答的问题，引起学生的学习兴趣，产生由内而外的学习动机。

（三）利用新、旧知识的类比和迁移，平稳过渡

从学生的学习过程看，由现有的知识结构向新的知识结构过渡，必须经过认识、组织和再组织的过程。因此，教师应在学生现有的知识结构与新知识结构之间制造出一个适当的教学情境，有层次地引导学生在学习过程中进行分析、归纳，最终掌握新知识。

例如在"立体几何"的序言课中，学生已经认识了一些具体的几何体，如正方体、长方体、圆柱、球体等，在美术课学习中了解了立体图形的透视关系，在生活中也有着大量的三维空间的体验。同时，初中时学习的平面几何的知识和推理论证的方法，对立体几何的学习也具有一定的帮助。但是一些惯性思维也会对新知识的学习形成障碍，而缺乏在三维空间条件下的思考习惯，会将平面几何的知识错误地类比和推广。

（四）渗透数学思想，提高学生学习能力

数学思想是人们通过数学活动对数学知识形成的一种总体看法和观点，是处理数学问题时所归纳出来的带有规律性和概括性的本质内容，是数学知识的升华和提炼。因此，在讲授数学知识的时候，要适当地渗透数学思想，以便于学生解决相应的数学问题。

例如在"圆锥曲线"的序言课中，教师可以通过介绍圆锥曲线的截面定义，使学生了解"圆锥曲线是由平面斜截圆锥所得的交线"，从而了解本章节研究对象的同源性：它们具有类似的定义，因此很可能具有类似的研究方法和类似的性质。教师通过引导学生从椭圆截面定义导出椭圆上的点所满足的数量关系，使学生通过经历椭圆概念的整个发展过程和椭圆的再次定义，了解圆锥曲线两种定义的联系，并意识到圆锥曲线作为几何图形仍然有可能用几何方法进行研究。教师通过介绍解析几何创立的背景和意义并引导学生根据椭圆的再次定义建立椭圆的标准方程，使学生了解本章节研究圆锥曲线的基本方法——解析法，以及核心思想——数形结合。

（五）引导学生归纳总结，突出重点

课堂小结是课堂教学的重要组成部分，它会直接影响教学效果。因此，教师归纳总结时，语言要精练、准确，板书要条理清晰、概括性强。

例如在"立体几何"的序言课教学中,教师通过下面一首诗作为结束语:

学好立几并不难,空间想象最关键;

一看二画三思考,点线面体是一家;

面积体积应用广,类比转化须牢记;

知识创新无止境,学问思辨勇登攀。

总之,数学单元序言课的教学应紧紧围绕教学目标,抓住学科特点。教师应从学生已经形成的知识结构入手,引导学生积极探索、大胆实践,激发学生的求知欲望,把抽象的序言课上得具体、生动、有趣,为学生学习该部分内容创设一个良好的开端。

二、高中数学单元序言课的教学模式类型

类型 1:概念引入

单元序言课的内容会涉及一些尚未学习的概念,因此,在教学时可以通过建立一些必要的概念,由此引出本章学习内容的话题。

例如在"复数"这一单元的教学中,由数学内部的矛盾"$x^2+1=0$ 在实数集中无解"为认知冲突,引出对数的范围进行扩充的必要性,从而引入虚数的概念,然后建立复数的概念。再叙述"复数是 16 世纪人们在讨论一元二次方程、一元三次方程的求根公式时引入的。它在数学、力学、电学及其他学科中都有广泛的应用。复数与向量、平面解析几何、三角函数等都有密切的联系,也是进一步学习数学的基础"这一段介绍,让学生增强了学习复数的兴趣。复数与向量、平面解析几何、三角函数等都有密切的联系,怎样的联系呢? 带着问题进入了本章的学习。学生在看书时能够体验到"数系的不断扩充体现了人类在数的认识上的深化,就像人类进入太空实现了对宇宙认识的飞跃一样。复数的引入是对数的认识的一次飞跃"以及"理性思维在数系扩充中的作用"这些话的深刻含义。

类型 2:类比引入

通过与其他内容学习过程的类比介绍章序言的内容,提出本章学习的任务。

例如在"不等式"单元的序言课教学中,与等式的类比是比较好的办法。"与等量关系一样,不等量关系也是自然界中存在着的基本数量关系,它们在现实世界和日常生活中大量存在。在本单元,我们将学习一些不等式的性质,理解不等式(组),体会不等关系和不等式的意义与价值。"通过基本不等式了解不等式的证明,解决一些简单的

最大(小)的问题；通过不等式与函数、方程的联系，提高对数学各部分之间的联系的认识。

类型3：借助已有的知识储备引入

在初中，学生已经学习过一次函数、二次函数，了解函数图像的形成过程，对坐标法的思想有所了解，因此，在解析几何的序言课教学中，可以给学生介绍坐标法产生的历史，渗透数学文化。

类型4：利用初中的知识内容螺旋上升引入

"解斜三角形"是初中"解直角三角形"的一次螺旋上升。初中就已经学习过锐角三角比的简单应用，研究过与直角三角形有关的测量问题等等。教学中通过一个实际问题的设置就可以让学生感觉到"这些问题仅用锐角三角比是不够的"，学习解一般三角形就显得十分必要。

类型5：通过介绍数学史引入

新课程标准指出："数学文化应尽可能有机地结合高中数学课程的内容，选择介绍一些对数学发展起重大作用的历史事件和人物，反映数学在人类社会进步、人类文明发展中的作用，同时也反映社会发展对数学发展的促进作用。"

在"圆锥曲线"的序言课中，教师可以将其历史为学生呈现出来，例如，古希腊人定义并研究圆锥曲线是为了解决建造神庙的倍立方问题，但是限于几何研究方法的复杂性和局限性而未能成功；到了17世纪，在欧洲，为了适应航海、天文、军事等方面的需求，解析几何应运而生，而为了研究圆锥曲线的性质，数学家们需要建立圆锥曲线的方程，也就需要更简单的能刻画曲线上点的运动性质的描述，从而产生了现今教材上所给出的圆锥曲线的定义。学生通过数学文化的学习，了解人类社会发展与数学发展的相互作用，认识数学发生、发展的必然规律；了解人类从数学的角度认识客观世界的过程；发展求知、求实、勇于探索的情感和态度；体会数学的系统性、严密性和应用的广泛性，了解数学真理的相对性；提高学习数学的兴趣。

三、高中数学单元序言课的教学内容与时间安排

关于数学单元序言课，教师不宜从一个极端走到另一个极端。从"不上序言课"转为"讲一整节的数学文化"。单元序言课的内容应该是立体、丰富的，时间也应该是弹性的。

不论是数学思想、数学方法还是数学史,对其的介绍都是需要数学问题作为载体的。在"圆锥曲线"序言课中,在课程的后半段穿插了本单元第一课时的"椭圆的概念"及"标准方程"的部分内容,这部分内容既符合本单元的知识目标,同时也使学生进一步体会椭圆的再次定义的优越性以及解析法的具体过程,可谓一举两得。可见,在单元序言课中适当地选用本单元的数学知识或是数学问题作为渗透数学文化的载体,不仅使学生更好地理解序言课中呈现的思想方法和教学目标,同时也可以提升教学效率。

基于以上的想法,即便是在课时紧张的时候,比起"开门见山"直奔主题,我们依然建议安排适当的时间进行单元序言课的教学,这样的教学活动将带来更高的教学效率和更好的教学质量。

四、高中数学单元序言课的教学思考

要体现单元序言课的教学价值,必须基于现状进行理性的反思。

首先,必须明晰单元序言课的内容和教学价值,教师只有从观念层面深刻认识单元序言课的内容和教学价值,才有可能自觉进行数学单元序言课的教学。

其次,要坚持理论回归实践,不断探索高中数学单元序言课教学设计的现实路径,总结高中数学单元序言课教学设计的若干视角,提出实践数学单元序言课的方法论。

最后,要重视课例的研究,每位教师都可以从已有的实践活动中寻找开展新的实践活动的重要生长点。通过一些经典的数学单元序言课的课例研究,形成单元序言课的案例库,获得开展单元序言课的教学启示,积累教学经验,提升单元序言课的教学水平。

案例:

解析几何单元序言课

(西南位育中学:徐迪斐老师,本案例获 2014 年全国高中数学中青年教师教学评比一等奖)

一、教学目标

1. 通过历史的回溯和实例的展示,了解圆锥曲线的背景(产生、发展)、

应用及其研究方法，感受其中蕴含的数学文化；

2. 经历从具体情境中抽象出椭圆的本质特征以及椭圆定义的过程，掌握椭圆的概念；

3. 根据椭圆的定义建立焦点在 x 轴上的椭圆标准方程，进一步巩固求曲线方程的一般方法和步骤，体验用代数方法研究几何问题的思想方法。

教学重点：掌握椭圆的概念。

教学难点：从具体情境中抽象出椭圆的本质特征。

二、教学过程

（一）新课引入

1. 播放视频

播放经剪辑的概述嫦娥一号探月的视频，展现嫦娥一号优美的椭圆轨道，引入课题。

嫦娥一号成功发射拉开了我国探月工程的序幕，将中国几千年来的神话传说终于变成了现实。告诉大家一个好消息，就在前天，探月三期工程的探路"小飞"（返回飞行试验器）经历了 8 天飞行之后成功返回，标志着我国航天技术又取得了新的突破。

请看，嫦娥一号在星空中划过了一道美丽的曲线，大家知不知道这条曲线叫什么名字？

2. 提出问题

卫星运行的轨迹是椭圆。在生活中还有哪些事物是椭圆？

大家认为椭圆是立体图形还是平面图形？

既然是平面图形，那以上这些是不是椭圆？

操场的一条跑道线是平面图形,它是不是椭圆呢?

那么,究竟什么是数学意义上的椭圆? 椭圆有什么性质? 椭圆又有哪些应用呢? 让我们带着这些问题开始今天的新课——圆锥曲线起始课(椭圆的概念)。

(二) 椭圆的起源和发展

每一个几何图形都源于生活,是从具体事物中抽象出来的,椭圆也不例外。那最早人们是从怎样的具体事物中发现椭圆这一曲线的呢?

让我们回到公元前 4 世纪的古希腊。相传最早是古希腊人通过削尖的圆木桩发现了一条像圆又不是圆的曲线,把它命名为椭圆。从立体几何的角度,也就是"平面斜截圆柱所得的交线"。

后来又有人发现,平面斜截圆锥所得的交线也可能是椭圆。不仅如此,调整平面的倾斜程度还能得到其他曲线,于是人们把这些曲线命名为圆锥曲线。这也是为什么椭圆是圆锥曲线中的一类曲线。

人们又发现,研究这些曲线的性质,还有助于解决三大数学问题之一的"倍立方问题"。于是,许多古希腊的数学家都开始研究这一类曲线,其中有大家所熟知的欧几里得,可惜他们的许多著作都失传了。迄今为止,修复得最完整的是阿波罗尼奥

阿波罗尼奥斯
(前 262—前 190)

欧几里得
(前 325—前 265)

斯的著作《圆锥曲线》，在该书中他在总结了前人成果的基础上又增加了自己的创见，从"平面斜截圆锥"出发，运用纯几何方法，证明了近 500 个命题，这在当时堪称奇迹，即便是之后的近 2000 年内也无人能超越。因此，阿波罗尼奥斯的《圆锥曲线》被长期视为数学经典大作，与欧几里得的《原本》并驾齐驱。

到了 17 世纪，世界经历了翻天覆地的变化。在欧洲，航海、天文、军事、经济等领域飞速发展，古希腊人的纯几何方法已经跟不上社会生产力的需要，人们亟需一种更高效的研究方法。于是，两位伟人诞生了，他们是法国数学家笛卡尔和费马，也是解析几何的创始人。解析几何借助坐标系，建立了代数与几何之间的联系，并允许通过代数的方法研究几何图形的性质。例如，将点与坐标一一对应，曲线与代数方程一一对应，即可通过研究代数方程获得曲线的性质。解析几何在两个看似毫不相干的学科之间建立了联系，可以说是数学史上最伟大的突破。

笛卡尔
（1596—1650）

费马
（1601—1665）

这时，人们开始思考，能否通过解析几何的方法研究椭圆这些圆锥曲线呢？

我们学习过曲线与方程，知道求曲线方程的步骤是：建系、设点、列式、化简。其中列式的步骤需要根据曲线上的点所满足的条件列出等式。例如：圆上的任意一点到定点（圆心）的距离等于常数（半径）。通过这一数量关系很容易列出圆上的动点所满足的等式。但是，椭圆上的点满足什么样的条件？能否用数量关系表示椭圆上的点的运动规律呢？

（三）椭圆性质的探索

为了解答这个问题，人们重新翻阅了阿波罗尼奥斯的《圆锥曲线》，发现书中近 500 个命题中，真的有一条性质十分简洁地通过数量关系揭示了椭圆上的点的运动规律。这条神秘的性质究竟是什么呢？现在，就让我们一起来发现这条性质。

为了探索这条性质，我们需要从立体图形出发研究平面图形，但大家还未学习过立体几何，老师需要对大家做一个小测试，考考大家的空间想象力！

1. 第一组试题（平面示意图）

（1）我们知道，两条平行直线之间的距离处处相等。那么，两个平行平面之间的距离有什么性质？

（2）我们知道，过圆外一点，引圆的两条切线，切线长相等。那么，过球外一点，引球的两条切线，切线长有什么数量关系？

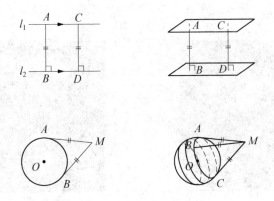

2. 第二组试题（平面动画、实物教具）

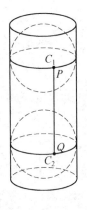

（1）在圆柱内放置一个与圆柱底面等半径的小球，小球与圆柱侧面的公共点将形成什么曲线？

（2）同样地，在下方也放置一个相同的小球，它与圆柱侧面的公共点也将形成圆，我们把这两个圆记作圆 C_1 和圆 C_2。请问，圆 C_1 与圆 C_2 所在的平面有怎样的位置关系？

（3）如图，在圆柱的最右侧侧面上取圆 C_1 与圆 C_2 之间的线段 PQ，它与圆 C_1、C_2 所在的平面有怎样的位置关系？

与两小球又有怎样的位置关系？

（4）如果将线段 PQ 保持铅垂方向，沿着圆柱的侧面转动，PQ 与圆 C_1、C_2 所在的平面是否依然垂直？与两小球是否依然相切？

（5）旋转过程中，线段 PQ 的长度变不变？为什么？

3. 第三组试题（实物教具）

（1）这是平面斜截圆柱得到的交线，它是椭圆。现在，在圆柱内放置一个刚才那样的小球，且与椭圆所在的平面相切，请问共有几个切点？

（2）我们记切点为 F_1，在椭圆上任取一点 M，连结 MF_1，请问 MF_1 与上方小球有什么位置关系？

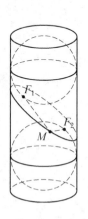

（3）同理，在椭圆所在的平面另一侧，再放置一个刚才那样的小球，且与椭圆所在的平面相切，将切点记作 F_2，则 MF_2 与下方小球相切。请问，当点 M 在椭圆上运动时，MF_1、MF_2 分别与上下两个小球相切不相切？

大家都顺利过关了。现在让我们思考刚才的问题："能否用数量关系表示椭圆上的点的运动规律？"

4. 发现椭圆的性质（实物教具、平面动画）

现在过点 M 作之前那样的 PQ，让我们先回顾一下先前所得到的结论：

MF_1、MP 都与上方小球相切，因此 $|MF_1|=|MP|$，同理，MF_2、MQ 都与下方小球相切，因此 $|MF_2|=|MQ|$；我们还知道线段 PQ 的长度不变。

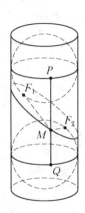

（1）请问，除了线段 PQ 的长度之外，在椭圆所在平面内，还有什么几何量是不变的吗？

（2）我们知道，圆上的任意一点到定点（圆心）的距离等于常数（半径），而点 M 在椭圆上运动时，点 F_1、F_2 的位置不发生变化。有谁能用类似的语言归纳一下，椭圆上的任意一点应具有怎样的性质呢？

椭圆的性质：椭圆上的任意一点到两个定点的距离之和为常数。其中两个定点叫做椭圆的焦点，焦点之间的距离

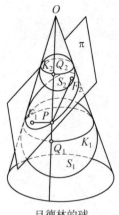

旦德林的球

称为焦距。这一构造法十分巧妙,是由 19 世纪比利时数学家旦德林给出的,不过旦德林的证明是在圆锥背景下进行的,而今天老师为了大家理解方便将其简化为圆柱背景。课后大家可以继续思考,如果改为圆锥背景,能否用类似的方法得到椭圆的性质。

(四) 椭圆的再次定义

我们已经得到了椭圆的性质,知道了椭圆上的任意一点满足的数量关系。但是,为了求椭圆的方程,我们还需要知道:满足这一数量关系的点的轨迹是否是椭圆? 能否修改、完善这一性质为椭圆的定义呢?

接下来,让我们通过画椭圆的活动一起体会一下,满足这一性质的点的轨迹是否是椭圆。

活动:画椭圆

根据椭圆的性质,研究椭圆规的使用方法,同桌两人共同配合画一个椭圆。

思考:若要画出椭圆,细绳长度(距离之和)与两个连结点之间的距离(焦距)应具有怎样的大小关系?

教师提示:

(1) 椭圆的性质中,"含有两个定点",在椭圆规上能否找到这两个定点?

(2) 椭圆的性质中,还有"距离之和等于常数",在椭圆规中能否找到距离之和的常数?

请同桌中的一位同学负责保持定点位置不发生变化,另一位同学利用细绳负责保持笔尖到两个定点的距离之和为常数,画出椭圆。作图过程中,可能还会遇到一些障碍,请同桌一起想办法排除障碍。让我们比一比,哪一组同学能够既画得好又答得好。

补充问题:

(1) 如果细绳长度等于两个连结点之间的距离,即 $2a = |F_1F_2|$,动点的轨迹是什么图形?

(2) 我们还知道,椭圆是平面截圆柱或圆锥得到的交线,是一个平面图形，因此还需要补充什么条件？

椭圆的定义：在平面内，到两个定点 F_1、F_2 的距离之和为常数 $2a(2a > |F_1F_2|)$ 的点的轨迹叫椭圆。（F_1，F_2——焦点，$|F_1F_2|$——焦距）

当 $2a = |F_1F_2|$ 时，轨迹为线段 F_1F_2；当 $2a < |F_1F_2|$ 时，轨迹不存在。

在 17 世纪，法国数学家洛必达在《圆锥曲线分析论》中抛弃了古希腊人对椭圆的图形定义，改用椭圆的数量关系进行定义，并以此推导了椭圆方程。

（五）椭圆的标准方程

接下来让我们也来亲身实践一下，来推导椭圆的曲线方程。

让我们先来回顾一下椭圆的定义：在平面内，到两个定点 F_1、F_2 的距离之和为常数 $2a$ $(2a > |F_1F_2|)$ 的点的轨迹叫椭圆。

能否用一个含字母的等式表示椭圆上的动点 M 满足的等量关系？$|MF_1| + |MF_2| = 2a$

在平面内，已知两个定点 F_1、F_2，且 $|F_1F_2| = 2c$，动点 M 满足 $|MF_1| + |MF_2| = 2a(a > c > 0)$，求：点 M 的轨迹方程。

解：以线段 F_1F_2 所在直线为 x 轴，线段 F_1F_2 的垂直平分线为 y 轴，建立平面直角坐标系。

设 $|F_1F_2| = 2c$，得 $F_1(-c, 0)$，$F_2(c, 0)$。

设动点 $M(x, y)$ 是椭圆上的任意一点，有 $|MF_1| + |MF_2| = 2a(a > c > 0)$，

$$\sqrt{(x+c)^2 + y^2} + \sqrt{(x-c)^2 + y^2} = 2a,$$

$$\sqrt{(x+c)^2 + y^2} = 2a - \sqrt{(x-c)^2 + y^2},$$

两边平方得：$(x+c)^2 + y^2 = 4a^2 - 4a\sqrt{(x-c)^2 + y^2} + (x-c)^2 + y^2$，

即 $a^2 - cx = a\sqrt{(x-c)^2 + y^2}$，

两边平方得：$a^4 - 2a^2cx + c^2x^2 = a^2x^2 - 2a^2cx + a^2c^2 + a^2y^2$，

整理得：$(a^2 - c^2)x^2 + a^2y^2 = a^2(a^2 - c^2)$，

因为 $a > c > 0$，所以 $a^2 - c^2 > 0$，设 $b^2 = a^2 - c^2(b > 0)$，得 $b^2x^2 + a^2y^2 = a^2b^2$，

即 $\dfrac{x^2}{a^2} + \dfrac{y^2}{b^2} = 1(a > b > 0)$ 该方程称为焦点在 x 轴上的椭圆标准方程。

（六）课堂小结

到这里，我们有了研究椭圆的基础，但今天的课也要接近尾声了。让我们做个课堂小结：

1. 椭圆与圆锥曲线：我们已经知道，平面斜截圆锥所得的交线可能是椭圆，还可能是其他曲线，在本章中，我们会继续学习其他圆锥曲线，它们是圆、双曲线和抛物线。

2. 椭圆的定义：在平面内，到两个定点 F_1、F_2 的距离之和为常数 $2a(2a > |F_1F_2|)$ 的点的轨迹叫做椭圆。其中，F_1、F_2 称为椭圆的焦点，焦点的距离 $|F_1F_2|$ 称为焦距。

3. 焦点在 x 轴上的椭圆的标准方程：$\dfrac{x^2}{a^2} + \dfrac{y^2}{b^2} = 1(a > b > 0)$。

4. 椭圆的应用。

开普勒
1571-1630

"所有行星分别在大小不同的椭圆轨道上运动。太阳的位置不在轨道中心，而在轨道的两个焦点之一。"

在当今社会中，椭圆也有许多应用。由于它对称美观，可用于包装、服饰、建筑的设计，它的光学、声学性质可用于设计音乐厅，更重要的是它在天文领域的应用，开普勒对太阳系的观测使人们了解了太阳系中行星运动的轨迹是以太阳为一个焦点的椭圆，如果没有这些研究成果，也不可能有今天嫦娥奔月的一幕。作为物理班的学生，希望大家学好数学，今后为祖国发展多作贡献！

（严江华）

2 高中数学单元序言课"情境—问题—探究"教学模式

单元序言课是每一单元的学习纲领,其对激发学生学习兴趣、培养学生能力以及对后续的学习都有积极的作用,对教师的整个单元教学有整体的指导作用。

一、模式概述

所谓"情境—问题—探究"教学模式,就是给学生创设一定的情境来引出所要学习的知识单元,在教学过程中由情境引发问题,以情境为贯穿教学任务与活动的主线,并以数学问题为核心,以探究式教学为解决问题的基本方式,通过探究问题形成对知识单元的整体认识,在问题解决过程中锻炼技能、拓宽视野、发展创新思维与实践能力,激发学生的好奇心与积极性。

二、操作流程

(一)模式框架

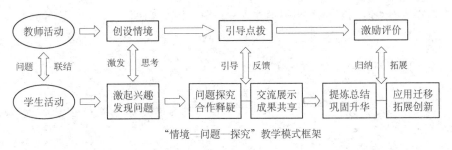

"情境—问题—探究"教学模式框架

(二)操作要点

1. 创设情境,提出的问题针对教学内容和教学目标,激起学生学习兴趣。通过创设情境搭建探究平台,让学生进行思考、讨论、质疑、探究,经历知识的形成过程,从而真正理解结论,培养能力,升华情感。在教学中把教学内容与社会生活紧密结合起来,既要把现实生活中的鲜活材料引入课堂,又要引导学生运用知识分析解决问题,带着问题走进知识单元的学习。

2. 把知识内隐于数学问题中,以问题为核心进行发散,体验问题解决的探究过程。学生在教师的引导下发现问题,教学在解决问题的过程中不断深化。整个教学始于问题的提出,终于问题的解决。

3. 以探究式教学为解决问题的基本方式。教师根据学生已有的经验,引导学生主动参与到解决问题的过程中,通过独立思考、合作探究,解决情境中设置的问题。先由学生独立思考,形成自己的观点和认识;对自主探究不能解决的问题和新的疑难问题,教师根据班级实际情况进行分组或随机组合,通过同学之间的相互帮助、合作探究进行解决。在学生探究过程中,教师调控指导,平等交流,鼓励学生发现、提出和解决新问题。

4. 建构数学知识单元体系。教师调动学生原有的知识和经验,将新知识同化到已有知识体系中。在交流展示、成果共享、自主合作探究后,由学生或小组代表向全体同学展示探究成果,教师引导学生进行补充、质疑,并进行点拨、评价和鼓励。在此基础上,教师引导学生提炼整合,形成明确结论,构建知识体系,揭示内在联系。

5. 在应用与迁移中,实现知识的内化和升华。教师引导学生综合运用所学知识分析解决数学问题,选取典型材料,设计具有基础性、典型性、针对性的问题,使学生在运用中加深对所学知识的理解,提高认识;使学生在合作交流和思维碰撞中达成共识,提高分析和解决实际问题的能力;让学生带着问题走进单元学习,促使学生原有的认知结构自然而然地发生调整和重构,实现知识单元的意义建构。

三、应用举例

走进数列——数列序言课

执教:位育中学　黄庆锋

一、情境引入

电影《达·芬奇密码》

馆长索尼埃密码：13, 3, 2, 21, 1, 1, 8, 5

信息：

O, Draconian devil!　　Oh, Lame Saint!

啊，严酷的魔王！　　噢，瘸腿的圣徒！

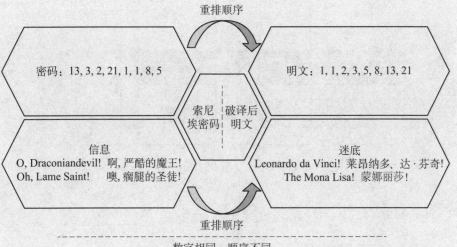

重排顺序

密码：13, 3, 2, 21, 1, 1, 8, 5

明文：1, 1, 2, 3, 5, 8, 13, 21

索尼　破译后
埃密码　明文

信息
O, Draconiandevil! 啊，严酷的魔王！
Oh, Lame Saint! 噢，瘸腿的圣徒！

迷底
Leonardo da Vinci! 莱昂纳多、达·芬奇！
The Mona Lisa! 蒙娜丽莎！

重排顺序

数字相同，顺序不同

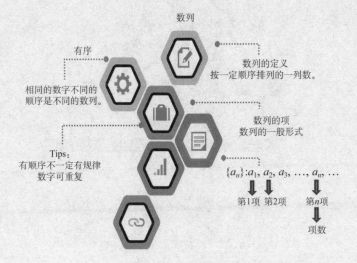

数列

有序

数列的定义
按一定顺序排列的一列数。

相同的数字不同的
顺序是不同的数列。

数列的项
数列的一般形式

Tips：
有顺序不一定有规律
数字可重复

$\{a_n\}:a_1, a_2, a_3, \ldots, a_n, \ldots$

第1项　第2项　　第n项

项数

13 世纪意大利数学家斐波那契(约 1170—1250)在著作《算盘书》中提出一个生兔子的问题。

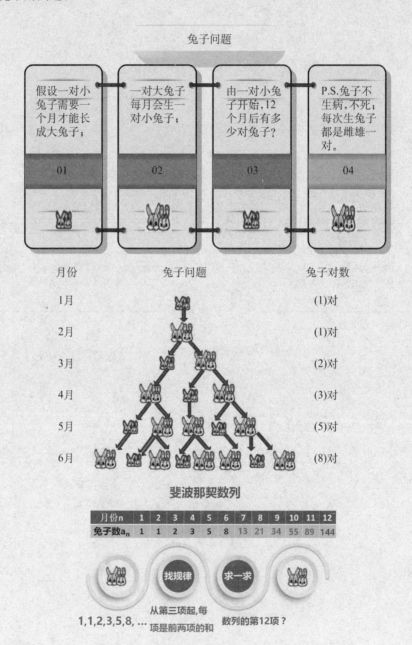

斐波那契数列

月份n	1	2	3	4	5	6	7	8	9	10	11	12
兔子数aₙ	1	1	2	3	5	8	13	21	34	55	89	144

二、定义体会

各领域中的数列

体育中的数列

2000—2016 年中国奥运金牌数

天文中的数列

1758，1834，1910，1986，（2062）

哈雷彗星回归地球的年份（周期为 76 年）

民俗中的数列

1，3，5，7，9

婚礼上的酒塔由顶层到底层的酒杯数

折纸中的数列

2 , 4 , 8 , 16 , 32 ……

纸在对折过程中的层数(前 5 项)

民谣中的数列

古诗中的数列

远望巍巍塔七层，红灯向下成倍增，
塔顶恰有灯三盏，试问各层几盏灯？

3 , 6 , 12 , 24 , 48

民谣中古塔各层的灯数(从上到下前 5 项)

学习数列的目的

各领域大量存在   实际问题中有用   服务于生产生活

三、了解概貌、探究方法

数列问题探究

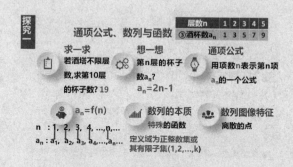

层数n	1	2	3	4	5
③酒杯数a_n	1	3	5	7	9

探究一

通项公式、数列与函数

求一求
若酒塔不限层数，求第10层的杯子数？ 19

想一想
第n层的杯子数a_n？
$a_n=2n-1$

通项公式
用项数n表示第n项a_n的一个公式

$a_n=f(n)$

$n：1, 2, 3, 4, ..., n, ...$
$a_n：a_1, a_2, a_3, a_4, ..., a_n, ...$

数列的本质
特殊的函数
定义域为正整数集或其有限子集(1,2,...,k)

数列图像特征
离散的点

数列的研究方法

归纳

特殊到一般

数列是特殊函数

函数思想

闯关游戏

第一关：找规律填空

① **1, 3, 4, 7, 11, 18, (29)**

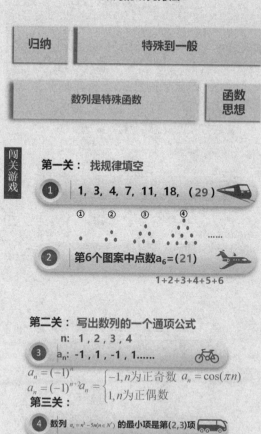

② 第6个图案中点数$a_6=$(21)

$1+2+3+4+5+6$

第二关：写出数列的一个通项公式

n: 1，2，3，4

③ a_n: -1，1，-1，1……

$a_n=(-1)^n$

$a_n=(-1)^{n-2}a_n$ $\begin{cases} -1, n为正奇数 \\ 1, n为正偶数 \end{cases}$ $a_n=\cos(\pi n)$

第三关：

④ 数列 $a_n=n^2-5n(n\in N^*)$ 的最小项是第(2,3)项

$a_n=(n-\dfrac{5}{2})^2-\dfrac{25}{4}$ $n\in N^*$

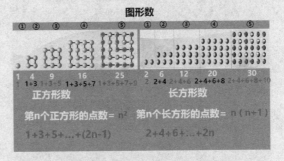

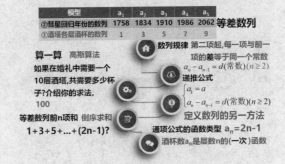

任务一：

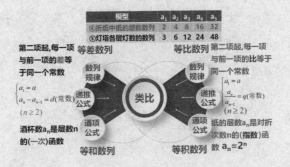

任务二：

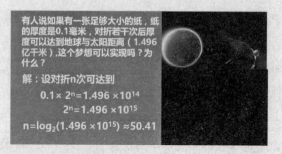

有人说如果有一张足够大小的纸，纸的厚度是0.1毫米，对折若干次后厚度可以达到地球与太阳距离（1.496亿千米），这个梦想可以实现吗？为什么？

解：设对折n次可达到

$$0.1 \times 2^n = 1.496 \times 10^{14}$$
$$2^n = 1.496 \times 10^{15}$$
$$n = \log_2(1.496 \times 10^{15}) \approx 50.41$$

总结升华

数列章节的学习内容

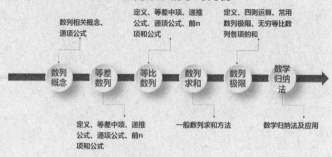

学习数列方法

1 归纳　2 函数思想　3 类比

问题延伸

生活中的斐波那契数列

如图，一个人站在一楼平地楼梯的起点处向上走，每次可向上走一格或两格，有多少种方法走到第10格台阶？

设走到第n格台阶的方法数是a_n

$$a_n = a_{n-1} + a_{n-2}$$

格数n	1	2	3	4	5	6	7	8	9	10
方法数	1	2	3	5	8	13	21	34	55	89

走楼梯游戏

课外探究

1. 查找资料了解斐波那契数列的通项公式及推导方法，了解斐波那契数列与黄金分割比的关系。

2. 收集生活中的数列模型，了解本章的数列模型在实际生活中的应用。

点评：

创设问题情境，引导学生把创设的情境与实际生活相联系，进一步发现问题的内在规律，从而使得学生轻松地解决问题。

通过创设与认知相反的问题来引起学生认知上的冲突，从而使得学生能够更加理解所学的知识点。

（徐冬林）

第三章

概念课：构筑思维体系的意义载体

　　概念，是对现实世界本质属性的抽象；是人类在认识过程中，从感性认识上升到理性认识，把所感知的事物的共同本质特点抽象出来加以概括而成的；是自我认知意识的一种表达。概念课，是学生在教师的指导下，调动认知结构中已有的感性经验和知识，去感知理解材料，经过思维加工产生认识飞跃（包括概念转变），最后组织成完整的概念图式的过程。概念课以纠正、补充、完善学生的前概念，建构正确的认知为核心，让学生分析了解概念的形成原因，并将其运用到各种具体的情境中去解出相应的问题。概念教学注重学生对前概念的了解，并基于学生的认识来设计教学，帮助学生建构概念。因此，在概念课的课堂教学过程中，教师要根据不同概念的不同特征，遵循学生的认知规律和认知特点，采取适当的方法进行教学。概念教学一般可以遵循如下流程：回顾以往的经验、认知冲突、概念的意义解释与辨析、概念的应用、概念系统化与渗透等。

1　基于情境的问题导向式概念规律教学模式

　　教育部的《普通高中物理课程标准(2017年版)》(以下简称《标准》),明确提出了物理学科核心素养的教育教学新要求。在实施"基于标准的教学"时,应该按照《标准》的新要求,将培养学生的学科核心素养作为物理教学的核心目标。

　　将传统的教学转变为以培育素养为目标的新生态教学,不仅需要理念的学习和更新,同时还需要寻找到实际可操作的实施路径。在"基于标准"项目实施过程中,徐汇区创生了体现学生核心素养的"三维多元聚合"的教学范式,这一教学范式以学生素养的培育为总体目标,展示了一个统一的教学新范式。

　　以"三维多元聚合"教学范式为指导方向,通过广泛实践体现物理学科核心素养理念的课堂教学,总结实施成功的案例的经验,高中物理学科在概念规律教学上根据学科特点,探索形成了物理学科的"基于情境的问题导向式概念规律教学"模式。

　　模式流程:

　　这一模式的基本涵义是:创设适切的问题情境,在对问题情境的探究中,以引发思维的问题链为探究主线,最终通过问题的解决达成概念建构、规律理解,从而形成观念。

一、模式的提炼和形成

1. 拓展教学目标,提供关联工具

《标准》明确了学生学习物理课程后应取得的正确价值观念、必备品格和关键能

力，对知识与技能、过程与方法、情感态度价值观三维目标进行了整合，提出了物理观念、科学思维、科学探究、科学态度和责任四个学科核心素养。在教学设计时将原有的三维教学目标拓展到以培育学生学科核心素养为教学目标，是实施教学新模式的关键第一步，也是保证后续实施教、学、评一致的基础。

教研员首先对三维课程目标和学科核心素养进行了关联研究，通过研究发现物理学科核心素养与三维教学目标并不是两个体系，而是在继承发展的基础上更凸显学科特征。学科核心素养是在达成三维目标的基础上，将学生的学科培养目标进行了更综合、更长远地提升。因此首先需将核心素养与物理课程目标产生关联和对接，在此基础上寻找三维教学目标与核心素养的关联，从而确定教学内容、教学策略、评价内容与方式。

下表将高中阶段的三维课程目标进行细化，找到核心素养与其的对应性，并进一步将物理核心素养在课程目标中进行具体化展开和说明。

三维目标	三维目标的细化	核心素养	核心素养的展开
知识与技能	1.1 知道高中模块中的物理现象和概念，理解重要概念和规律，掌握相关物理知识，解释生活中常见的物理现象与问题，并能围绕重点知识，综合其他相关知识解决物理问题。 1.2 会根据实验目的，制定实验方案、选择器材，并完成实验任务。了解实验原理，会推断、排除实验过程中的简单故障，撰写规范的实验报告。 1.3 知道高中模块中物理学发展历程，理解相关物理知识在生活、技术、社会等方面的应用。	物理观念	1.1 形成经典物理的物质观念、运动观念、相互作用观念、能量观念等。 1.2 能用所学物理观念解释自然现象和解决实际问题。 1.3 初步形成现代物理的物质观念、运动观念、相互作用观念、能量观念等，并能用这些观念描述自然界的图景。
过程与方法	2.1 在解决相关物理问题过程中，能运用分析、综合、归纳、演绎、推理、判断等逻辑思维方法，能用控制变量、等效替代、建模等物理方法，	科学思维	2.1 具有建构理想模型的意识和能力。 2.2 能正确运用科学思维方法，从定性和定量两个方面进行科学推理、找出规律、形成结

（续表）

三维目标	三维目标的细化	核心素养	核心素养的展开
	能正确使用相关的数学方法。 2.2 能在信息化的环境中，搜集、处理和应用与物理相关的信息。 2.3 能提出合适的探究问题，能作出假设，制定探究方案，搜集事实和证据，实施探究计划，能根据实际情况修正探究方案，较完整地表达探究结果。 2.4 能有效地进行阅读、倾听、书写等活动；能清晰地表达自己的见解，乐于同他人合作与交流。	科学探究	论，并能解释自然现象和解决实际问题。 2.3 具有使用科学证据的意识和评估科学证据的能力，能运用证据对研究的问题进行描述、解释和预测。 2.4 具有批判性思维，能基于证据大胆质疑，从不同角度思考问题，追求科技创新。 3.1 具有科学探究意识，能在学习和日常生活中发现问题、提出合理猜测与假设。 3.2 具有设计探究方案和获取证据的能力，能正确实施探究方案，使用科技手段和方法收集信息。 3.3 具有分析论证的能力，会使用不同方法和手段分析、处理信息，描述、解释探究结果和变化趋势。 3.4 具有交流与合作的意愿与能力，能准确表述、评估和反思探究过程与结果。
情感态度与价值观	3.1 学会自主学习、合作学习、有选择性的学习，养成乐思、好问的学习习惯，增强自信心。 3.2 领悟物质结构和运动形式的多样性，对物质世界有较为全面的认识，树立辩证唯物观点。养成质疑、求真、创新的科学态度。 3.3 领悟物理学对人类文明进步和现代社会发展所起的重要作用。关注环境、资源等问题和社会的可持续发展，增强社会责任感。领会科学与人文的和谐统一。	科学态度与责任	4.1 能正确认识科学的本质。 4.2 具有学习和研究物理的好奇心与求知欲，能主动与他人合作，尊重他人，能基于证据和逻辑发表自己的见解，实事求是，不迷信权威。 4.3 在进行物理研究和物理成果应用时，能遵循普遍接受的道德规范，理解科学、技术、社会、环境的关系，具有保护环境、节约资源、促进可持续发展的责任感。

通过这一目标关联工具表,教师在进行教学目标设计时,可以先从熟悉的三维目标出发,先将某教学内容根据课程标准的学习水平规定展开具体要求,再根据核心素养与三维目标的关联性,在理解学科核心素养的基础上,对原要求进行进一步的拓展与丰富。

2. 聚焦科学思维,实现问题解决

在新旧课标教学目标关联研究中,核心素养与三维目标最大的区别在于增加了"科学思维"这个维度。在新课程标准中,科学思维也是学科核心素养的一个焦点维度。在关联工具表中可清晰看到,"科学思维"相比三维目标而言,较难有对应性,且围绕该维度对教学提出的新要求高度高、难度大。提升学生的科学思维素养,其外在表现是学生的探究、解决问题能力增强,即课标提出的"高中物理课程……引导学生理解物理学的本质,整体认识自然界,形成科学思维习惯,增强科学探究能力和解决实际问题的能力"。

"科学思维"是从物理学视角对客观事物的本质属性、内在规律及相互关系的认识方式;是基于经验事实建构理想模型的抽象概括过程;是分析综合、推理论证等方法的内化;是基于事实证据和科学推理对不同观点和结论提出质疑、批判、检验和修正,进而提出创造性见解的能力与品质。

要提升学生科学思维素养,教学中应关注将在物理课程中所形成的物理观念和科学思维用于分析、解决现实生活中的各种问题,在解决问题中进一步提高探究能力、增强实践意识、养成科学态度,促进核心素养的形成。引导学生把所形成的物理核心素养用于解决生活中的物理问题或科学问题,会把一个复杂的问题分解为若干个简单的问题,会控制相关举措的适用条件,会思考事物间的因果关系等。因此在教学中,可以让学生在实际问题情境中经历问题提炼、问题探究、问题解决等环节,在研究问题的过程中,逐渐形成并提高各项素养。

3. 以物理概念、规律的教学为实践突破口

物理学科的课型一般有新授课、习题课、复习课,物理概念和物理规律是中学物理新授课最主要的教学内容,也是培养学生学科核心素养最重要的内容载体。

物理学科核心素养由物理观念、科学思维、科学探究、科学态度与责任四个方面构成。物理观念的形成和发展并不简单,学生需要通过物理概念、物理规律等内容的学习才能逐步形成。学习概念或规律的每一节课,都是学生形成物理观念的有机组成部

分。通过逐步学习、系统反思和迁移应用,学生的物质观念、运动观念、相互作用观念和能量观念将不断发展,并学会用这些观念解释自然现象,解决生产生活中的实际问题。发展学生的科学思维能力是重要的教学目标之一。建构模型是一种重要的科学思维方式,质点、点电荷、匀强电场等物理概念和匀变速直线运动等物理过程都是物理学家建构的理想模型,蕴含着发展学生建模能力的重要价值。在教学中要让学生体会建构这些物理模型的思维方法,理解物理模型的适用条件,能建构相关的物理模型来研究实际问题。教师引导学生经历物理概念的建构过程和物理规律的形成过程,是发展科学思维的重要途径。

可见,物理概念和规律的教学本身就蕴含了丰富的素养培育载体,以问题为导向的概念规律教学是实施以学科核心素养为教学目标的有效突破口。

二、模式拟解决的问题

二期课改中,物理概念规律教学的常见模式是"情境—问题—探究—应用"。课堂教学中通常是创设一个情境,在情境中提炼出需要探究的问题,通过实验或理论探究等形式得到结论,总结出概念或规律,最后通过运用概念规律进一步加深理解。这一教学模式是二期课改的研究成果之一,经过长期的实践被证明是非常有效的。"基于情境的问题导向式概念规律教学"是在此模式基础上,根据新的课程目标提出的改进,大量课堂实践证明,此模式不仅可以达成核心素养的培育,还解决了二期课改中一些未解决的教学难点问题,从而形成了本模式的操作要点。

以往的教学模式虽然可以帮助学生较好地理解所学的概念规律,却并不能有效地帮助学生形成物理观念。其主要问题是:"提出问题——探究提出的问题——得到结论——应用结论",虽然在过程中伴随着习得科学方法、形成态度价值观,但这一路径显然是以"得到结论"为主要学习目标,因为探究的问题也是指向概念、规律,即"结论"本身的。物理观念是物理概念和规律等在头脑中的提炼与升华,是从物理学视角解释自然现象和解决实际问题的基础。因此,形成观念的最终指向应是"解决实际问题",运用"提炼过的概念和规律"去"解释自然现象"。这里的问题指的并不是要探究的概念或规律,而是实际中遇到的科学问题。情境并不同于普通生活,应是指向解决问题的问题情境。

而且传统的三维目标,虽然强调学生的主动学习和参与,但其实无论是知识、技能还是方法，都是外界输入的结果，即三维目标（除情感）中无明确的主动学习要求。而核心素养中的"科学思维"蕴含了大量学生主动学习产生的结果，这一素养不会要求产生必然统一的学习结果，因此更加直指"人的培育"的内涵目标。这是学科核心素养和三维目标最大的差异。可见，只有将学习目标由"得到结论"转变为"解决问题"，"习得科学方法"转变为"形成科学思维"，才能将导向"三维目标"的教学模式转变为导向"核心素养"的教学模式。

"基于情境的问题导向式概念规律教学"模式着眼于以下几个方面：

学生发展维度：这是课堂教学最为本质的目标指向和价值追求，从知识到能力、品格，再到素养，教学目标最终的落脚点在学生学科素养的培育和提升。

教学要素维度：教师组织教学直接相关的教学目标及教学内容，通过"解决问题"的评价目标导向教学活动的整体设计。问题是所有环节的核心和逻辑关联。

教学时空维度：通过精心的教学设计，课堂教学时空分割成"问题情境、问题导向的探究活动、解决问题"这几个环节，用促发学生思维的问题串联所有的环节，各个环节又构成了从知识上升为素养的整体设计，学生的视角由课内到课外，由具体到抽象，体现了物理学习的学科内涵。

三、案例分析：问题导向模式下的教学目标调整

课题："分子 阿伏伽德罗常数"第 2 课时

设计思路

本节学习内容为分子运动的三条基本规律：物体是由大量分子组成的；分子在永不停息地做无规则运动；物体的温度反映了分子运动的剧烈程度。如果从观念上进行分析，该内容是学生在高中物理的学习中第一次接触、学习微观世界，而在实际的科学研究中，借助宏观的现象推测微观的情况，是研究微观世界重要的方法和路径。对微观和宏观的联系的理解将有助于帮助学生形成正确的物质观念。因此，在进行教学目标设计时，可融合设计核心素养相关目标。

本节课以研究方法为主线，带领学生经历更能揭示宏观和微观的联系的间接研究路径，通过观测和逻辑推理得出"分子做永不停息的无规则的热运动"的结

论,通过累积无规律、无法预测的单个分子模型得到有规律、符合统计规律的大量分子模型。教学中首先对布朗运动实验以"谁在动、怎样动、为什么这样动"三个层次的问题为分析导向,通过科学思维,总结出"分子做永不停息的无规则的运动";然后通过观察、对比分子速率分布曲线以及伽耳顿板的实验研究,理解大量分子累积后的速率分布有规律、符合统计规律。通过分析布朗运动的实验,学生经历科学研究,体会科学思维方法,培养科学品质,得出科学结论;通过运用电子目镜、ToupView 软件和 Tracker 软件等科技产品,以及用"分子做永不停息的无规则的运动"解释"布朗运动",感悟物理与科技、生活的紧密联系。

教学目标

1. 知识与技能:

(1) 知道布朗运动及其产生原因。

(2) 知道分子做永不停息的无规则的热运动。

(3) 知道统计规律,知道大量分子速率分布符合统计规律。

2. 过程与方法:

(1) 通过分析布朗运动的实验,学生经历层层递进的逻辑推理过程,感受科学推理是分析未知世界的重要方法和手段,提高学生的科学思维素养。(素养目标)

(2) 通过对分子速率分布曲线的学习和理解,感受微观世界不同于宏观世界的运行规律,对宏观和微观有初步的认知,为形成较全面的物质观奠定一定的基础。(素养目标)

(3) 通过观察伽耳顿板的实验研究,感受和认识统计规律对系统和整体的处理方法,初步了解概率也是数据处理的一种重要方法。

3. 情感、态度与价值观:

(1) 通过布朗运动实验的分析过程,体验钻研和严谨的科学精神。

(2) 通过运用电子目镜、ToupView 软件和 Tracker 软件等科技产品,以及用"分子做永不停息的无规则的运动"解释"布朗运动",感悟物理与科技、生活的紧密联系。

（3）通过了解物理学研究的范围，通过对布朗运动的分析，通过麦克斯韦速率分布规律的学习，整体感受物理学发展与人类认识进步的关系，从而形成探索自然的内在动力，严谨认真、实事求是的科学态度，以及独立思考、敢于质疑和善于反思的创新精神。（素养目标）

教学重点、难点

（1）教学重点：由布朗运动实验得到"分子在做无规则运动"的结论；

（2）教学难点：通过对布朗运动的观测与逻辑推理分析得出"分子做无规则运动"的结论；理解麦克斯韦分子速率分布图。

教学过程

教学环节	教学过程	模式操作说明
引入：根据上节课的学习内容，讨论研究微观世界的方法和路径。	视频：从宇宙中观察地球，镜头逐渐放大 10 倍，在 10^{10}—10^{-10} 范围内观测。	问题情境。
	问题：我们物理学的研究范围有多大？	提出"如何研究微观"的问题引发思考。
	问题：那么小的分子，我们有什么办法来研究它呢？	
	归纳总结：放大 5 千万倍的隧道显微镜是可以直接观测分子的，这是直接测量的方法；通过把微观的分子累积成我们能在宏观中进行测量的物体，这是一种间接测量的方法。 直接和间接这两种研究途径都很重要，直接比较直观，但受仪器的限制；间接的方法更能揭示微观和宏观的联系。	总结研究微观的方法（解决问题），导向本节课的研究内容。
分子做永不停息的无规则的运动。	借助 ToupView 软件和 Tracker 软件，使用电子目镜，将布朗运动的过程通过投影仪展示，并让学生自行观察实验结果。	问题情境。
	问题 1：请同学们仔细地观察，然后讨论以下三个问题：谁在动？怎样动？为什么这样动？ 问题 2：你看到固体颗粒在做无规则的运动了吗？你有没有盯着一个粒子观测它的运动呢？你观测了一个颗粒就得出这个结论吗？ 问题 3：用 Tracker 软件来追踪某个固体颗粒在间隔	通过"谁在动、怎样动、为什么这样动"的主问题链，引导学生通过层层的逻辑分析得出布朗运动的真正原因。

（续表）

教 学 环 节	教 学 过 程	模式操作说明
	时间的位置,将这些点依次连线,同学们看到规律了吗? 问题4:固体颗粒为什么做无规则的运动?当然原因不外乎两种,一是颗粒的运动是自发的,二是固体颗粒的运动是外力推动的。请大家仔细观察并讨论,你赞同哪种观点呢?讲讲你的理由。 问题5:既然是被外力推动的,那么是谁对颗粒施加了作用力呢?请你对颗粒做受力分析。 问题6:除了这些不接触就能发生的场力之外,还有什么与固体颗粒接触,并且是我们在放大1万倍的显微镜下看不见的施力物体? 问题7:这样反过来我们就请同学解释一下:分子做永不停息的无规则的运动引起颗粒的永不停息的无规则的布朗运动。 问题8:大家根据固体颗粒的运动,能推测出看不见的水分子在做什么运动吗?	
	归纳总结:分子做永不停息的无规则的运动。	既理解了分子运动的规律,又解决了如何从宏观推测微观的预设问题。
大量分子运动越剧烈温度越高。	分别滴一滴水彩颜料到冷水和热水中。	问题情境。
	问题:由实验现象推测微观的水分子运动情况。	探究分析。
	归纳总结1:温度高的这杯水,分子运动得更剧烈,撞击力更大,从宏观看起来就是布朗运动更剧烈了。分子运动越剧烈,宏观上显示温度越高,看来温度与分子的运动有关。 提出新问题:前面我们刚刚由布朗运动推理出单个分子的运动是无规则的,但是大量分子的运动又是有规律的。那是不是温度比较高时,所有分子的运动都更加剧烈了呢?	对实际情境做出解释并提出新问题。
大量分子的运动遵循统计规律。	伽耳顿板学生分组实验	问题情境。
	问题1:让一个小球从球形漏斗入口下落,猜测一下小球会落在哪个槽内?再下落一个球会落在下面哪一个槽内? 问题2:如果是大量的小球同时下落呢,有规律吗?	实验探究。

（续表）

教学环节	教 学 过 程	模式操作说明
	归纳总结1：单独研究一个小球落在哪个槽内纯属偶然，很多小球一起下落时落入哪个槽内是有规律的，靠近开口处的槽内小球多，远离开口处的槽内小球少。一个小球无法预测，但是从概率的角度看，小球当然最有可能落在开口下方，最终每组的实验结果几乎是相同的，也就是说大量的偶然形成了必然。 这种大量偶然事件的整体表现所显示的规律性，我们称之为统计规律。 归纳总结2：无法预测某个气体分子下一时刻的运动情况，但是大量分子的运动却遵循统计规律——麦克斯韦分子速率分布规律。	理解大量分子的运动遵循统计规律。（知识） 理解解决宏观世界运动的主要方法是"牛顿运动定律"，而解决微观世界运动的主要方法是数学的统计规律。（思维）形成正确的物质观念。（观念）

案例点评

本节课由四个教学环节构成，每个环节均体现了"创设适切的问题情境——提炼拟解决的问题——问题导向的探究活动——解决问题中得出概念规律"操作实施过程。问题情境可以是实际的科学问题，也可以是视频、实验等提供的科学情境。与以往教学不同的是，教师设计的问题必须由情境提炼而出，指向一个需解决的实际科学问题，在探究解决这个问题的过程中，不仅学习了概念规律，还帮助学生形成科学观念和科学思维。

实施这样的教学模式的关键是问题的精心设计，这些问题必须是真实的科学问题，引发学生探究和思维的问题链必须逻辑严谨、层层推进。其次，在实际课堂教学中，对教师在基于问题的探究活动中引导学生的技能要求极高，需要教学机智，既不能代替学生回答，也不能对错误的回答惘然不顾，应该通过对学生的回答抓住学生思维的障碍点，适时点拨、因势利导，这样才能最终帮助学生自己解决问题。

（桑嫣）

2 幼儿数学教学问题情境型教学模式的探究

在徐汇区创设形成"基于课程标准教学"的"三维多元聚合"的课堂教学范式之后，我们一直思考如何在这样一个融合了多方面教学理念、教学策略、教学要素、教学规范的，有形的和开放的教学模型的理念之下，形成目标、教学、评价相一致，教学活动体系以幼儿发展为主，充分体现与发展幼儿核心素养与学科核心素养的教学模式，使范式理念落地，形成较为稳定的教学活动结构框架和活动程序，使其具有一定的可操作性。于是，近来我们通过对"三维多元聚合"的课堂教学范式深度解读与探究，结合学前教育实施的关键问题，找寻某一个切入点，尝试梳理基于教学范式理念的具有一般性、简单性、重复性、结构性、稳定性、可操作性的教学模式，探究并形成了幼儿数学教学问题情境型教学模式。

一、问题情境型教学模式的思考

教学模式是指在一定教学思想或教学理论指导下建立起来的较为稳定的教学活动结构框架和活动程序。作为结构框架，突出了教学模式从宏观上把握教学活动整体及各要素之间内部的关系和功能；作为活动程序则突出了教学模式的有序性和可操作性。因此教学模式的确立需要我们牢牢地记住两条原则，一条是关注儿童的学习与发展规律，另一条是思考在教学中我们所面对的关键问题与需求。

（一）基于儿童数学认知规律与学习发展经验的把握

数学作为一个工具性的基础学科，对儿童早期发展有着重要的启蒙教育价值，大量前沿性研究也已经充分表明儿童早期数学认知的发展与儿童今后学业成绩的显著相关性。如何充分挖掘与凸显幼儿园数学教学的价值，让每一个幼儿在30分钟的教学活动中有不同程度的发展与提高，对于儿童数学认知规律与学习发展规律的了解与把握是关键与基础，这也成为了确立幼儿园数学教学模式的一个重要依据与基础。

依据瑞士心理学家皮亚杰的认知发展阶段理论，儿童在幼儿期正处于前运算阶段，具体形象性是幼儿思维的主要特点，而数学概念本身逻辑性强，一些数学知识对幼儿而言枯燥乏味，幼儿不感兴趣，甚至很难理解。尽管幼儿在学前阶段已经获得了相当丰富的感性数学知识和经验，但要把这些感性经验和自发的概念上升到对数学概念的真正理解层面，对幼儿来说还是有一定的难度，这离不开成人有意识的指导，需要成人在生活、教学活动中通过有目的的情境创设，让幼儿感知问题，发现问题，在饶有兴趣地积极解决问题的过程中获得经验。教学指南中就科学领域的价值取向提及解决问题是幼儿数学认知的重点，也是幼儿学习数学的基本途径。因此，问题情境型教学模式基于对幼儿认知与学习规律的把握，利用问题情境引发幼儿对数学概念的关注，并将数学概念融入到问题情境中，让幼儿在体验与探究中找寻与运用数学经验解决问题，从而自主地习得相关的数学知识，让幼儿学得有趣，学得自主，学得有效。

（二）基于幼儿数学教学的关键问题与实施现状的思考

通过对学习课程实施的全面调研，我们总结梳理出关于学习活动课程实施的16个关键问题，包括7个集体学习活动的关键问题。调研表明，幼儿园集体教学活动实施中教师们最感困惑的内容之一就是数学教学，具体表现在许多教师认为在实施数学教学时较难把握其中的内在逻辑、难易程度，以及师幼互动的有效性，在设计数学教学活动时感到较为困难。在主题活动课程的实施中，教师们还有一个倍感困惑的问题是"主题中没有数学或很少能够融进数学"，教师们对数学内容点的捕捉和把握与相关主题经验的相互融合和渗透感到了困难和迷茫，对于幼儿数学核心经验的了解缺乏系统性与全面性。

问题情境型教学模式基于幼儿数学教学的关键问题与实施现状的分析，能够帮助教师在教育理论的指导下，掌握幼儿数学核心经验与幼儿数学教学实施要素，运用符合幼儿认知规律与教学规律的教学行为模式，提升实施幼儿数学教学的有效性。

二、幼儿数学教学问题情境型教学模式

（一）问题情境型教学模式的内涵

在研究中我们对于"问题情境"有了广义和狭义的理解。广义的"问题情境"主要是指数学学习论的基本概念之一，即个体面临的数学问题和他所具有的相关经验所构成的系统的、合适的问题情境，是外部问题和内部知识经验条件的恰当程度的冲突引起最强烈的思考动机和最佳的思维定向的这样一种情境。而狭义的"问题情境"则是指教师基于儿童的已有经验、兴趣、关注的热点，还有与儿童生活息息相关的焦点，创设一个符合幼儿数学经验最近发展区的问题背景，让幼儿面对问题尝试主动、积极地参与问题的解决，从而引发学习的兴趣，产生相关的数学经验。问题情境的选择与创设对于幼儿数学教学有着至关重要的作用与意义。

问题情境型教学模式是指在幼儿数学教学中教师基于教学目标与儿童数学学习、发展的轨迹，以能力培养为导向，创设引发幼儿兴趣与思考的问题情境，通过在情境中发现问题、解决问题、获得经验、运用经验的活动程序，让幼儿在亲身体验、操作、交流讨论中自主地运用推理、表征、联系等数学能力，从而引发数学学习兴趣，构建数学经验。

（二）问题情境型教学模式的结构与操作路径

根据问题情境型教学模式的内涵与设定要素，结合多次的实践，我们形成了幼儿数学教学中问题情境型教学模式，其结构如图所示：

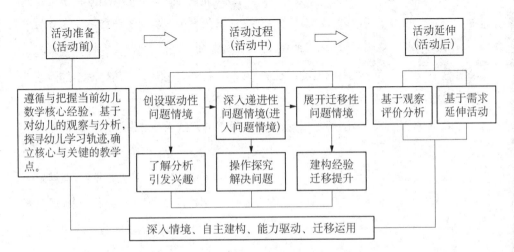

（三）问题情境型教学模式的实现条件

1. 遵循数学核心经验

问题情境型教学模式的第一阶段主要任务是遵循与把握当前幼儿数学核心经验，基于对幼儿的观察与分析，探寻幼儿的学习轨迹，确立核心与关键的教学点。数学教学作为幼儿教学五大领域中科学领域的重要组成部分，逻辑性、概念性强，因此，教师对幼儿数学的核心经验的把握是教学有效开展的前提，并可以此确保活动的科学性。核心经验，是指幼儿理解和掌握的某一学科领域的一些至关重要的概念、能力。对于幼儿的数学学习领域而言，核心经验就是幼儿在这一年龄发展阶段中可以获得的最基础、最关键的数学概念和能力。因此，在数学教学问题情境型教学模式中首要任务是遵循与把握当前幼儿的数学核心经验，知道关键与核心的教学点是什么。教师必须了解当下幼儿数学领域最基本、最核心的数学概念或经验，基于幼儿当下的思维发展水平，捕捉幼儿数学学习轨迹，从而精准地把握数学教学活动的重点与难点，为后续的问题情境的创设与教学过程的推进指导方向。

2. 确立问题情境

选择与确立问题情境是问题情境型教学模式最为重要的实现条件。在本模式第二阶段中的第一个任务就是创设问题情境。因此，问题情境的确立直接影响到整个教学模式的运用效果，教师在选择与确立问题情境时需要考虑以下几方面。

● 问题情境源于幼儿生活

问题情境的创设要贴近幼儿生活，与幼儿生活的周围信息相连接。教师所抛出的问题不能脱离幼儿的现实生活，而应选择幼儿所熟悉的、了解的，并且是符合幼儿已有的生活经验的问题情境，这样的情境创设，不仅能让幼儿对活动产生兴趣，更便于幼儿分析与理解问题，使幼儿主动地解决问题。

例如：大班"开商店"的活动中，教师模拟商店的场景，提出"10元钱买什么"的问题情境，让幼儿面对生活中所熟悉的商品，尝试"小鬼当家"般计划自己的购物行动。在解决问题的过程中幼儿尝试用加减法计算所购物品的价格，轻松运用与体验了10以内的加减运算。

● 问题情境源于幼儿兴趣

问题情境的创设要源于幼儿的兴趣，捕捉幼儿所关注的热点。幼儿感兴趣的问题情境往往会让幼儿更活跃、更积极、更主动。教师要善于观察、了解幼儿，聆听童声，走进幼儿,收集他们所关注的一些人、事、物等的信息,把握他们在主题活动中感兴趣的热点与因此而生成的教育契机,以此作为创设问题情境的契机。

例如:在"新型车展"的活动中,教师在主题活动"我们的城市"中了解到幼儿对于各种新型的汽车非常感兴趣,于是,找到了问题情境创设的契机,通过"找寻新型车辆的车牌号"的问题情境,让幼儿在自主的探索与发现中找寻数字模式的规律。

● 问题情境源于幼儿发展

任何问题情境的创设都不能脱离幼儿本身。除了提到的幼儿生活经验、兴趣热点之外,对于幼儿发展水平的权衡也是问题情境创设的重要条件之一,它也直接影响到问题情境教学模式的实际效果。只有基于对幼儿已有数学经验发展水平的分析与了解来创设问题情境,才能更好地把控问题本身的难度与挑战性。因此,教师在创设问题情境时,在捕捉与了解到幼儿的关注热点与生活经验之后,更应找寻与分析幼儿的数学经验最近发展区及幼儿的学习轨迹,以此作为确立问题情境难易程度的依据,确立更适合幼儿发展的问题情境。

例如:大班"开商店"的活动开展前,教师在观察了解幼儿的过程中发现,幼儿已经积累了10以内加减运算的经验,能较快地说出每一题的答数,但孩子们对于加减运算的实际意义并不了解,很少有幼儿会主动地在生活中灵活运用这些经验。于是,教师创设了"10元钱买东西"的问题情境,把问题的重点定位在"如何灵活运用加减法"上,让幼儿尝试在特定的情境当中,运用已有的加减法运算经验,体验加减运算在生活中的实际作用。

3. 推进问题情境

本教学模式第二个阶段共三个步骤,分别由驱动性问题情境、递进性问题情境和迁移性问题情境构成,呈现的是问题情境由易到难、层层递进的一个过程。过程体现的是数学的逻辑性及幼儿学习认知的特点,让幼儿在深入情境、自主建构、思维能力驱动与经验迁移运用中自主学习。这就需要教师在掌握每一个步骤的内涵与操作要点之后,合理推进每一个步骤的教学过程。具体操作详见表1。

4. 强调数学语言

数学教学是逻辑性、概念性较强的活动,教师在数学教学中的语言起到至关重要的作用,因此,在数学教学模式的运作中我们非常强调教师数学语言的运用,它是本模

表 1 活动过程三步骤

步骤	定义	实施目的	实施要点	操作提示
创设驱动性问题情境	驱动性问题情境是指能激发幼儿积极主动地思考，引发学习兴趣与参与动机的，幼儿所熟悉的、感兴趣的、好奇的问题情境。	1. 引发幼儿的学习兴趣。 2. 聚焦主题，梳理幼儿已有经验，铺垫下一环节，承上启下。	1. 出示教具、呈现活动情境、准备数学教学语言(提问)、交代游戏背景等，提出问题情境。 2. 关注幼儿在问题情境中的兴趣、已有数学经验。 3. 在幼儿体验情境、思考解决后，组织幼儿交流讨论，并帮助幼儿梳理已有经验，利用小结语等方法为下一环节作好准备。	1. 该问题情境的创设属于第一阶段的问题情境，问题设立的难度较低，以复习幼儿已有经验为主，引发幼儿对问题的关注，启发已有经验的运用。 2. 该环节也是承上启下的环节，教师既要帮助幼儿梳理已有经验，同时要启发幼儿将已有经验为下一步深化的问题情境作好准备。
深入递进性问题情境	递进性问题情境是指在驱动性问题情境的基础上，基于活动目标与幼儿已有经验，有序地递增问题的难度，引发幼儿进一步思考与探究，能让幼儿在饶有兴趣的自主探究中建构新经验的问题情境。	1. 递增问题情境的难度，引发幼儿观察、探究、思考、交流的主动性。 2. 在问题情境中，幼儿通过自主的探索、操作、思考来解决问题，自主地构建经验。 3. 在交流与互动中帮助幼儿提升与梳理建构的经验。	1. 在原有问题情境下，通过问题情境的深化与进一步的设置，或语言与提问的设置，引发幼儿进一步自主解决问题的兴趣与更为深入的思考。 2. 为幼儿提供操作材料与自主操作的空间，鼓励幼儿独立思考，积极想办法解决问题，并通过提供纸、笔等材料，让幼儿尝试记录自己的发现与解决的方法。 3. 关注幼儿在问题情境中的兴趣、已有数学经验、思维能力、解决问题的方法、学习品质等。 4. 组织幼儿相互交流与讨论自己的发现与解决问题的经过。教师基于幼儿的交流给予梳理与提升。	1. 这个步骤是本模式的重点部分，通过第一次的问题情境的创设，幼儿复习了已有经验，并进一步地迁移与构建新经验。因此，在该问题情境的深化与创设中，教师要有效地把握好难易程度，根据活动的重、难点来确立进一步深化的问题情境。 2. 此问题情境也需要与之前的问题情境有一定的关联，便于幼儿更好地进入到情境中。 3. 幼儿的思维离不开动手的操作，在数学模式运用的过程中，教师一定要为幼儿提供独立操作与思考的空间，帮助幼儿构建经验。 4. 该环节的关键在于教师与幼儿之间的互动，教师要聆听幼儿的表述，并基于对幼儿操作中的观察和教学的目标给予有针对性的总结与提升。

（续表）

步骤	定义	实施目的	实施要点	操作提示
展开迁移性问题情境	迁移性问题情境是指基于幼儿在前两个情境中的经验建构，能进一步引发幼儿自主地运用与迁移经验来灵活解决问题的问题情境。	1. 提升幼儿在解决问题中建构的经验。 2. 鼓励幼儿尝试在新的问题情境中迁移经验，体验自己解决问题的成就感。 3. 进一步强化与巩固幼儿已构建的经验。	1. 提供一个新的问题情境，引发幼儿解决问题的自信与兴趣。 2. 通过提问、布置任务、解析生活现象等方式，鼓励幼儿自主地运用已有经验解决问题，参与巩固练习。 3. 关注幼儿经验的运用、迁移、创新和解决困难的过程。 4. 组织交流分享经验。	1. 此问题情境需围绕教学活动的教育目标与教学重点创设，难易程度适中。 2. 问题情境的设置具有开放性，设有不同难易程度，供不同发展水平的幼儿有所选择，以满足不同幼儿的需求。 3. 此环节可以在活动现场当场实施，也可作为活动的延伸，抛出问题情境后让幼儿在日常的生活与游戏中尝试与实践。

式实现的重要条件之一。所谓数学语言就是指清晰反映数学核心经验，能引发幼儿积极思考的语言。教师在教学活动中应基于活动目标，梳理本教学活动中的数学核心经验，思考能够清晰阐述这些核心经验的语句，这需要教师在备课时作充分的准备。另一方面，在活动进行中教师要尽量提开放性的问题，通过提问引发幼儿进一步思考。例如：告诉我你是如何想出来的？当我把这些分开会发生什么呢？你发现这个模式了吗？是什么样的？你能用其他的方法给这些物品分类吗？你是怎么知道这个比那个高的？

5. 关注思维能力

本模式另一实现条件是教师对幼儿思维能力的关注。华东师范大学的黄瑾教授曾指出：儿童的数学理解能力的发展是与其社会与文化生活交织在一起的，"且儿童的数学学习遵循着从接受性理解向产出性理解过渡的发展特点"。产出性理解中包含了一些重要的数学能力，如推理、表征、联系等，这些能力的早期培养才是幼儿数学启蒙教育的重要意义所在。为此，把幼儿的数学学习放置在一个充满了情境问题的背景中，把幼儿看作是有好奇心的、有能力的问题解决者，可以激发幼儿主动建构的动机，促进幼儿用已有的知识和经验去固着新知识，在鼓励其产出性理解中发展核心的数学能力。因此,教师在运行模式的过程中要关注、培养幼儿各种数学能力,如数学的交流能力、多元表征的能力、推理验证的能力等。

6. 观察分析幼儿

本模式第三阶段的主要任务是基于对幼儿的观察,捕捉幼儿的学习轨迹,思考下一步的教学方向。因此,在模式的运作过程中,教师需要加强对幼儿的观察,明确观察的内容与重点,进行适宜、合理的分析,从而找寻与发现幼儿在数学教学中的最近发展区,满足幼儿的发展需求。当然,在观察过程中教师要保证一定的观察时间,并就幼儿的操作行为、交流语言、表征形式、学习品质等方面展开全面具体的观察,依据幼儿的数学核心经验与发展要求,给予合理的分析与评价,并为活动的延伸与下一步的教学提供依据。

（四）问题情境型教学模式的教学原则

在实施问题情境型教学模式的过程中还需要遵循以下原则。

1. 应变性原则

任何模式都有其变式存在,在实施模式的过程中教师同样要把握好应变性,根据具体的情况,幼儿的已有经验,对核心经验的理解等等,灵活地应变模式。例如：在深化创设问题情境的过程中,有的活动递增一次问题的难度即可,而有的可以分成两次递增,逐步增加难度,让幼儿不断地迁移经验、构建经验。

2. 差异性原则

在实施本模式的过程中必须把握好差异性原则。每一个幼儿的数学经验发展水平都不相同,因此,教师在实施过程中必须考虑个体差异,难易程度上具有一定的跨度,尽可能地让不同发展水平的幼儿在问题情境中找到合适自己的解决办法。

3. 巩固性原则

任何知识的习得都有一个循环往复的过程。在实施模式的过程中我们要关注巩固性原则,为幼儿提供强化巩固、迁移运用的机会。教师在教学中多提供幼儿运用已构建的新经验解决问题的机会,让幼儿在不同的问题情境中强化已有经验。例如：在梳理了相关经验后,教师通过再次创设问题情境,让幼儿运用刚建构的经验解决新的问题,幼儿便能够对已获得的知识进行巩固运用,强化已构建的新经验。

三、问题情境型教学模式运用的案例

活动名称：找朋友（大班）

活动目标

1. 用"找朋友"的方法，鼓励幼儿从多种角度寻找"数字的朋友"。

2. 培养细致观察、发现差异的学习能力。

活动准备

绘本、PPT、动物形象若干、笔、纸

活动过程

一、为数字找朋友

出示六个动物，数字卡"5"至"10"。要求为每一个动物找到一个数字做朋友，并说说理由。

1. 相关提问：

◇ 沙滩上来了一群朋友，它们是谁？（逐一出现动物形象，让幼儿认读，并数出总数）

◇ 请为每个动物找一个数字做朋友，说说它们为什么可以做朋友？（出示数字卡片"5"至"10"，幼儿认读并观察，每说出一对朋友，需要阐述理由）

2. 分享交流：

◇ 动物数量的总数可以帮助幼儿找到数字朋友。

（重点关注：幼儿目测数群、观察的能力）

分析：通过让幼儿给熟悉而喜欢的小动物找朋友的驱动性问题情境的创设，让幼儿在活动开始时进入情境，主动地运用已有的目测数群的经验解决问题，从而体验"为数字找朋友"，这不仅为下一步作好铺垫与准备，也引发幼儿参与活动的兴趣与积极主动的思考。

二、为数字"2"、"6"找朋友。（限定在"2"、"6"两个数字中找朋友）

1. 相关提问：

◇ 让我们继续来找朋友，这一次只有两个数字（逐个出示"2"、"6"，让幼儿认

读),请为动物找到能与"2"、"6"两个数字做朋友的"地方",并告诉大家你的理由。

◇ 分享交流:

(1) 数字"2"找到了几个朋友? 有几个动物可以与数字"6"做朋友?

(2) 为什么有的动物可以找两个数字做朋友?

2. 归纳梳理:(可以穿插在孩子交流分享中进行,也可在孩子分享后进行,可视实际情况现场调整)

◇ 有的动物可以与两个数字做朋友,因为这个动物的××和××与"2"、"6"这两个数字相同,所以它们是朋友。

◇ 有的数字只能和××动物做朋友,这是因为……(请幼儿按特征说出理由)

◇ 找朋友不仅可以找一个数字,也可以找两个数字;一个数字可以和一个动物做朋友,也可以和多个动物做朋友。

(重点关注:多个数字与动物多种特征的匹配;发现差异的能力等)

分析:此环节深入递进性问题情境,将"找朋友"的问题难度递增,通过创设减少动物的数量,每种动物只出现一个的问题情境,引发幼儿深入到问题情境中,通过自主的操作,从关注数群,逐步过渡到细微部分的观察,然后找到相应的数字朋友。幼儿在观察与解决问题的过程中逐渐发现与积累细微观察与分类数数的方法。同时,在本环节数字的选用上由第一个环节中的六个数字,减少到两个数字,一个是"2",一个是"6"。选用"2"是考虑到幼儿的个体差异,让数学经验较弱的幼儿也有可能去找到朋友,选用"6"能给幼儿一个挑战,满足对"5"至"10"已经非常熟悉的幼儿在活动中继续学习。该环节要让幼儿尝试多元思考,多角度观察。

三、为数字"3"找朋友。(限定为数字"3"找朋友)

1. 相关提问:

◇ 这次只有一个数字(认读"3"),"3"也想来找朋友,有什么办法帮助"3"找到合适的朋友?

◇ 你帮"3"找到了谁做朋友? 为什么"3"可以与它交朋友? "3"能不能与其他动物做朋友,为什么?

2. 幼儿操作观察,找寻动物身上相应的特征及数量。

3. 归纳梳理:

◇ 你是用什么方法找到朋友的?(分享寻找的各种方法,重点落在观察上)

◇ 原来找朋友要看得很仔细,把动物身上的某个"地方"与数字×配起来正好一样。

◇ 找朋友是有各种方法的,可以……地找,也可以从……找;还可以……。可以找一个朋友,也可以找到更多的朋友。

(重点关注:在分享各种方法时,重点要落在观察上;观察的角度要多元;观察要细致,可以关注细节处、隐蔽处)

分析:展开迁移性问题情境,出示的动物数量与形象不变,但数字减少到一个,这个数字的选择可由幼儿自己决定。该环节主要是让幼儿迁移运用经验,同时给幼儿提供独立操作思考的空间,从多元的角度去思考并找到相应的数字朋友,交流分享各自的观察方法与经验。

四、经验拓展

1. 如果给你们数字"5"或其他数字能否为它们找到朋友?

2. 出示大于"7"的数字,让幼儿在学习性区角活动中继续为新数字找朋友。

3. 还是这些动物,试试为它们找到更多的朋友。

分析:整个活动教师淡化对幼儿观察结果的关注,为幼儿提供了更为开放的迁移性问题情境,让幼儿不断地迁移运用经验,也让教师能更为有效地观察幼儿。

(李蓓)

3 历史细节精准阐释的课堂教学模式

教育部 2017 年版的《普通高中历史课程标准》指出："历史学是人类文化的重要组成部分，在传承人类文明的共同遗产、提高公民文化素质等方面起着不可替代的重要作用。中学历史课程承载着历史学的教育功能。……历史学是在一定历史观指导下叙述和阐释人类历史进程及其规律的学科。探寻历史真相，总结历史经验，认识历史规律，顺应历史发展趋势，是历史学的重要社会功能。"历史离不开细节。历史本身就是由无数个精彩或繁复的细节组成的，"抽去这些细节，历史只剩下一个苍白的躯体和无数乏味的概念"。注重在课堂中体现历史细节，不仅可以让教师把课上好，更能激发学生的学习兴趣，使学生更好地发展和提升核心素养。因此，在历史课堂教学中运用历史细节的精准阐释教学模式较为适合。

在学科实践、总结的基础上，我们提炼了徐汇区基于课程标准教学与评价的"历史细节精准阐释的课堂教学基本模式"。该模式突出教学设计的整体性、教学目标的统领性、目标达成的渐进性、教学角色的主体性、学生发展的全面性等教育理念和教学思想，融入学生发展核心素养，优化学生学习的全过程，同时关注教学过程中的目标、教学与评价的匹配，让评价融入教学的过程和细节中，注重学习进程中的意义建构，进而提升课堂教学的品质，为课堂教学起到理念引导和课堂操作指导的作用。

一、历史细节精准阐释的课堂教学模式结构

历史蕴涵着丰富的内容和人类的智慧，由无数个精彩或繁复的细节构成，抽去这些细节，历史只剩下一个苍白的躯体和无数乏味的概念及生硬的说教，也就失去了鲜

活的生命力和震撼心灵的意义。历史细节既渗透在历史事件的前因后果、历史人物的生平事迹中,也延伸至宏观的史实及对其彼此关系的叙述中。但是,不得不承认,现行历史教材在关注宏观叙事的同时,受制于各种因素,相对忽略了对微观细节的描述,于是历史常常被叙述为方向明确、具有某种必然性的潮流。然而,历史的必然性只存在于长时段之中,历史的偶然性则常常由细节所致。历史事件的发生、发展乃至最后的结局,其过程充满着变数,个中起决定性作用的因素很可能就存在于那些历史的细节之中。从这个意义上讲,细节已不单单指向历史的知识,更指向历史认识的思想与方法。然而,在课堂常态教学中,教师历史细节意识的淡薄、细节把握的失当、细节运用的手段单一等问题,绝非鲜见。有鉴于此,我们试图借助网络教研的方式,通过征集相关教学案例及教学论文,开展"精准阐释历史细节,着力提升教学效益"的专题研究,力争以细节激活历史,展现更为真实而广阔的历史画卷,其基本结构如下图所示:

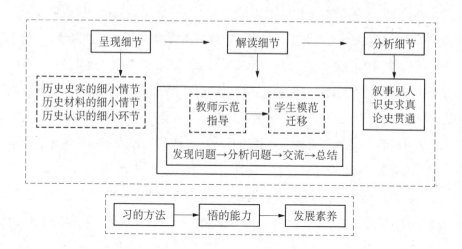

二、历史细节精准阐释的课堂教学模式应用

历史学科是综合性很强的人文科学,我们今天学的历史,明天将会成为文化,后天有可能成为一种精神。由知识到见识不是自然的增长过程,必须有方法,中学历史学科中以立场、观点与方法为核心的能力要求,在教学目标中是可以具体化和细化的,在教学实施中也可以通过特定的过程来务实和落实的,并且在教学实际效果上也是可以逐步进行观察和测量的。

内容主旨(教学立意)就是用一句话或一段话概括本课教学的中心,即预设的通过这堂课的学习,学生在课堂上获得的不仅能统摄、贯通该课,而且能与其之前和以后的学习相通的核心概念。把握内容主旨(教学立意)是任何教学模式的前提和基础。

1. 基于立意准确叙述含有细节的历史史实

根据《义务教育历史课程标准(2011 年版)》的要求,当代历史教学需要"以人类优秀的历史文化陶冶学生的心灵,帮助学生客观地认识历史……",作为身处一线的教育工作者,笔者认为"客观地认识历史"是"陶冶学生心灵"的前提。故而落实教学内容主旨的过程必然伴随着基于"知真、求通、立德"诉求的史学思想方法的引领。

初中历史教学注重史实性和趣味性,要让学生感动,从陈年旧事中获取知识,要在如烟的往事中激发学生的联想,要在细节中让学生获得情感的升华。因为历史教育是要让学生读懂人生和社会,因此德育教育要融入其中。当我在讲授《一国两制》一课时讲了一个故事。1949 年国民党战败退守台湾,当年驻守在金门岛的一位士兵有一天突然跳入大海准备逃跑,后被抓。审问他的军官问:"你为什么逃跑?"士兵哽咽着说:"我想妈妈。""你的家在哪里?"军官又问他。士兵哭着回答:"就在海对面的厦门。"军官听后说:"我是河南人,如果我是厦门人,早就逃跑了。"就一句"我想妈妈",爱国主义教育、生命教育都包含其中,教师也无需多讲。

当然,高中历史的教学更注重逻辑性和思维性,要求通过历史叙事发现并解决问题,让学生理解历史是什么,历史教育是什么,历史教育的目的是什么。教师在讲授华东师大版高中历史第四分册《美国的扩张与强盛》时是如此设计的:

　　师:1809 年,林肯出生于肯塔基州。7 岁那年,他的父亲汤姆把在肯塔基的农场换了四百加仑左右的玉米威士忌酒,举家迁往印第安纳州的荒凉林野。《林肯传》中有这段记载:

　　(教师 PPT 出示材料)"1816 年秋,当亚伯拉罕·林肯七岁时,上了年纪的汤姆·林肯(林肯之父)用自己在肯塔基州的农场换来了四百加仑的玉米威士忌酒,随后他将整个家迁往昏暗且荒无人烟的印第安纳森林中,……"①

　　师:从这段材料中我们可知林肯父亲的身份是什么?

① (美)戴尔·卡耐基著;刘家裕译. 走好人生每一步　林肯传[M]. 合肥:安徽人民出版社,2012.

生：农场主（农民）。

师：林肯的父亲是富裕的农民还是比较穷困的农民？

生：比较穷困的农民。

师：如何得知他比较穷困？

生：汤姆卖了农场之后举家搬到了"荒凉林野"，这能说明他生活比较拮据。

师：汤姆不是卖了农场，应该有所收入？

生：卖农场的收入是四百加仑威士忌酒。

师：为什么不是直接付钱？难道此时的美国不使用货币吗？

生1：不是。（思考原因）

生2：威士忌酒有可能比纸币更值钱。

师：很好，1792年肯塔基成为一个州加入联邦，相比大西洋沿岸各州，其经济落后，纸币价值极不可靠。有时候，连牧师都收威士忌酒作为礼拜的报酬。从材料中可以看到，林肯一家新的居住地条件也不好，为什么还要搬迁呢？请同学们推测一下，他们搬迁的理由。

生1：做了坏事待不下去了。

生2：新地方有利可图。

生3：自己家的土地被地主强占了。

师：在印第安纳州，1780年代联邦土地法令规定，联邦政府在移民拓殖之前就必须测量好土地，再通过土地事务总署将其售出。请问这一法令有什么作用？

生：以联邦政府的名义，保障了土地所有权的合法性与合理性，吸引更多农民到西部州开拓。

师：很好。然而好景不长，1830年，当21岁的林肯准备干一番事业时，印第安纳州爆发瘟疫，老汤姆又被迫举家迁往临近的伊利诺伊州，经营一片新的荒地。后来，林肯在纽萨勒姆谋生，做起了土地测量员。

（教师PPT出示材料）"有一次在彼得斯堡，他把一条街道设计成了弯的，因为如果按常规把这条街道搞成笔直的话，就要把寡妇杰迈玛·埃尔莫尔家的房子划到街心去了。而林肯知道,她和她的孩子们只有一个小小的农场。"①

　　师：土地测量员的主要职责是什么？

　　生1：测量土地。

　　生2：规划道路。

　　师：如果印第安纳没有土地测量员,更多的穷人会像林肯的父亲和寡妇杰迈玛一样丢失财产,所以土地测量员的另一个职责是解决纠纷。从这件事中我们还能发现林肯是一个什么样的人？

　　生：是一个善良、富有同情心的人。

　　师：土地测量员的存在说明当时伊利诺伊州是否已经开发完毕？

　　生：不是,是正在开发、进行规划的地区。

　　师：以印第安纳州、伊利诺伊州为例,此时美国的中西部地区是拓殖者的乐土。林肯一家是拓殖者队伍里的一员。请大家观察林肯一家迁徙图,描述林肯一家的迁徙路线,概述其特点。

　　（教师PPT出示美国地图和林肯家庭西迁路线图）

　　生1：从东北大西洋沿岸地区出发,向南进入宾夕法尼亚和弗吉尼亚,在林肯出生后从肯塔基迁至印第安纳,最后达到密西西比河流域的伊利诺伊。

　　生2：向西迁徙。

　　师：林肯一家的迁徙反映了美国领土在18世纪末19世纪初发生了怎样的变化？

　　生：从独立战争前的大西洋沿岸13块殖民地,扩张到密西西比河流域。

　　师：扩张的总体方向是？

　　生：不断向西扩张。

　　师：随着领土的扩张,美国人对国家疆域、人生规划等方面产生了什么新的认识？

　　生1：认为国家的疆域可以通过各种方式不断扩大。

　　生2：西部地区广袤的领土亟待征服。

――――――――――

① （美）卡尔·桑德堡著;梁志坚等译. 林肯全传［M］. 海口：海南出版社,2011.

生 3：农民不再安土重迁，勇于开拓成为美国人标榜的精神之一。

师：联邦政府以什么方式吸引民众去西部开拓？

生：通过法律、政策引导。

师：西部地区法律体系的完善，进一步保障了私人财产不可侵犯。从另一角度而言，美国的扩张不仅是领土的扩张，还有人口、法律、观念在新开拓领域的建立和扩展，为美国的强盛做了思想和制度上的准备。

教师力图以林肯的生平作为主线，通过林肯所见、所闻、所思、所感的历史细节的呈现和串联，搭建一个 19 世纪上半叶的美国历史图景和框架，形成有情境、有线索的历史课。以林肯家庭搬迁明晰美国领土扩张的进程和特点，完成对美国领土扩张、美国工业革命、南北战争等知识的学习，进而认识在此过程中美国思想、观念、制度等的扩张，从而理解扩张与强盛的内在逻辑关系。

因此无论是讲故事或者叙事，都要有历史通感和历史定位，叙事要见人、论史须求通，从而达到历史教育的本质。

2. 基于立意合理诠释含有细节的历史材料

20 世纪初的俄国被红色的浪潮所席卷，20 年代后农民的不满与军队中的暴动使得苏维埃政权认识到战时共产主义政策已难以为继，经济体制与政治体制的双轨转型共同铸就了当时世界上唯一的一个社会主义国家——苏联。而苏联对社会主义道路的探索并非一帆风顺，最高统治者的更迭所带来的政策激变在海啸般地改变苏联落后农业面貌的同时，也给予了这个国家的人民难以忘却的伤痛，引发了我们无法回避的思索。

教师在讲述华师大版初中历史八年级下册第 10 课《苏联对社会主义道路的探索》一课时，在关注历史细节的客观叙述基础上，他是如此诠释的：

师：在 1921 年，余粮征集制给当时的苏俄政府带来了一系列的政治危机，列宁在俄共（布）第十次代表大会时曾谈："我不知道哪位社会主义者处理过这些问题。我们必须根据实验做出判断。"（PPT 呈现材料）

很显然这一讲话释放出了改革的信号，并且其中的"实验"一词蕴含了深意，也就是一种不确定性，这种不确定性亦折射出这场改革所承担的责任之重大。

如何让初二学生理解这样深层次的历史信息？在课前我们无从得知，因此，在选择教学策略的过程中，教师因势利导，根据课堂实际情况及时调整，唤起学生理性意识，选择了以材料中"实验"一词的合理解读作为突破口。

师：同学们，既然列宁说这是一场"实验"，那么这场实验可能成功也可能失败。同学们都做过物理实验，实验失败了再来一次是再正常不过的事情了。然而列宁所说的这场关乎国家命运的"实验"，如果失败了，是不是也可以再来一次呢？

生：情况1：可以，实验失败了可以吸取经验教训，然后重来一次。

师：没有错，实验失败了，吸取教训，再来一次就行了。但是当时苏俄人民对于新生的政权的信心已经在临界状态，民众会不会给这一政权再次调整的机会呢？

生：不会。

通过材料的合理诠释及师生的问答，学生通过理性的换位思考，逐步理解了列宁所释放的改革信号中的"实验"其实充满了不确定性。

生：情况2：不可以，因为这场"实验"事关国运民生，此时的苏俄人民对于政权的信心已经在临界状态，实验失败必将带来更大的危机，其后果将不堪设想。

师：那就没有成功的可能性吗？

生：也是有的。

师：如果成功了呢？

生：那么民众就会相信政府。

教师运用教学策略对课堂教学及时调整，学生能够认识到1921年列宁主导下的改革事关苏维埃政权的生死存亡，而关键就在于改革能否就民众对于民生的呼声做出积极的回应，也为我们如何合理解读历史材料的细小情节做了很好的示范。

再如在讲授华师大版初中历史八年级下册《西欧与日本》一课时，教师借助对不同国家欧元硬币上图样、欧元纸币上图样的对比与解读，在学生生活经历的基础上创设问题，引导学生认识和体悟欧盟"联合之路"的核心理念：在开放和交流中，实现"多元一体"。

师：随着欧盟成员国的不断增加，为了推动欧盟大市场的更好发展，1999年，欧元诞生；2002年，欧元正式在欧盟内的欧元区流通。让我们来看一下欧元的图样。

（教师PPT投影出示德国、法国、希腊2欧元硬币图样的正反面）

师：这些是德国、法国和希腊欧元硬币的图样，大家发现这些硬币正反面的图案有何异同？你觉得这些欧元硬币如此设计的理念是什么

生1：德国的是一只鹰，我在德国旅游时看到过。

师：对，是联邦鹰。

生2：法国的好像是一棵树，上面有些字母。

师：很好，上面英文字母的含义是"自由、平等、博爱"。

生3：希腊的，看着好像是一副画，对，是欧罗巴骑着牛！

生4：它们的正面都一样。反面不一样，有自己国家的特色。

师：同学们讲得很好。那么你觉得他们这样设计的理念是什么？

生5：我觉得是求同存异。

生6：他们既想表达他们是一个整体的，也想把自己国家的文化展现

出来。

师：确实如大家所说的，欧元硬币想要表达的是欧盟"多元一体"的理念，那么这种理念是如何践行的呢？下面，我们再来看看欧元纸币。

（教师 PPT 投影出示欧元 100、200、500 面值纸币的正反面图样）

师：同学们，关注一下不同面值纸币上的图案，分别是些什么图案？

生 7：好像是每个国家的特色建筑。

师：再仔细看看，这些特色建筑都是什么？

众生：是桥，是门。

生 8：下面那个好像是玻璃窗。

师：为什么要设计成桥、门、窗这样的图案呢？设计者想借此表达怎样的意图呢？

生 9：我觉得"桥"代表的是连通吧。

师：嗯，加强联系。那门和窗呢？

众生：开放。

师：对！秉持互相开放、密切沟通的原则，欧洲一体化的道路进一步深化，欧元硬币和纸币上的这些设计真的是意味深长！同时，同学们也发现货币不仅是一个经济符号，货币上的图案更是一种政治、历史、文化理念的表达与体现。

教师从德国、法国和希腊欧元硬币和纸币正反面的图样，引导学生发现问题，推测设计者的创作意图，在观察图片得出的浅层次知识的基础上，有效剖析图片设计背后蕴藏的理念。在这样的铺陈下，学生便能自然而然地得出"求同存异"的认识，也就能体悟欧盟"多元一体"的意义所在，同时对货币这一经济符号有了更加全面的认识。

3. 基于立意科学评价含有细节的历史认识

教学的目的在于让学生学会学史的方法以触类旁通，教学的实效在于让学生显露以方法举一反三的过程。仅仅满足教师示范的教学是不够的，而应让学生通过教师的示范，模仿着、独立着进行迁移与反思。因此在对"讲"、"问"、"演示"的内容和方法上处理好继承与发展的关系，就能激活教学的思维逻辑，使学生学会学习。

如教师在设计华师大版初中历史八年级下册《第二次世界大战的爆发》一课时，基于学生质疑能力的培养来创设问题进行教学设计。

在二战即将结束时，美国总统罗斯福问丘吉尔给这场战争起个什么名字，丘吉尔脱口而出："The Unnecessary War!"教师根据战末丘吉尔对于"二战""Unnececessary"的评价来设疑引入新课，开展倒推"二战"背景及爆发原因的学习进行寻证，通过一系列的文献、历史数据、漫画、图标等史料求解，引发学生从历史事件发生的偶然性与必然性视角审视历史进程的"动力"，最后开启对于历史伟人言谈论说背后情感、态度与价值取向的探索来建模学习历史的方法和能力素养。

这在从"作者"和"社会"视角解读历史海报的教学环节中更可窥见一斑。

（教师 PPT 出示海报："我们最后的希望——希特勒"）

师：在这张 1932 年纳粹竞选海报中，这群人看上去的神情是怎么样？

生：看上去很悲观、绝望。

师：为什么悲观、绝望？海报创作于 1932 年，那时德国——

生：应该正受到全球资本主义世界经济危机的影响。

师：对！你能根据画面推测一下这群悲观绝望的人属于哪些阶层或阶级吗？

生：从服饰看似乎主要是工人，右下端有个穿西装戴领带的，估计不是贵族就是资本家，第二排抱小孩的妇女代表了妇女儿童。

师：也就是说，这幅海报的作者在创作时，有意将德国不同阶层的代表置于画面的前景，某种意义上这些代表就具有了象征意义，即他们象征了德国社会几个主要的阶层，上至贵族资本家，下至工人阶级，包括无产者，并以妇女儿童喻示普通家庭。海报将这些阶层所代表的德国民众画得悲观、绝望，却在海报左上端印上"我们最后的希望"这三行字，什么希望？

生：德国民众想要吃得饱，有工作可以做，生活得到改善。

师：也就是纳粹所说的"工作、自由和面包"，海报作者向一群悲观、绝望的人举起"希望"，也突出给于"希望"的那个人——

生（齐声）：希特勒。

师："希特勒"这个词甚至占据了画面的 1/3，从作者的创作意图看，为何如此？

生：突出希特勒，把他刻画成救世主，蛊惑民众支持他。

师：说得有理！在这种艰难的时刻，希特勒承诺给予人民想要的工作、自由和面包，这样的承诺太有诱惑力了！这对于德国民众来说，希特勒就是救世主。所以从社会反响看，这幅纳粹创作的竞选海报，有可能会带来什么效果？

生：德国民众会在竞选中给希特勒所属的纳粹党投票。

师：哦，这个"有可能"是否最终成为现实了呢？这么有煽动性的媒体宣传到底带来什么结果呢？我们来看看 1928—1933 年纳粹在国会选举中的得票情况。

（教师 PPT 出示材料：1928—1933 年国会竞选纳粹得票情况）

师：在这张图示中你看到了什么信息？

生：纳粹党获得的选票越来越多，在国会中获得的席位也越来越多。

师：选票和国会席位不断增长，说明了什么？

生：纳粹党获得了大量国民的支持。

师：显然纳粹党的媒体宣传很成功，他们准确抓住了危机下德国民众最迫切的需求，成功上台。希特勒在 1933 年走马上任成为德国总理，开始领导德国。

师：由此看来，这幅，或者说这一类的海报，从社会反响上达成了它预设的目标，也成功实现了海报设计者的最初的愿望，揭示海报画面的内容真不如直接揭示海报作者的设计意图，以及海报所产生的社会反响来得重要！

通过对海报内容信息的直观提取，教师逐步引导学生从创作意图和社会反响两个角度揭示图像证史的基本路径和价值所在，并以历史数据"1928—1933 年国会竞选纳粹得票情况"佐证，建模学习历史的史学思想方法。在讲述 1941 年 6 月 22 日德国对苏联发动突然袭击，在国家危亡之时，苏联领导层却出人意料地坚持在 11 月 7 日十月

革命纪念日这天举行盛大的阅兵式以震慑敌军、鼓舞士气并发行"祖国母亲在召唤"的海报这一内容时,教师进行了如下的设计:

（教师 PPT 出示海报:"祖国母亲在召唤"）

师:1941 年这幅名叫"祖国母亲在召唤"的作品一经问世就被印刷成大量的海报,张贴于苏联各个角落,传到千家万户。画面上一位年迈的母亲一手拿着"战士的誓言",另一只手高高举起。

师:从作者的意图和社会反响两个角度想想,这幅海报能说明什么?

生:作者意在激发苏联青年的爱国情感,激励广大青年参军保家卫国。

通过前面环节的学习和此环节的巩固,学生在教师的示范指导下,初步习得了图像证史的路径这一史学思想方法。

三、历史细节精准阐释的课堂教学模式价值

1. 贴近学习实际

历史悠远流长,乍看之下与现实生活隔水相望。然而,今日的现实其实正是明日的历史,今日的历史也曾经是昨日的现实。在历史课程中将历史与学生的现实生活时时联系,不仅可以激发学生的学习兴趣,更可以潜移默化地让学生感受到历史课程的现实意义。

以华师大版初中历史七年级上册《文化思想的繁荣》一课为例,它的教学立意就着重提出"这样一个动荡与变革共存的时代,不仅充满了魅力,而且也有现实意义。在漫长的历史演变中,春秋战国时期的文化思想对今天仍然产生着巨大的影响,这就是学习本课的意义所在"。而本课在讲授的过程中,也多次引导学生关注历史细节,结合生活学习实际,引燃思维的火花。

如课程导入时提问"同学们,你们有没有学过《百家姓》"。作为一本家喻户晓的启蒙读物,大家基本都听闻过其书名,故一开篇就获得了学生的共鸣。随后通过教师的引导,学生将关注的话题转向了孔子,而教师又以孔子的身高作为主要切入点,"孔子

长九尺有六寸"，九尺六寸如果按现在的度量，换算下来竟有 319.6 厘米。这一细节激发了学生的好奇心与探究心理。利用该细节，教师最终成功地完成了新课的导入，同时还渗透了"考证材料"的史学方法——原来古代的度量与今天日常生活中使用的度量相差甚远，必须考证后进行换算才行。

2. 把握脉络逻辑

通过合理地运用历史细节进行教学，还可以引导学生进入特定的历史情境中，使课程在学生的自主选择中层层推进。

华师大版初中历史八年级下册《俄国十月革命》一课中，如何使学生认识这一历史时期所更迭的沙皇政权、临时政府和苏维埃政权是重点和难点。而为何最终历史和人民选择了苏维埃？这也是需要阐释的问题。教师向学生呈现一系列的图表和史料，在教学过程中设计三个"俄国人民的选择"，将学生置于 1917 年的俄国普通群众的视角，在学生逐步了解历史事实的过程中让其主动做出选择，学生的三次选择也凸显"人民创造了历史"这一教学立意。

通过展示一战前欧洲主要列强经济总体情况表和一战前欧洲主要列强经济平均水平表从而表明当时的沙皇俄国是帝国主义链条中最薄弱的一环。如此薄弱的经济基础，能否支撑一场全面的战争？答案显然是不能的。

取用俄罗斯政府官方网站的数据，在 1914 年至 1917 年之间，沙皇俄国统治时期人口锐减。从这样一种客观后果，证实了在经济基础薄弱的情况下投身于战争，结果是显而易见的。

对于临时政府的作为，通过一个历史细节来表明。为了应付一战，临时政府组织了妇女营投身行伍，不用浓墨重彩，而以简单的线条勾勒，将女性投入战争这一行为，本身就具有反人类的属性。

而在十月革命后，新生的苏维埃政权施行了一系列措施，包括退出一战、军人复原等利于民生的政策，也正是由于这些政策深得人心，因而在列强与白匪干涉俄国革命期间，有武装保卫苏维埃一事。

通过上述分析，在常态化的教学过程中，学生不难得出是历史和人民选择了苏维埃这个结论。

3. 彰显人文关怀

历史中蕴含着大量情感的因素：悠久的历史，灿烂的文明；历史人物有好有坏，有美有丑,有善有恶;有爱国志士、民族英雄奋勇杀敌,有民族败类屈膝投降、卖国求荣等。

讲述历史细节,可以诱发学生情感的共鸣。细节可以为历史营造逼真的氛围,创设强烈的真实感和意境感,由远及近,令学生很快进入到角色当中,感受历史的成败兴衰、酸甜苦辣,抒发怀古惜今的情怀,从而诱发学生的情感深思,激发学生探求的兴趣,使历史教学充满生机和活力,彰显历史教学的人文关怀。

4. 提升思维能力

历史的细节为解释历史提供了更多可能性。教师可以通过抛出问题,补充或让学生自己搜寻历史细节的方式来使对历史的解释多元化,从而培养学生认识到历史是多种因素综合作用的结果。

如《美国独立战争》一课,教师一开始就连续提出四个问题:美利坚合众国这个新国家,是由一个新民族——美利坚民族建立的。他们在哪里? 他们是谁? 他们做什么呢? 他们是怎样的人? 通过连续抛出问题,引导学生主动探寻大历史背后的小问题,以此理解美国建立过程中的多重因素。

总而言之,在课堂教学的过程中,通过不断设问引导学生主动思考历史细节问题,不仅可以起到推进课程、化解重难点的效果,更可以潜移默化地提升学生的思维能力。

(方勇)

4　项目化学习范式在中小学的实践探索

2015 年开始，上海师范大学、上海市教委教研室和上海科学技术出版有限公司共同发起"上海中小学新科学新技术创新课程平台"项目（以下简称"双新课程平台"）。"上海高中新科学新技术创新课程开发与实施"（以下简称本项目）是"双新课程平台"在高中部分的行动研究课题。本项目依据上海基础教育拓展型课程和研究型课程指导纲要的要求，为上海两类课程提供更丰富的教学资源，加大课程可选择性，优化当前学校教育，提高学生的创新精神和实践能力等，为学生进入高等学校学习打好基础，也为学生的终身发展埋下创新的种子。本项目在课程开发途径、方法和机制等方面进行探索。

一、融入上海整体的课程框架，与两类课程有机整合

课程是当今学校教育的主要载体。我们认为，通过合理的课程规划，将创新课程融入上海现有的课程体系中，创新教育不仅可以走进学校，而且可以有效提高学生的科技创新素质。在课程设计中以学生的发展需求为导向，以学生的现有水平为依据，建立有层次的目标明确的课程体系，帮助学生打好创新的基础，将有利于推进创新教育。

"双新课程"作为一种贴近科技发展前沿，引入最新科技成果，借鉴最新科技手段的新课程，已经和学校的拓展型课程和研究型课程有机整合。"双新课程"进入学校的课程体系，不仅丰富了学校的课程资源，也为学生的多样性发展提供了新的课程选择。

迄今为止，"双新课程平台"共有 12 门"种子课程"在徐汇区多所高中学校试点。

学校以"体验创新过程、树立创新意识、发展创新能力"为理念,积极探索从"种子课程"到"校本课程"的课程发展路径,帮助学生接触科技前沿领域和经历创新学习过程,培养、发展学生的创新意识和创新实践能力。

二、"融合"专家和教师,将真实的课题转化为学校课程

1. 组建"三结合"的课程开发团队

科技创新教育如何获得"真实"科技创新情境,是"双新课程"能否落地学校课堂教学,让学生有真实创新体验的关键。科技创新活动发生在科学研究和科技制造的第一线,如果能让来自高校、科研院所和高科技企业等的创新成果和创新人才走进学校,让学生面对真实问题,置身于真"科研"的氛围来认识最新科技,体验"真实"科技创新过程,这对于提高学生的学习兴趣,激发学生的学习动机大有裨益。

真实发生的科技创新成果必须经过一线学科教师的教学转化,才能真正成为切实可行的学校课程。因此,必须采取"融合"的方法。所谓"融合",即建立"三结合"的课程开发和课程实施的联合班子,将科技专家、课程专家和中学教师融合起来,共同探索,将科技创新课题转化为科技创新课程。

(1)"三结合"的组织架构

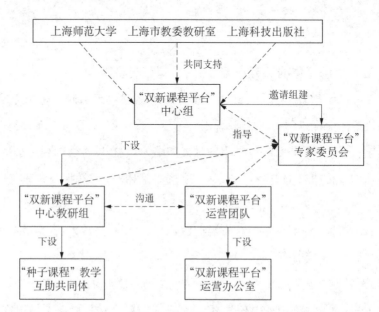

（2）人员构成

中心组由三方项目负责人组成。中心组是核心，起到研究、决策、指导等作用。中心组制定例会和不定期会议制度，学期初和期末各有一次例会，会上需要制定计划、进行决策和听取总结。

运营团队由项目管理执行人员组成。团队执行决策，负责开发课程资源，提供课程服务，处理日常事务，建立一系列对外、对内的管理制度等。

中心教研组由市、区两级教研部门教研员组成，开展纵向跨学科教研；在中心教研组指导下的教学互助共同体，开展横向学科教学研究。纵横相交的教研网络共同完成中心组的要求，推动课程实践探索。

专家委员会由上海电力学院等五所高校的教授组成。通过专家委员会项目获取科学界的支持，把握科技发展的动态，为课程的开发和实施提供专业资源保障。

2. 课程开发的具体思路

（1）发挥科技专家的专业优势，提出科技创新的课题，引领课程开发。课题可以直接来自专家的研究，也可以在专家熟悉的领域中有意识地创建。在此基础上科技专家领衔编制相关课程教学资源，编制过程中科技专家要深入现场，了解学校、了解教师、了解学生，与教师一起优化课题，既保持和凸显科技创新的本质与脉络，又注意学校条件和学生基础，将先进性和可行性结合起来。

（2）发挥课程专家课程整合的优势，确保课程实施的科学有效。在科技创新课程教育的建设和实施中，课程专家的参与指导具有重要的作用。在课程建设中，课程专家不仅应当全程参与科技创新成果的转化，还应当从理论上，从课程的顶层设计上多作思考。通过建立科技创新教育的课程模型，课程专家与科技专家一起谨慎选择课题，与中学教师一起开展教学实践研究，不断优化课题，指导创新课程的建设。

（3）发挥中学教师的实践优势，优化课程方案。科技专家是科技创新的实践者，对科技创新有自己的心得，但他们不是中学科技创新教育的实践者，中学科技创新教育要符合中学教育的特征，在教学方面，中学教师才是有经验的实践者。我们认为，在课程开发中要有中学教师的参加，他们不是看客，他们为课程提供教学经验，提出课题转化建议，并负责进行教学实践探索。

三、"双新课程"与项目化学习的实践

随着"双新课程"的不断发展,我们通过课堂观察及学生参与对"双新课程"的社会化评价分析,发现"如何在体验创新阶段规范有效地带领学生完成课程研究"是"双新课程"教师面临的难题。下面就以"双新课程"中的一门课程"多彩的功能膜"的教学案例为载体,总结在课程实施中,以项目化学习的方式开展相关教学的策略及方式。

（一）体验创新阶段"专题化"的项目学习模式优化

体验创新阶段,注重体验科技创新全过程,以"项目学习"为主要教学方式,充分发挥学生的主体作用。教师是导师,作用是引导、支持并评价学生的发展。

在第一轮教学过程中,学生研究的课题由学生自由拟定,这造成了四组学生的项目课题关联性很小,学生又都是第一次完整体验课题研究过程,致使在学习过程中学生团队之间的互相帮助实施难度较大,教师指导四个独立课题的难度也较高。

在第二轮教学过程中,教师尝试采取"专题化"的方式部分限定项目课题,如限定选择"防雾膜"相关的课题,学生拟定了"眼镜片防雾膜的创新配方研究"、"汽车玻璃防雾膜的创新配方研究"、"农业防雾膜的创新配方研究"和"防雾膜的持效期改进"四个课题。教师希望在专题化的项目研究过程中,学生能够在相似问题的研究中彼此启发、质疑并互相促进。

（二）合作学习团队结构的优化

合作学习是指学生为了完成共同的任务,有明确责任分工的互助性学习。在本课程的第一轮实施过程中,教师采取学生自由选择的分组方式。由于选修本课程的学生来自不同班级,彼此不熟,往往都更倾向于选择自己班级的同伴成组。在后续教学中发现这样的分组方式可能会造成组员能力分布不合理的现象,比如某一组四位同学的PPT制作和演讲的能力都较弱,造成整组在日常的方案或实验结果交流中缺乏表现力;还有的组,组员的资料收集和整理能力普遍较弱,导致小组许多任务的完成水平较低。

在第二轮的课程实施中,教师尝试采取能力分组方式,通过自述、交流等方式为学生贴上"能力标签",根据能力互补原则进行分组,尽量保证各小组有较为均衡的团队能力,各组员有明确的责任分工,在完成任务时能互帮互助。同时通过组员互相介绍、团队破冰游戏等方式,帮助原本陌生的非同班同学尽快互识互信,避免任务总集中于组内个别学生身上甚至课程结束还不知拓展课同伴姓名的"伪合作学习"等情况的发生。

（三）学科核心思维模型的提炼与建构

本课程依托"双新课程平台"资源进行开发,学科内容资源由高校专家根据相关领域前沿科技甄选提供,是与高校衔接的课程。因此学习课程内容所需要的认知水平普遍较高,而课程实施是面向大多数学生的,如何帮助大多数学生理解并深度学习功能膜材料课程是教师首先面临的一个难题。

在第一轮教学中,教师发现学生对学科知识的掌握往往难以深入,更难以在项目研究过程中灵活运用,因此在第二轮教学实施前,教师对学科知识进行了深入分析,提炼了功能膜研究的"三要素模型"。

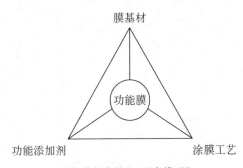

功能膜研究的"三要素模型"

"三要素模型"呈现了功能膜研究领域中三个核心要素：膜基材、功能添加剂和涂膜工艺,并体现出这三个核心要素之间互相影响的动态含义。功能膜配方研究的成功,往往都是通过调整这三个核心要素得以实现,而每调整一个要素,可能对另外两个要素产生一定影响。学生在课程学习过程中如能建构该思维模型,将对知识的理解以及后续阶段课程的学习起到重要的帮助作用。

1. 学科互鉴　规范先行

教师在准备创新阶段不能完全放手让学生自主探究,而需要借鉴研究型课程的"规则意识、关键技能"的核心要求,对学生常见仪器的使用、研究中常见问题的处理、数据的正确记录、安全知识的熟记等开展常规的教育,要不断通过行为规范和矫正来训练学生的基本研究能力。

2. 问题引导　课题生成

在"双新课程"的自主创新学习阶段,学生面临的难题是如何确定适切的研究课题。教师可以以与学生的社会生活相关的问题为起点,根据问题的特征和学习者的差异生成个性化的辅导策略,引导学生获取和加工信息,从而主动构建知识,根据学生从真实世界感受到的困惑,帮助学生厘清问题,引导问题走向纵深,将问题转化成可行性的课题。

3. 兴趣提升　时空利用

"双新课程"有别于传统的学科课程,它的教学活动在遵循"双新课程"的基本要求下,可以结合校情和学情,依据各个"双新课程"的学习特点,在课程的组织形式及学习的时空等方面做一系列改变,如社团或工作室的学习方式,在使学生和教师建立了一种新的关系的同时,也打破了常规的时空教学的限制,不仅提升了学生的学习兴趣,也最大程度地保障了学生在科学研究过程中所需要的时空。

（徐烂）

5　高中思想政治课活动型学科教学模式

当前，教育部"新修订普通高中课程方案和课程标准"的培训工作正如火如荼地开展。此轮修订的一个重要方面是在原有的学科"三维目标"的基础上注重指向学科核心素养的培养。核心素养是学生应具备的适应终身发展和社会发展需要的必备品格和关键能力。而一门具体学科的核心素养则是"经历了'特定学习方式'后形成的'学科观念、思维模式和探究技能，结构化的（跨）学科知识和技能'。"①在当前思想政治学科教学中，如何落实思想政治学科核心素养，实现学科独特育人价值，推动思想政治课程及课堂教学改革？朱明光老师有这样一个比喻："如果说以核心素养为纲是修订高中课程标准的标志性追求，塑造活动型学科课程就是修订思想政治课程标准最显著的亮点。在我们看来，这是思想政治课程聚焦核心素养的关键抓手。"②

一、理论综述

学科课程和活动课程一直是作为课程结构中两种相对独立、互相区别的课程类型。学科课程是基于不同知识体系的分科教学，它强调学科知识的系统性和逻辑性，是目前最主要也是最基本的课程组织形态。活动课程则侧重学生通过亲身体验而获得直接经验，因此，它又被称为经验课程或生活课程。两类课程各有利弊，学科课程侧重知识系统性、组织高效性，但容易形成理论与实践的脱节，在发挥学生自主性上有一定局限性；活动课程关注学生生活经验，尊重学生主体，有利于增强学生社会适应力，

① 朱明光.关于思想政治学科核心素养的思考［J］.思想政治课教学，2016：1.
② 朱明光.关于活动型思想政治课程的思考［J］.思想政治课教学，2016：4.

但不利于系统化知识的形成。

高中思想政治课程是以立德树人为根本任务,是帮助学生确立思想政治方向、增强社会理解和参与能力,提高法律和道德修养的公民道德课程。这一课程性质就决定了思想政治课必须要构建理论逻辑与生活逻辑相结合、理论与实践相结合的课程模式。在新一轮课程改革中,"活动型学科课程"概念的提出,使"学科课程采取包括社会活动在内的活动设计的建构方式"①,是对现有课程类型的创新。从本质上来说,活动型学科课程虽仍旧属于学科课程,但其以活动设计为依托,既坚持以学科内容为本位,又秉持了活动课程中尊重学生主体地位的理念。而本文所提出的"活动型思想政治课",正是在活动型学科课程这一课程理念指导下所探索的新课型。它将学生的课内外的活动融合在学科内容教学中,使"学科内容活动化"、"活动设计学科化",从而在思想政治课上实现学科内容与学生活动的有机融合。

"活动"是活动型思想政治课的关键词。"活动"的外延广泛:"知与行是活动,学而思也是活动,讲问题是活动,提问题也是活动;社会实践是活动,课堂教学也是活动;寻求结果是活动,享受探究过程也是活动。"②从多种多样的活动类型来看,它既包含了课外社会调查、职业体验、志愿者服务等社会实践活动,又包含了课内的模拟情景、小组讨论、辩论、提问等活动。如何将这些形式各异、内容多样的课内外活动构建成一个有利于学生形成系统化知识,有益于学生思想政治核心素养养成的活动体系,这是活动型思想政治课必须回答的问题。

"议题"的提出是本次新课标修订的一个新举措。"议题"就是以培育学科核心素养为价值导向,以学科内容为基础,将课内外活动组成一个围绕核心话题展开的活动体系。这样,通过议题的构建,学生的课内外活动有了学科方向的指引,不再是零散的,同时,学科内容也有了活动体系支撑。由此,议题的构建成为活动型思想政治课实施的核心问题,对议题的确定、活动体系的构建要结合具体学科内容、学时、学生知识水平及课余时间的分配等进行综合考虑。

在教育部《普通高中思想政治课程标准》中的教学实施建议部分中提到,要"以课程标准为依据,以发展学生思想政治学科核心素养为目标","运用多种教学方式、方

---

① 朱明光. 关于活动型思想政治课程的思考[J]. 思想政治课教学,2016:4.
② 韩震. 核心素养与活动型课程——从本轮思想政治课程标准修订看德育课程的发展趋势[J]. 思想政治课教学,2016:3.

法,引导学生自主学习、合作学习和探究学习,强调学生的活动体验是其思想政治素养发展的重要途径;要将过程性评价与终结性评价结合,着重通过解决情景化问题的过程和结果,评估学生所表现出来的思想政治素养发展水平。"这个建议为我们进行课堂教学模式的探究与规范指明了方向,即以活动型学科课程教学为思想政治课的基本形式,也为我们确立教学中的关键问题提供了思路。在我们看来,政治课活动型学科教学,即以核心素养为价值导向,以学科内容为基础,结合学生各类型的社会实践活动,将课堂教学设计成一个围绕核心议题展开探究的教学活动体系。

在此,以徐汇区一节以"香港的昨天、今天和明天"为议题的公开课——《坚持"一国两制"方针》教学为例,来谈谈我区在高中思想政治课活动型学科教学实践中的一些所得。

二、典型教案

1. 教学内容解析

本节课是沪教版思想政治高二下册第四课《国家统一 民族团结》中承前启后的一课,前承维护国家主权,后启解决台湾问题,实现祖国完全统一;沪教版教材 2015 年新修订的内容略有调整,强调了"高度自治权由中央授权",进一步明确了"一国"与"两制"的关系。

2. 教学目标设置

以"香港的昨天、今天和明天"为讨论议题,学生通过自主学习、小组讨论、分析比较等活动,利用视频、文字等情境资料获得信息,能归纳"一国两制"方针的科学内涵,能阐释"一国两制"方针的重大意义,科学分析"一国两制"方针在实践中的成就和挑战,并坚持用法治解决现实中的问题;在解析"一国两制"的科学构想中,能认识到其创造性和科学性并认同国家的"一国两制"方针;通过对香港和澳门主权顺利恢复的探究,加强对维护国家主权的认识,坚定海峡两岸统一的信心,并能对"一国两制"方针在进一步落实中提出自己的政治参与意见,提高公共参与的能力。

3. 教学重点、难点

重点:"一国两制"科学构想的丰富内涵。

难点:厘清"一国"与"两制"的关系。

4. 教学过程

(1) 起：香港回归 20 周年

【视频播放】播放 1997 年交接仪式的视频。

【提问与讨论 1】"殖民花落去,香港燕归来。"

【知识点 1】一国两制作为政策构想带有深刻的时代烙印,既具有高度灵活性,又强调步骤稳健,是灵活性和务实性的结合体。

(2) 承："一国两制"实践中的成就

【提问与讨论】讨论关于香港的直接经验和间接经验。

【读图探究】分析香港近年 GDP 和人均 GDP 数据。

【知识点 2】实践"一国两制"的重大意义。

(3) 转："一国两制"实践中的挑战

【案例分析】分析"双非"儿童。

【小组讨论】分成四组,每组阅读不同材料并进行解析:

第一组:《中华人民共和国香港特别行政区基本法》第二十二条和第二十四条、单程证政策、吴嘉玲案概述。

第二组:《中华人民共和国香港特别行政区基本法》第一百五十八条、吴嘉玲案终身判决(节选)。

第三组:1999 年人大常委会就居留权的释法、庄丰源案概述。

第四组:庄丰源案成为判例、"双非"儿童数量激增、零配额政策推出。

【提问与讨论 3】香港、澳门特别行政区"特别"在哪里?

【知识点 3】"一国两制"的丰富内涵 1:两种制度并存。

【知识点 4】"一国两制"的丰富内涵 2:一个中国。

【知识点 5】"一国两制"的丰富内涵 3:高度自治权。

(4) 合:未来的发展——运用"一国两制"解决台湾问题

【延伸阅读】有关"一国两制"和台湾问题的推荐书单。

【预习与作业】基于"一国两制"的科学构想看台湾问题的特殊性。

三、结构提炼

对于《坚持"一国两制"方针》一课的教案结构,我们做了如此提炼:

教学环节	教学活动	问题(任务)设计	设计意图
起：香港回归20周年 思考："一国两制"政策设计的背后	香港的殖民历史。 播放1997年交接仪式视频。 讨论："殖民花落去，香港燕归来。"	在收回香港主权的原则要求下，中央政府还要考虑哪些问题？	在学科融合的视野中理解"一国两制"作为政策构想具有深刻的时代性，既有考虑香港历史的高度灵活性，又有强调祖国统一的原则性，是灵活性和原则性的结合。培养学生的科学精神及对我国"一国两制"政策设计的政治认同。
承："一国两制"实践中的成就	讨论：关于香港的直接经验和间接经验。 分析近年来香港GDP和人均GDP变化。	对香港的基本印象？ 香港经济是什么时候开始高速发展的？	基于实际，感性上唤起学生的共鸣，同时锻炼学生的科学思维能力，通过数据分析增强学生对"一国两制"方针的政治认同
转："一国两制"实践中的挑战	分析"双非"儿童案例： 第一组：《中华人民共和国香港特别行政区基本法》第二十二条和第二十四条。 第二组：《中华人民共和国香港特别行政区基本法》第一百五十八条。 第三组：庄丰源案概述。 第四组：庄丰源案成为判例、"双非"儿童数量激增、零配额政策推出。	"双非"儿童的出现反映出大陆、香港的哪些实际状况？ 香港特区最高法院否决香港特区政府的做法促使"双非"儿童暴增，你觉得香港法院错了吗？请阐述你的看法。 根据材料，请总结如何防止"双非"儿童数量激增及类似事件的发生？	基于现实问题，在合作学习、探究活动中，培养学生的科学精神，提升学生的公共参与素养。
合：延伸思考台湾问题	延伸阅读有关"一国两制"和台湾问题的推荐书单。	思考基于"一国两制"的科学构想看台湾问题的特殊性。	提升学生的科学精神及公共参与能力。

正如课例所展示：本节课在一个合理议题的框架下，在学科融合中帮助学生理解中国的革命、建设道路的选择，展现中国特色社会主义道路自信、理论自信、制度自信和文化自信；通过细节展示帮助学生理性全面地认识发展着的社会，能在探究中辩证理解理论的"应然"与社会的"实然"，认识到中国特色的社会主义建设是在现有国情基础上的经济、政治、文化、生态、社会建设，中国的建设在取得巨大成就的同时，也面临着回应挑战的艰巨任务；使学生在任务的解决中愿意积极参与公共事务的讨论，遵循有序参与公共事务的途径、方式和规则，提升公共参与的能力；在利益多元化的问题解决中，学生能树立人民群众的根本利益是一切价值判断的标准的意识，并坚信法治的

价值,用法治力量作为解决问题的可靠手段。总之,这一课型的运用,为培养有理想、有思想、有责任、有担当的中国当代建设者和接班人提供了有弹性的空间。

四、操作要素

高中思想政治课活动型学科教学模式的落实,需要教师在课堂教学设计中注意以下操作要素:

(1) 课堂教学设计的前置性条件要更加凸显学生与教材内容相关的必备品格与关键能力的培养。高中政治学科教学设计,要从原来注重知识讲授的完整性转变为思考"政治认同、科学精神、法治意识、公共参与"的学科核心素养如何通过课堂教学在一节课的内容中得到合理渗透,并通过合适的活动方式内化为学生的核心素养。比如教师在进行教学设计时,重点从历史回顾的角度,引导学生对我国"一国两制"的制度设计理性认知、政治认同;对"一国两制"实践中出现的问题分歧,引导学生用法治意识解决"应然"与"实然"的差异;而开放式的结尾,则引导学生运用本课的学习成果,思考台湾问题的解决策略,在知识迁移中培养学生公共参与的学科素养。

(2) 活动型学科教学要求课堂教学的型态有所变化,要以培养学生核心素养为价值导向,以学科内容为基础,结合学生各类型的社会实践活动,将课堂教学设计成一个围绕核心议题展开探究的教学活动体系。比如,教材上这部分内容的编写顺序是"一国两制"的概念、"一国两制"的内涵、"一国两制"的意义,杨老师并没有按照教材顺序组织教学,而是以培养政治认同、理性思维、法治意识、公共参与等核心素养为导向,以"香港的昨天、今天和明天"为议题,通过三个主要活动完成了本节课的教学。同时,如教学设计表格所示,这三个活动又分别是以"一国两制"的概念、"一国两制"的意义、"一国两制"的内涵等教材知识为支撑的。这样,通过议题的构建,学生的课堂活动有了学科方向的指引,不再是零散的,同时,学科内容也有了活动体系支撑,不再是呆板的,从而在思想政治课上实现学科内容与学生活动的有机融合。

(3) 在课堂教学过程中对学生的评价也需有相应的变化。通过衔接课内外活动的开放性合作探究,学生围绕探究议题自主辨析、讨论,通过课堂上的展示、表达和解释,小组成员之间以及各小组之间观点的碰撞,使学科知识渐渐明晰。在这里,教师对学生表达的即时观察、评价、归纳、引领尤为重要。教师在对学生的辨析、判断和选择做出归纳、总结、评价时,应该从原来重视"能"与"不能"、"对"与"不对"的评价转向更关注学生表达中的结论与依据之间直接的关系论证，结合学生政治认同的达成度、理性思维的逻辑性、语言表达的准确性、法治意识的明确性、公共参与能力的完整性等方面，做综合评定与过程性评价。

（4）作业设计强调能力立意，突出应用性，作业要加强与社会实际和学生生活实际的联系，注意理论和实际相结合，学以致用。作业的着眼点和着力点主要放在对学生运用所学的基础知识和技能分析问题、解决问题能力的考查，也就是围绕培养和考查思想政治学科核心能力来设计作业体系，目的是通过有效的作业设计与完成来丰富学生的学习经历，培养学生的创新意识、实践能力和社会责任感，增强学生对学科知识的认同度。

五、案例点评

在活动型学科教学模式的实践中，高中政治课堂教学环节的操作细节的变化既反映了时代的变化、教育理念的进步，更体现了以"人的发展"为本位的教育宗旨。

围绕学科核心素养的培育设计教学，处理教材，使课堂教学的重心从教师的"教"转移到学生的"学"，按照学生的认知起点与发展需求来设计能引导学生主动学习的活动环节。以学生的素养发展贯穿学情分析、教学目标、教材主旨、活动设计、知识整合、课堂评价等一系列的课堂教学活动。这里隐含着一个重要的转变，就是中学政治课愈来愈从原来的政策宣传手段转变为发现"人的本质"的途径。

政治教材的编写，必须要考虑社会主义理论、制度的"应然"理想，而学生日常生活中接触到的是现实的"实然"，如果教师处理不好这一对关系，就会导致课堂教学中普遍性淹没了特殊性、必然性吞噬了偶然性、理论的"应然"遮挡了社会的"实然"，教学过程伟大、光荣、正确，但进入不了学生的内心。而教师在围绕核心议题开展的活动探究中，细节的呈现给学生展现了一个真实的社会图景，在真实的情境中进行探究，才能激活学生心中的火花，才有助于教材内容内化为学生的素养。

（王志安）

第四章

写作课：腹有诗书气自华

　　写作课是以写作教学为主的课堂教学类型。写作是运用语言文字进行表达和交流的重要方式，是认识世界、认识自我、创造性表述的过程，也是学生观察、思考、表达和创造等能力的体现。在写作教学方面，写作内容和教学模式要依据学生的心理、认知特征，挖掘学生的兴奋点和兴趣点，设计学习环境，进行各种创新型尝试，为学生营造自主表达的氛围，引领学生深入探索生活、善于思考与勇于表达。目前，写作教学主要是进行任务写作，即有一个比较明确的写作对象，有一个比较明确的写作目的，有一些比较规范的写作样式。因此，在写作课的课堂教学过程中，教师要为学生的写作提供必要的指导，如写作的审题技巧、作品结构以及语言表达技能等，帮助学生根据写作材料进行思考并审题立意，构思符合逻辑的写作框架，运用丰富的语言词汇使得表达更加有血有肉。

1 支架式写作指导教学

——初中语文写作教学模式初探

写作教学是中学语文教学中不可或缺的一部分,然而近年来由于诸多因素的影响,初中语文教师对写作教学的认识、思考、践行都不尽如人意。徐汇区语文教师全面开展写作教学方面的探索,尤其是在写作指导环节进行了深入实践,形成了支架式写作指导教学模式。

支架式写作指导教学模式是以"培养写作构思意识"为核心教学目标,借助情境创设的手段,运用各类思维工具,帮助学生建立起写作的基本思维路径的模式。当下绝大部分初中学生在写作时缺乏整体构思的意识,学生作文中的跑题、偏题、详略不当、表达方式运用不当等问题的普遍存在恰恰证明了整体构思的缺失。因此教师借助支架式写作指导教学模式,能帮助学生在动笔前搭建写作的框架,引导学生养成写作构思的习惯,将课堂中学习、操练的构思过程内化为写作的思维路径。

我区的支架式写作指导教学模式充分借鉴了建构主义学习理论提出的以学生为中心,以培养学生的问题解决能力和自主学习能力为目标的教学法。为提升学生的写作能力提供适当的"支架",如写作情境的创设、写作要素的筛选、写作素材的充实、表达方式的选择等,通过师生、生生互动、评价,让学生借助这些"支架"逐渐发现和解决写作中的问题,自主调动写作策略,提高写作能力。

支架式写作指导教学模式图：

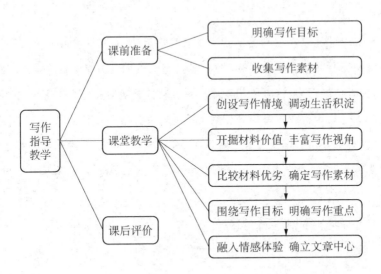

一、课前准备

目前教师们使用的初中语文教材（试用本）中并没有写作要求或学习内容，仅《上海市中小学语文课程标准》中有小部分对于写作教学的标准定位，仍很难在教学中有效落实。因此教师需要在课堂教学之前充分考虑每一次写作教学（写作指导、习作点评）的教学目标，只有明确了每一次写作的教学目标，才能有针对性地选择写作题目，设计有针对性的学习策略，并在习作点评中有针对性地引导学生认识到本次写作中存在的问题，便于改进。同时，写作教学不同于阅读教学，需要学生善于观察生活、悉心收集素材，因此课前准备阶段，要布置学生广泛收集写作材料的任务，可能还需要一段时间的观察、实践来为课堂学习作好充足的准备。

案例：

"新校园，新生活"——写作教学

若想指导刚进入中学的六年级学生写新校园、新生活，可以制定如下写作教学目标：

● 引导学生用心观察校园生活,捕捉印象深刻的人、事、物(景),记录自己的感受体验。

● 指导学生从观察到的事物中汲取写作素材,充实写作内容。

教师可指导学生学会观察,引导学生充分投入到日常生活中,用心感受体会,细心揣摩探索,留心收集整理。将各种校园活动和语文学习结合起来,让语文学习成为生活的一部分。教师可通过设计活动过程记录表、精彩瞬间照片集、思维导图等形式多样的观察工具,引导学生调动各种感官观察生活,养成观察生活、主动收集写作材料的良好习惯。引导学生从观察中发现、捕捉美好、有趣、有意义的事物。

布置观察任务,留心观察校园。

> 要求:
>
> 如果你要向家人介绍初中校园,你会介绍哪些地方? 请到校园中走走、看看,将你的观察拍下来或画下来。

用任务驱动的方式激发学生观察的兴趣,促使学生去校园中留心观察,选取初中校园中有特色的场景作为介绍的重点,广泛地摄取画面,作为写作的材料。用拍照或画图的方式摄取校园场景,为接下来的小组交流和唤醒学生记忆提供帮助。

二、课堂教学

课前学生收集的材料如何根据本次写作题的要求转化为真正的写作素材? 哪些前期收集的材料是最合适的? 材料的详略如何处理? 选择怎样的表达方式是合适的? ⋯⋯诸多写作问题亟待解决,但解决的正道并非是教师授意,而是通过课堂学习经历,调动起学生潜在的表达策略,或是引导学生意识到写作策略的有效性。

(一)创设写作情境　调动生活积淀

课堂中写作情境的创设是帮助学生调动生活积淀、唤醒生活记忆、投入真情实感的有效策略。通过情境创设让同学们觉得有话想说、有事可写,每一个学生的发言都会给予其他同学启发。情境创设中同学们的发言交流看似松散，实则是动笔写作前非常重要的构思过程。

仍以"新校园，新生活"为例，此次习作是学生进入初中后第一次习作，希望学生能够关注到初中校园生活的变化、特点。可在课堂中让学生制作"校园生活之'最'"的思维导图，帮助学生体验、发现初中校园生活的美好与乐趣。

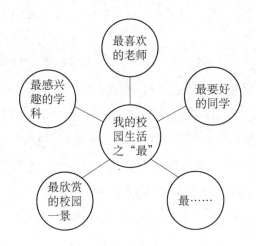

（二）开掘材料价值　丰富写作视角

当学生借助思维导图等工具罗列出课前收集的诸多材料之后，教师要引导学生开掘这些材料的写作价值，如为材料配上一两句自己的感受，或对各个材料多问几个"为什么"、"怎么样"之类的问题，帮助自己深入感受已有的生活经历，从中发现值得积累的写作材料。

教师可在课堂中启发学生用提问的方式深入开掘材料的价值：进入初中后，我和哪位同学成为了要好的朋友？那么多同学，为何我会和他（她）成为要好朋友呢？他（她）和我之间发生了哪些事增进了我们的友情？我对这段新友情的感受是怎样的？……通过自我追问的方式，帮助学生加深体验，发掘感受，一些看似平淡的材料很有可能可以开掘成为有意义的写作素材。

也可以用任务单的形式交流观察成果，拓宽观察角度。

课堂交流任务单

要求：

（1）说一说：小组内交流你观察到的事物，并说说你为何选取这些事物。

（2）看一看：记录的哪些事物是别人观察到而自己没有发现的，到校园中去观察一下你忽略的事物。

（3）想一想：其他同学选择的它（们）值不值得作为介绍对象？

该任务重在让学生通过同学之间的相互交流，说清各自观察到的事物，以及选取这些事物的原因。说理由的过程，就是学生发现事物特点的过程，这些事物一定是具有某些显著的特点，才会进入学生的观察视角，也许是初中校园中景色特别美的一个小花园，也许是初中校园中镌刻校训的一尊雕像，也许是初中校园中才有的一个创新实验室……同学之间的交流能够给予他人启发，唤醒其他同学对校园的记忆，拓宽观察的角度。

（三）比较材料优劣　确定写作素材

根据写作题目，教师需要指导学生对已罗列的材料进行提炼，确定本次写作的素材。先请学生根据对作文题目的初步理解，将自己比较想写的材料一一罗列出来，然后根据本次写作题目中的关键词，将这些材料进行比较和筛选。材料贵精不贵多，筛选材料时，应将内容相近或相同的材料归在一起进行比较，若它们表现中心的角度、程度无明显差异，那么只需保留其中最具代表性的一个即可。继而确定哪一个或哪几个材料能够更好地体现写作题目，能够明确地表达一个中心。最后根据题目和初步设定的中心，从众多材料中提炼出写作素材。

学生比较材料优劣的过程，也是对写作题目深入理解的过程。材料本无所谓优和劣，但有写作题目的限制，材料和题目的呼应度区分出了材料适合与否，更能体现写作题目、突显题目中关键词的材料成为本次写作中的优质材料。

（四）围绕写作目标　明确写作重点

"新校园，新生活"写作教学的教学目标明确了本次写作要"捕捉印象深刻的人、事、物（景），记录自己的感受体验"，因此，写出事物的特点是本次写作的重点。教师需引导学生尽可能地去捕捉事物的特点，并借鉴课文的表现手法来丰富自己的写作内容，帮助学生意识到：可以悉心留意具有特色的事物；可以通过比较发现独一无二的事物；可以根据自己的内心感受重点捕捉容易忽视的事物……

例如，学生选择介绍初中校徽，教师可设计以下一系列的问题来引导学生写出校徽的特点：

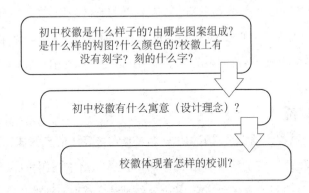

通过一系列的提问，让学生意识到，介绍一枚小小的校徽可以从这几个方面入手。但只知道角度，未必能写生动，此时，可以引导学生借鉴课文，尝试模仿。如《花之歌》中运用多种修辞格体现花的特点的句子可以借鉴来写校徽的特点。又如，学生选择介绍校园小花园，则可借鉴《丁香结》一文，宗璞写丁香花除了使用比喻、拟人等修辞格，还大量运用动词、形容词等，生动地写出了丁香花的色、香、形、态，让读者仿佛看到、闻到、感受到丁香花的美。再如，学生选择介绍校园操场，可借鉴《草原》一文第二自然段的写法，老舍以时间为线索，从听觉和视觉等不同的角度对草原场景展开叙述和描写，既生动又有序地展现"寂静的草原热闹起来"的场景变化。

（五）融入情感体验　确立文章中心

当学生捕捉到事物或人物的特点之后，教师需要再次以系列问题的形式启发学生思考：我为什么要写他（它）呢？ 还是以写初中校徽为例。

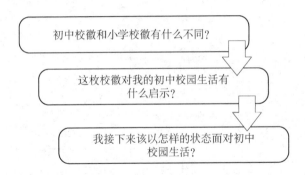

借助类似的问题链,激发学生去思考"我"要写的人、事、物和"我"之间有什么内在的关联,"我"借助要写的对象想要表达怎样的情感体验、感受认识,如何将"我"的内心情感借助写作对象更好地呈现在读者面前。

确立中心的过程也是再次检验写作素材恰当与否的过程,当发现自己选择的素材无法有效地为所确定的中心服务时,需要反思是更换素材,还是调整素材。中心和素材之间往往需要相互比照,反复斟酌,不断调整,最终达到相辅相成,融为一体的程度。

三、课后评价

课堂学习的过程帮助学生了解构思一篇习作需要经历的步骤,以及每个步骤的重点和思考的策略,课后鼓励学生自由表达、修改完善。不同学生的视角不同,记叙重点、表达方式也会有差异。在动笔前,教师要鼓励学生选取不同的角度、不同的风格有创意地表达。重在激发学生观察生活、进行写作的兴趣。

习作初步完成后,组织学生交换阅读他人作品。小组内或全班互相分享习作,有助于启发学生的新思路。教师引导学生对同伴作文精彩之处给予肯定和鼓励,对不妥之处提出修改建议,并指导学生使用正确的修改符号对自己的习作进一步修改完善。如有条件可以汇编成册或在教室张贴,供全班同学阅读、交流。让学生感受到以我手写我心的乐趣所在。

(陈妍)

2 高中议论文写作作前指导教学模式

一、写作过程指导的缺失及原因

在教学调研中，笔者发现不少教师的写作教学着眼于写作结果，在具体教学流程上依循"布置作文——讲授写作知识或范文——学生写作——教师讲评"的步骤。所谓写作教学指导或仅仅是传递了写作的内容知识，缺乏将写作的程序性知识和策略性知识融入到写作行为中转化为写作能力的指导；或是将教学重点放在作后，过多地关注写作错误。学生即便知晓了立意、选材、构思等相关写作知识，或什么是好作文，仍不知如何将这些知识运用于写作行为，如何写出好作文。教师没能通过专业的教学设计介入学生的写作过程，为学生完成写作提供切实有效的支持，实际上是作前指导的缺位。

究其原因有两方面。一是写作主体意识不强。教师没能站在学生立场来揣摩他们在写作过程中的需要与障碍，从而适时跟进点拨。二是教师自身写作指导能力不足。对于如何指导学生将写作知识转化成写作能力，思考不够或方法不适宜。

因此，唯有站在学生立场，依照学生的写作过程来设计教学，关照到学生完成一篇作文所需的从立意、构思、选材到表达的全过程，才能切实提高学生的写作能力。通过若干年的区域教学实验探索，我们形成了议论文写作作前指导教学模式。

二、概念的界定

1. 教学模式。"教学模式"这一概念源自美国学者乔伊斯（B. Joyce）和威尔（M. Weil）所著的《当代西方教学模式》一书，国内课程教育专家在此基础上补充了教学模式的背景,将其定义为"开展教学活动的一整套方法论体系",具体来说是指"在一定教学思想或教学理论指导下建立起来的教学活动策略体系和基本框架,它以简约的形式稳定地体现出来。教学模式既是教学理论的具体化,又是教学经验的一种系统概括"。教学模式建构了教学的基本结构,从宏观上明确了教学活动整体及各要素之间内部的关系和功能;作为教学活动策略体系则突出了教学模式的程序性和可操作性。

2. 议论文。国外有学者将议论文界定为"是以逻辑为基石,以证据为结构,以说服读者接受观点或采取行为(或者两者兼而有之)为写作意图的文章。"该定义涵盖了议论文写作的四个要素:写作目的是说服读者接受观点或采取行动;论题一般具有争议性;证据必须充分可靠;论证逻辑严密。

3. 作前指导。如果将写作过程细分为"作前"和"作后"两个环节,本文中的"作前指导"属于写作过程指导中的"作前"部分,即学生动笔完成写作前的过程指导,教学介入学生写作准备,从预习写作知识、储备写作素材,到课堂结合写作知识进行审题立意、选材组材、构思成文的过程指导。

4. 高中议论文写作作前指导教学模式。将其定义为:依据高中语文课程标准和写作教学理论,遵循学生认知规律,为完成规范议论文写作、提升逻辑思维和语言表达能力、培养审美情趣和文化感受力而建构的作前教学结构和教学活动程序。该定义涵盖了议论文作前指导教学模式的几个核心要素:一是理论依据,二是教学目标,三是典型可借鉴的教学程序,四是实现条件,五是教学评价。这五个要素之间有规律的联系就是教学模式的结构。

三、高中议论文写作作前指导教学模式

依据上文"高中议论文作前指导教学模式"概念中几个核心要素,下面从理论依据、功能目标、教学程序、实现条件、教学评价五个方面对其结构作具体阐述。

（一）理论依据

高中议论文作前指导教学模式以课程标准和写作教学理论为理论依据。课程标准关于议论文写作的学习目的与内容有如下表述:"学习表达和阐发自己的观点,力求立论正确,语言准确,论据恰当,讲究逻辑。"课程标准的规定应该作为建构议论文作前指导教学模式的理论依据和指导方向。语言、思维、审美和文化四大核心素养,可以通过议论文写作这一"语言建构与运用"的路径来落实。

写作过程是一个极为复杂的心理认知过程和创造过程,迄今为止,相关研究者对作前指导这一过程没能达成共识,特别是议论文作前指导这一领域缺乏权威的写作理论支持,有必要结合各家理论和教学实践来探究。结合美国的过程写作教学法的预写作、打草稿、修改、校订、发表五个阶段,胡新颖教授提出的"准备阶段、草稿阶段、修改阶段、分享阶段"主张,以及多位名师的教学课例,作前指导课应该体现"把写作当作过程来教"这一宗旨。

（二）教学目标

高中议论文写作过程指导课程教学目标定位为：在教学内容的选择和教学活动的设计上,体现"把写作当作过程来教"的宗旨,力求让内隐的思维活动通过师生外显的学习活动得到落实、获得提高,目标为学生掌握系统的议论文写作知识,提高说理及表达能力,提升思维能力和审美创造力。

（三）教学程序

以学生写作基础为教学起点,以学生写作思维成果为评价终点。将作前写作指导细分为六个环节。

环节一：确定教学目标,提供写作知识,布置学习任务。

说明：这一环节其实是课前预习阶段,教师确定教学目标,学生完成预习作业。

确定教学目标：遵循课程标准,在高中议论文写作教学课程的框架下,以学年要求达成的写作能力为目标,结合教材阅读教学内容及写作体系,确定本次写作教学内容。教学目标必须包含本次写作需要掌握的内容知识与需要达到的认知水平层次,并且要与绝大多数学生的认知实际相匹配,符合学生的学习经验和思维发展水平,关注学生差异但不随意拔高或降低课程标准的教学要求,从而体现教学目标的适切性。值得指出的是,教学目标须在教学活动的组织与实施过程中调整,与学生的写作体验相契合。

提供写作知识：写作内容知识包括三方面的内容：一是完成本次写作所需的写作概念、原理；二是完成本次写作所需的素材；三是呈现写作概念、原理的范文(酌情使用)。

布置学习任务：教师设计学习单来落实作前学习任务。学生完成写作知识、写作素材的相关任务,或针对作文题目列出提纲,或点评范文,并记录学习过程中的存疑。

环节二：衔接预习作业,重申学习任务,创设学习情境。

说明：环节二开始进入课堂学习阶段,是教学重点环节。

衔接预习作业：结合学习任务单布置的学习任务，通过预习作业了解学生完成此次写作任务的需求和问题，评价预习作业。

重申学习任务：重申学习任务旨在以任务驱动学习，让学生带着学习任务进入课堂学习情境。

创设学习情境：学习情境可以是问题、任务、活动等。展示文题，结合教学目标和预习存疑来创设问题或任务情境。学习情境应该有利于促进学生完成学习任务，引发思考，解决写作过程中的阻力点。

环节三：审读文题，明确论题。

说明：这一环节可以师生共同完成，也可以学生独立或小组讨论完成。

审读文题：审题要点包括确定作文材料涉及的范围、理清语句之间的逻辑关系、明确文题的核心词等。这一环节的教学难点是"理清语句之间的逻辑关系"，其中因果关系是所有文题需理清的一组关系，是立论的基础。教学重点是"明确文题的核心词"，它关系到论题的确定。一篇文章的主要观点中往往有一两个词语对全文的思路起统领作用，这一两个词语就是文章的核心词。核心词往往关联文题所涉及的现象或话题的因果，立论时须对论点中涉及的核心概念作出界定。

明确论题：在理清文题逻辑关系、明确核心概念的基础上，明确论题，提炼论点。作文题目限定了论题的范围，决定了议论展开的方向和途径，体现了材料作文限制性与启发性的特点。论题是议论的对象，它规定了议论的范围，而论点是作者针对议论对象所表达的观点和主张。论题与论点属于涵盖与被涵盖的关系。

环节四：运用思维支架，构思写作提纲。

说明：这一环节是教与学的重点与难点。重点是依据立论列出说理提纲；难点是运用思维支架，将写作知识内化并运用于说理。写作策略性知识主要包含两方面，一是思维方法，二是写作方法。思维方法是重点的教学目标，其中因果思维和辩证思维是难点也是重点。

运用思维支架：可以结合本次写作任务来运用作前预习的写作知识，比如对因果思维、对比思维、临界思维、辩证思维的理解及运用；或借助解析写作范文或阅读教学中的范文，分解运思过程，并借助思维支架将说理过程显性化。

构思说理提纲：调动学生思维能动性，理解思维支架的作用，突破写作的阻力点。这一环节要求学生独立思考或小组讨论，列出说理提纲。

环节五：交流写作提纲，基于目标互评。

交流写作提纲：这一环节交流展示课堂写作成果，在交流过程中教师的任务是判断学生对思维支架的掌握情况，发现运用中的阻力点并推断原因，寻求解决的办法；学生在交流中展示运用思维支架的成果，在倾听同学展示过程中观照自己的作品，借鉴同学的思路或技巧寻求解决存疑的方法。

基于目标互评：依据本次学习任务要达成的写作目标，通过交流课堂构思提纲进行生生互评，教师点评。教学以学生写作思维的学习为起点，以写作思维成果的评价为终点。

环节六：教师小结，布置作业。

教师小结：小结一要梳理本次写作任务可以借鉴的做法并进行提炼总结，以便迁移运用；二要对学生在运思过程中的障碍点进行点拨。

布置作业：根据写作任务要求，修订课堂构思的写作提纲，并完成写作。

（四）实现条件

1. 教师的作用

在作前指导课中，教师的作用主要是教学内容的选择、教学程序的设计、教学活动的组织与参与、运思过程存疑的解惑等。写作思维教学必须是师生双向互动的过程，写作思维教学过程要和学生写作思维的过程同步。教师应深入研究写作思维能力的本质构成和动作规律，按照写作思维能力的习得进程来安排教学过程；过程定位于写作内容知识、写作技能和写作认知策略之间的学习和相互转化。

2. 学生的要求

学生作为写作主体，要明确学习任务，在教师引导下参与写作的全过程，最后完成写作任务。通过学习知识、参与研讨、评价、写作训练，内化知识，提升思维品质和写作能力。学生要承担学习者、参与者、写作者、评价者等角色。

（五）教学评价

教学评价是实现本次写作任务、达成教学目标所依据的标准及其采用的形式。

评价标准：教学评价应与教学目标一致。教学目标是教师实施课堂写作教学的依据，具有监控与反馈教学成效的功能。

评价形式：教师是评价的主体，学生既是评价的主体也是客体。教学评价可采用课堂练笔、小组交流、展示写作提纲、生生互评、课堂答问等形式。评价应该贯穿教学的全过程。教师在课堂学习的每个环节检测学生在写作认知、写作技能和学科德育等方面是否达到了教学目标所预期的效果，以此检测教学目标的设定是否适切，以期调整、改进自己的教学。

上述的五个方面具有不同的功能，理论基础是作前指导教学模式的依据，对其他四个方面起导向作用；教学目标是教学模式的核心，引导和制约着教学模式的其他方面，规定着教学评价的标准；教学程序是作前指导教学实施的环节和步骤，可以依据学情和文题作调整；教学条件依据课程标准和学情进行优化组合，才能保证作前指导的教学效果；教学评价能帮助教师了解教学目标的达成情况，进而反馈和改进自己的教学。

当然，作前指导教学模式仍在探索阶段，需要在教学实践中不断地被实证、调整、完善，以发挥其可操作、可借鉴的优点。

案例：

探究因果，缘事析理

—— 运用因果思维说理作前指导

【教学对象】高二学生

【学情分析】根据评判事件或现象的思维路径，高中生易做"是非判断"，对于事件的从"利害得失判断"进而到"价值判断"的考虑不够，或对事例隐含的本质存在一定的认知困难；在"缘事"而"析理"的过程中，缺乏评判自己的分析及判断的自觉。因此，学习运用因果分析来"缘事析理"十分重要。

【教学目标】1. 认知并学习运用"探究因果"的分析方法。

2. 明晰"析理"的路径和遵循的原则。

〔设计说明〕教师需基于课标、根据学情进行写作教学内容的构建。教材中不少阅读文本可作为写作教学的经典范式，"作者思有路，遵路识斯真"，写作教学借由分析、还原作者的思维路径，在学习经典过程中巩固认知，借鉴写法，训练思维，期待"举三能反一"，在写作中迁移运用。

【教学难点】依据事与理之间"因"与"果"的必然关联来"析理"。

【教学预设】

环节一：明确学习任务，完成学习任务单。

〔设计意图〕提供阅读素材，旨在养成学生储备写作素材的意识；学习本次写作任务的写作知识，便于后期写作中运用；预读作文题目，完成相关作业；写下学习过程中的问题或存疑。

环节二：重申学习任务：探究因果，缘事析理。

〔设计意图〕明晰学习任务，以任务驱动学习。

环节三：创设学习情境，审读文题，确立论题。

1. 温故相关"缘事析理"语段，创设学习情境。

〔设计意图〕段落是篇章的组成部分，段落思维蕴含了作者的思维路径。选择的语段应遵循"因果思维"来分析事例，以小见大，总结出事件蕴含的普适性道理。"探究因果"是遵循事物因果必然关联的分析方法，为下一环节学习作铺垫。

2. 审读文题：关注事件的背景，区辨"事件"与"看法"。

〔设计意图〕引导审题，培养审读"事件类"作文题的能力，关注事件的背景，区辨"事实"与"看法"。

环节四：运用思维支架，学习运用"探究因果"的分析方法来析理，推究国人与孔子支撑各自"看法"的理由或依据。

1. 思考与写作：将思考结果写在学习单上。呈现思考结果，准备讨论。

〔设计意图〕学习运用"探究因果"的分析方法，加深认知，训练思维。析理的路径，首先是了解各方（国人与孔子）观点，并推断各方结论的合理性，为确立自己的观点提供支持。要求用文字表达旨在将模糊的思绪梳理清晰，体现写作的旨归，即准确、清晰且有逻辑地表达思想。

2. 交流与评价：评判"看法"与"理由"是否存在因果关联，探讨"析理"遵循的原则。

〔设计意图〕通过评判自己和同学的推断理由，探寻析理过程中"果"与"因"构成必然关联须遵循的原则，所"析"之理才经得起公众评估；同时养成说理不"偏执一方"，辩证分析判断事理及各方观点的意识。

3. 借鉴与运用：借鉴范文或同学习作或教师点拨，学习"由因推果"的分析方法，推断"子贡做法"可能造成的影响。

〔设计意图〕析理的路径，在辨析了各方的理由后，站在一个中立的立场来推断事件可能给关联的各方带来的后果或影响。明晰对事件判断不仅仅止步于"是非判断"，引导从"利害得失判断"进而到"价值判断"，进一步明晰：析理遵循事与理之间"因"与"果"的必然关联才有说服力。

环节五：课堂小结，明晰"缘事析理"的路径和遵循的原则。

〔设计意图〕依据自己运用因果分析方法的体验，经老师引导和同学启发，明晰"析理"应遵循的原则，提升迁移的能力。

环节六：布置作业，整理思路，提炼结论并列出支撑结论的理由。

〔设计意图〕强化巩固课堂学习内容的意识，养成说理过程中梳理思维、评估自己的判断后进一步完善的习惯。

环节七：(此环节视课堂情况生成)分享存疑：就学习内容存疑或由此引发的思考提问。

〔设计意图〕在学习过程中，思考相关联的问题或诱发新问题，养成"学在问中"的习惯，营造同学之间互相启发的氛围。

附：学习任务单

"探究因果，缘事析理"学习单

【学习目标】1. 认知并学习运用"探究因果"的分析方法。

2. 明晰"析理"的路径和遵循的原则。

【学习任务】

一、巩固认知

缘事析理，即透过现象分析事物的本质，用原因与结果的必然联系来推断事物蕴含的普适性道理，或证明结论的可信性。

原因和结果是揭示客观世界中普遍联系着的事物的先后相继、彼此制约的一对范畴。

探究因果，即从逻辑的因果关系探究事物本质的分析方法。路径为：由果溯因，揭示问题产生的原因，或推究支撑结论的理由，或推究事物成就的条件；由因推果，推断事物发展的趋向、结果或影响。

二、阅读下列文字，完成练习

《吕氏春秋》记载：鲁国有一条法规，如果国人从别国赎回沦为奴隶的鲁国人，国家将补偿其所费的赎金。富豪子贡赎回了几个奴隶，但不接受国家补偿，国人纷纷称赞他的做法，孔子却反对子贡拒领补偿的行为。

1. 推究国人称赞子贡做法的理由：①……②……③……

2. 推究孔子反对子贡行为的理由：①……②……③……

3. 思考："析理"的路径？"析理"遵循的原则？

三、时文阅读

1. "自他两利"的道德更有生命力（摘自 2012 年 2 月 24 日《长江商报》）

2. 拾金不昧该不该奖？（摘自 2012 年 2 月 14 日《北京晨报》）

3. 保护见义勇为需全国性立法（摘自 2015 年 3 月 12 日《法制日报》）

4. 道德模范人物在公民道德建设中的影响（摘自 2015 年 1 月 15 日《人民论坛》）

【我的存疑】

教学案例解析

本教学案例是运用因果思维进行说理的作前指导课，以此案例来阐释写作教学如何落实语文核心素养，并概括为以下四点：

1. 写作知识随写作过程来教与学。写作知识包括哪些、写作知识要不要教、要教哪些写作知识，这些问题存在争议，因此有实践与实证的必要。大多数教师"以为"学生上过阅读课便掌握了写作知识，写作教学时可以对写作知识"忽略不计"，其实这是高估了阅读教学的效能，也曲解了写作教学的任务。我比较同意叶黎明教授的观点："（写作）能力的培养离不开知识的教学。对中学生写作能力构成要素（内容、结构、语言）的分析，实际上也蕴含了对写作所需知识的概括。"我把它理解为：写作知识的教学应与写作过程同步。在本案例作前指导课上，我将完成写作任务需要而学生没能掌握的写作知识"缘事析理"、"因果关系"、"因果思维"布置在课前学习单上要求学生预习，课堂教学中结合作文题，融入"因果思维"的运思过程进行教学，让学生结合写作任务学习并运用写作知识,学以致用,在写作中掌握知识,提升能力。

2. 提供思维支架,学生在运用中提高写作技能。学生在探寻析理过程中思考"果"与"因"是否构成必然关联上存在困难,我提供的思维支架是:须遵循"人性、规律、规则"这些说理的原则,明晰"缘事析理"的路径,说理才有说服力。课堂设计的练笔、交流、点拨环节,就是理解支架、运用支架、清晰思路、迁移类化的过程。这一过程需要不断地反复训练,在训练中提升写作技能。

3. 在写作指导过程中培养学生的思维品质。写作是一种文体思维,写作教学的核心任务是教会学生写符合文体规范的作文,每次写作有具体的目标导向,教师必须介入学生的运思过程进行指导。教师通过知识讲解、教材范例分析、因果推理、课堂跟进的提纲练习、师生互评等教学步骤进行过程指导。这种写作过程的还原和写作思维的展示,为那些写作困难的学生提供了完成写作任务可依据、可操作的路径,学生在思维训练中说理能更缜密、更有逻辑性。

4. 开发写作课程资源与涵养品质同步。学生习作无话可写,或写得不好,从内容角度来说,一是缺少知识,二是缺少发掘与选择已有知识的方法。引导学生解决这两方面的问题,教师在开发课程资源上要有所作为。这里所指的写作课程资源包括两方面:一是学生写作的内容知识,即写作素材和作为提升认识的阅读材料,这点对应上文的"缺少知识";二是教师教学中运用的学习习作、教材范例和课外范文,这点解决上文的"缺少方法"。在课前学习单上,我提供了四则时评摘要,学生在阅读写作素材时,养成储备素材的习惯,提升认知社会与时代的能力,潜移默化中涵养审美情趣和文化素养。

分解教学内容:这一环节是教师对课堂每个环节教学内容的预设。过程写作教学法,将写作视为一个循环式的心理认知过程、思维创作过程和社会交互过程,写作者通过写作过程的一系列认知活动、交互活动,提高其认知能力、交互能力和书面表达能力。整个写作过程伴随着思考和发现,写作者的观点在这个过程中得以发现、形成、组合、修改、再修改,经过反复修改达到预期目标。所以,过程性指导把教学重点放在关注写作主体以及写作过程中各种策略的运用和认知活动上。教学程度和教学策略围绕着学生的写作认知规律和写作技能展开,最后以一定的测评手段对学生的写作能力进行评价。

（上官树红）

第五章

讲评课：在反思中成长

　　讲评课主要是以评讲学生作业、练习、试卷为主要目的的课型。如果说新授课是学习知识，复习课是巩固知识的话，那么讲评课则是通过对作业、练习、试卷的讲评实现对前两个阶段学习效果的评价。通过评价，确认正确的学习，纠正偏颇的学习，保证后续的学习。讲评课的课时虽然不多，但在课堂教学中的作用却不可低估。在讲评课中，讲与评是辩证统一的。评是对学生而言的，讲是对知识而言的。立足于评，才能展开来讲；评得到位，才能讲得彻底。只评不讲，评价不具体；只讲不评，讲解无方向。因此，在讲评课的课堂教学过程中，教师要根据不同的讲评材料，运用不同的教学方法，进行有效的横向比较、纵向贯通、深层挖掘或变式训练，以拓宽视野、深化理解；同时要指导学生大胆质疑、深入思考，进一步激发学生的学习兴趣和热情。

1　"三阶段七环节"生物讲评课
教学模式的构建

　　"三阶段七环节"讲评课教学模式,是一种基于课程标准,让学生经历"主动参与、自主建构知识网络、主动总结学习方法、积极迁移"的过程,实现学生更高层次的知识内化与教师更高层次的有效教学,建构"学生知其然,也知其所以然及迁移运用"式的核心素养能力提升的教学模式。

一、构建背景

　　高三进入第二轮复习后,基层学校教学除了每周测验一次外,还要进行月考、兄弟学校联考、模拟考等。试卷讲评课占大量课时,讲评课效率制约着考试的作用与二轮复习效果,通过考试检测出的教学不足与学生知识欠缺,可以通过讲评课进行纠正、补充、强化,可以通过讲评课教给学生解题方法、技巧、逻辑思维,培养学生发现问题、解决问题及综合运用等能力。但是目前基层学校讲评课仍然存在诸多问题。

(一)现有问题

1. 讲评课老师一言堂,学生参与度不够,缺少互动

　　教师一言堂,缺少学生主动参与,往往是因为课堂时间有限,有些教师为了赶时间,赶进度,从头讲到底,虽然老师讲解很清晰,但是学生缺乏参与,缺乏和教师的互动,长久以往,势必形成学生被动接受的习惯,而缺乏主动思考的过程,教学效果可想而知。这种教师忽视学生的主体地位的情况,使得学生不能真正参与到教学活动中,缺乏主动学习与思考,学生自然也就不理解答案的实质,只能死记硬背,最后也达不到很好的效果。

2. 试卷讲评无针对性，一堂课不分重、难点从头讲到尾

讲评试卷时，教师常常会一股脑地从头讲到尾，逐题讲评，没有重、难点。有的教师在讲评课上每道题目都讲评，平均用力，不分主次，一份试卷讲评课花了好几节课的时间，但是收效甚微。学生的错误有些是共性的，有些是个性的，只有做了详细的试题得分率统计，才能了解共性和个性的问题，在讲评课上才能有的放矢。缺乏针对性，往往会浪费大量的时间。没有知识点归纳和规律总结的讲评课，学生对一些技巧性的题目没有掌握答题技巧和解题规律，只是浅显地学了一点简单的方法，这在以后的考试中还会暴露出同样的问题。

3. 就题论题，缺少解题方法、解题技巧、解题规律的讲解

部分教师分析错题时只是针对该错误题目讲解，而缺少对错误的根本原因的分析，也缺乏对同类型题目的解题规律的总结。

4. 讲评课没有体现出引导作用

讲评课重点在评而不在于讲，重点在引导学生评。评的过程着重于学生思维的碰撞，错误想法的暴露，优秀解法的推广和交流。

5. 讲评课变批评课

当学生考试成绩没有达到教师的预期目标时，有些教师没有冷静地分析自身的原因，而是一味地强调学生主观上的不努力、不刻苦，觉得只有这么说，才会激励学生勤奋学习。学生普遍的失分点应该是教师教学上的薄弱环节，教师应反思自己教学上存在的问题，多发现学生的闪光点，多激励，多表扬，激发学生的学习热情。

6. 讲评课后缺少针对性的反馈练习

有些教师经常抱怨学生："这道题目我已经讲过很多遍了，还有同学做错!"学生为何一错再错？因为教师在讲评结束后，没有针对性地设计习题巩固，也没有要求学生整理错题，学生只是在课堂上听了一遍，当场听明白了，但是没有内化为自己的知识体系。随着时间的推移，再碰到类似问题时依然会出错。

7. 学生解题不规范

答题规范是提高试卷准确率的一个重要方面，然而不少学生总是因为答题不规范而丢了分数，学生总会很苦恼，为什么明明已经理解了题意，明明答案也写了很多，但就是得不到分数，于是心里总是会不太舒服。

为了提高高三教学的有效性，培养高三教师的教学能力，最大限度提高教学成绩，

非常有必要进一步提高讲评课效率。为此进行了高三生命科学二轮复习讲评课模式研究。

(二)构建"三阶段七环节"讲评课模式的理论依据

本模式的理论是以皮亚杰、布鲁纳的理论为基础的建构主义教学理论。核心观点是:学习的实质在于主动地形成认知结构。认知结构是指由人过去对外界事物进行感知、概括的一般方式或经验所组成的观念结构。学习者不是被动地接受知识,而是主动地获取知识,并通过把新获得的知识和已有的认知结构联系起来,积极地建构其知识体系。

(三)教学目标

引导学生手脑并用,让学生参与教学过程,在亲自参与的过程中发现问题、感受问题、解决问题,不断地巩固强化知识,建构更高层次的能力知识体系;让学生在面对问题、分析问题和解决问题的过程中,实现从意义建构向能力生成的跨越。

(四)模式模型

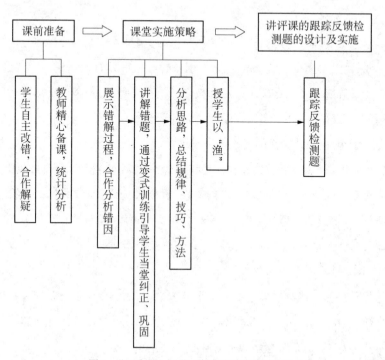

图1 "三阶段七环节"讲评课教学模式模型

二、讲评课的具体操作程序

（一）课前准备

在讲评课前，可要求学生做好错因分析，教师也应有侧重地仔细备好课。

1. 学生自主改错，合作解疑

在讲评课之前，学生需先行"诊断"出自己试卷中错误的原因。学生自我诊断往往能得到最真切、最具体的反馈信息，是端正学习态度、改进学习方法、提高学习效率的重要途径，也是形成自学能力的重要因素。

为了提高诊断的准确性，可印制如下"自我诊断表"，指导学生进行自我诊断。

_____月_____日诊断表

应得分		实得分	
题号		错误原因	
解题思路：			

教师检查时，可视具体情况写出简短评语。解题思路不要求学生一定写出，多数学生分析不出的，正是教师上课讲评的重点题目；少数学生分析不出的题目，可作个别指导。

2. 教师精心备课，做好以下几个方面的工作

（1）统计分析

对试题，主要统计各题得分率，各分数段人数以及典型错误，错误的根源，有创见的新颖解法等；对学生，则应统计本次考试中进步幅度较大或偶然有失误的学生，基础题解答好而中高档题解答不佳的学生，或者中高档题解答尚可，而基础题解答失误较多的学生等。总之，数据掌握越准确，评讲就越有针对性，效果就越佳。

（2）错因分析

与学生的错因分析不同，教师要对正答率较低的题目仔细分析原因：究竟是属于教学中知识点的遗漏，还是没有讲解透彻；是学生不理解，还是对知识记忆不够准确，或是考虑问题不够深入等。既要分析"教"，也要分析"学"。

（3）精心设计

试卷讲评课要同其他课型一样，突出重点，集中力量切实解决某个或几个主要问题，讲评要讲在关键处，讲在难点处，使学生通过一节讲评课在某些问题的认识上有所突破、提高。特别是多数学生普遍存在的典型错误，一定要"刨根问底"找出错误的原因，对症下药。

（二）课堂实施策略

1. 展示错解过程，合作分析错因

将一些错解的过程或答案以投影的形式展示出来，然后让学生去分析、讨论，找到通病和典型错误，教师有针对性地引导学生辨析，探究正确思路，做到纠正一例，预防一片。当然，有时备课中未预设的问题，也可以由做错的学生讲解其思路，再由全体学生诊断其错误的原因。

例如：

已知某人的精原细胞中有 26 对等位基因，不考虑交叉互换，该人形成精子的基因组合类型最多为（　　）

A. 2^{26}　　　　　　B. 2^{23}　　　　　　C. 26^2　　　　　　D. 23^2

本题很多学生误选 A。当请一位同学讲解其思路时，她很干脆地讲："n 对等位基因，能形成配子的种类有 2^n 种。"很多同学也赞同她的观点。这时，引导学生分析"n 对等位基因，能形成配子的种类有 2^n 种"的前提条件是什么。发现学生还是茫然没有思路，又进一步引导：若这 n 对等位基因位于一对同源染色体上，能产生几种配子呢？学生恍然大悟，这个结论的前提是这 n 对等位基因位于非同源染色体上，而人的精原细胞总共才 23 对同源染色体，所以虽然有 26 对等位基因，但仍只能产生 2^{23} 种配子。

2. 对试卷中的一些典型错题，通过变式训练引导学生当堂纠正、巩固

很多试题会给人一种似曾相识的感觉，很多学生由于思维定式而造成失分。教师不妨把原题加以变化，进行变式练习，如改变题设部分的某一条件，变换问题情境，变换设问方式，还可以重组综合。对知识点从多角度、多层次地发散，充分调动学生解题的积极性。

例如：

假设一段 mRNA 上有 600 个碱基，其中 A 150 个，G 250 个，那么转录成该 mRNA

的 DNA 分子片段中的 C 和 T 的个数共有(　　　)

    A. 150 个　　　　　　B. 250 个　　　　　　C. 400 个　　　　　　D. 600 个

在讲完本题后,教师可将题目作些变动。

变式一：此信使 RNA 控制的蛋白质的氨基酸数目最多有多少?

变式二：此信使 RNA 控制的蛋白质的氨基酸种类最多有多少?

变式三：此信使 RNA 控制的蛋白质的合成原料,就高等动物而言有哪些来源?

变式四：此合成和翻译过程涉及几个相关结构或条件?

变式五：此合成和翻译过程体现几种配对关系?

请你回答以上问题,你还做过类似的相关题目吗? 如果有,请写出来。

题目经过如此加工和挖掘,极大地丰富了原题目的内涵,扩大了知识的覆盖面,深化了所学的知识。这样讲评试题,能加深学生对知识的理解,把握解决问题的一般规律,促进学生把课内外知识灵活地运用到解题中去,无形中也开阔了学生的视野,培养了学生的思维能力,收到了事半功倍的效果。

3. 分析思路和规律,提高解题能力

在讲评中教师不能简单地对答案或纠正错误,而应时刻做好解题思路的示范,要将严谨、富有逻辑性的解题思路清晰地展现在学生面前,引导学生认真分析题意,理清要求和条件,使学生在解题思路、方法和规范要求等方面受到启发,培养他们的辨别和分析能力。

4. 注重解题技巧总结,授学生以“渔”

习题、试卷讲评时,教师要善于将题型分类,总结解题方法和技巧,并引导学生小结归纳。例如在曲线题的讲评时,可引导学生总结生物坐标曲线题的解题思路,具体步骤如下：一看该坐标图中纵、横坐标的含义、关系;二看坐标曲线图中曲线的起点、转折点、顶点、终点、交叉点,并进行分析,理解特殊点的生物学含义,若为多重变化曲线图,则应以行或列为单位进行对比、分析,揭示其变化趋势;三看坐标曲线图中曲线的走向、变化趋势。

(三) 讲评课的跟踪反馈检测题的设计及实施

1. 讲评过程中增加高水平的思维活动

问题应该有发展性,从新、旧知识的契合点和学生现有发展水平出发,引发学生心理认知冲突,创设最近发展区。

例如 2011 年上海高考 46 题:

若其他条件不变,温度上升至 27℃,CO_2 补偿点将_____(答案:升高)。

引导学生分析:较弱 CO_2 浓度条件下,光合作用主要受 CO_2 浓度限制,温度升高可以明显增强呼吸作用,从而使 CO_2 补偿点右移。在分析完原题的基础上,可以增加变式,如"在一定温度条件下,适当增加 CO_2 浓度,光补偿点为何基本不变? 在一定 CO_2 浓度条件下,适当升高温度,光补偿点为何向右移动?"引导学生分析理解:较弱光照条件下,光合作用主要受光照强度限制,对一定范围内的温度和 CO_2 浓度变化不敏感,而温度升高却可以明显地增强呼吸作用。

变式训练:

若下图曲线表示某植物在 30℃ 时光合速率与光照强度的关系,并且已知该植物光合作用和呼吸作用的最适温度分别为 25℃ 和 30℃,那么在原有条件不变的情况下,将温度调节到 25℃,曲线 A,C,D 三点位置如何移动? _____。

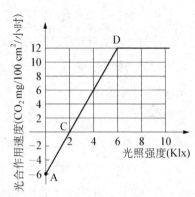

(参考答案:A 点上移,C 点左移,D 点向右上方移)

2. 克服审题惰性,提高生物学解题效率

讲评课中,发现部分学生存在审题惰性,总希望教师直接说出解题方法。究其原因,依赖性、思维误区以及畏惧新题型可能是主要问题。因此,教师在解答学生问题的同时,要帮助学生形成良好的审题习惯,提高审题能力。

常有学生拿来一道做错的题目,往教师面前一摆:"老师,这道题目不会做。""为什么不会? 哪里不会?"当问及具体不会的原因时,学生常来一句"都不会"。面对过分依赖教师的高中生,教师要有意识地培养学生独立学习的能力。平时讲评试卷时,除了多讲做题思路和答题技巧外,还有多注重审题方法的指导。在辅导学生时,要充分留给学生再审题的时间,先让学生自我分析,能分析多少是多少,让其暴露出审题障碍,然后再给以引导。

例如:

某同学欲测定植物叶片叶绿体的光合作用速率,做如图所示实验。在叶柄基部做环剥处理(仅限制叶片有机物的输入和输出),于不同时间分别在同一叶片上陆续取下面积为 1 cm² 的叶圆片烘干后称其重量，测得叶片的光合作用速率＝$(3y-2z-x)/6$ g·cm⁻²·h⁻¹（不考虑取叶圆片后对叶生理活动的影响和温度微小变化对叶生理活动的影响）。则 M 处的实验条件是（　　）

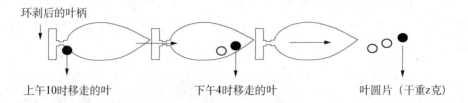

上午10时移走的叶　　　　下午4时移走的叶　　　　叶圆片（干重z克）

A. 下午 4 时后将整个实验装置遮光 3 小时

B. 下午 4 时后将整个实验装置遮光 6 小时

C. 下午 4 时后在阳光下照射 1 小时

D. 晚上 8 时后在无光下放置 3 小时

学生拿到这道题目时常常有无从下手的感觉，所以在教学中笔者对题目进行了改编：

某同学欲测定植物叶片叶绿体的光合作用速率，做如图所示实验。在叶柄基部做环剥处理（仅限制叶片有机物的输入和输出），于不同时间分别在同一叶片上陆续取下面积为 1cm² 的叶圆片烘干后称其重量（不考虑取叶圆片后对叶生理活动的影响和温度微小变化对叶生理活动的影响）。

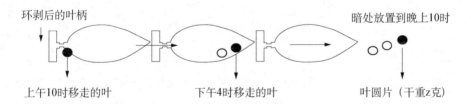

上午10时移走的叶　　　　下午4时移走的叶　　　　叶圆片（干重z克）

引导性问题：

1. 上午 10 时到下午 4 时叶圆片积累的有机物量？净光合速率？

2. 下午 4 时到下午 10 时叶圆片消耗的有机物量？呼吸速率？

3. 叶圆片的光合作用速率？

通过这些铺垫，学生再回到原题就有了一定的解题思路，但还是容易做错，往往错选 B。选错的原因是学生想当然地认为"上午 10 时移走叶圆片"到"下午 4 时移走叶圆片"相隔 6 小时,而遮光处理也应 6 小时,学生没有深究题干中"测得叶片的光合作用速率 $= (3y-2z-x)/6\,g\cdot cm^{-2}\cdot h^{-1}$"这句话。此时,可先让学生说明选 B 的理由,暴露其审题误区,然后引导学生回顾知识:实际光合作用 = 净光合作用 + 细胞呼吸。再让学生明确该实验中哪一步测净光合作用,哪一步测细胞呼吸。计算出净光合速率 $= (y-x)/6$、细胞呼吸速率 $= (y-z)/M$(设遮光处理 M h),再根据公式代入:$(y-x)/6+(y-z)/M=(3y-2z-x)/6$,即可求出 M 了。

在学习中,只有真正理解和加上自己思考后的东西才记得最牢。因此,在指导学生学习时,无论是新授课,还是习题讲评课,都要留给学生更多的思考空间和时间,鼓励学生多动脑,让学生养成遇问题先思考的好习惯。

3. 克服思维定势,提高解题准确性

解题思维定势具体地说是指已习得的知识造成对当前学习活动的倾向性,它使学生以比较固定的方式去解题。情境不变,定势能使学生提高解题速度;一旦情境发生变化,思维定势则会阻碍学生采用新方法解题。

例如:

某哺乳动物的一种成熟细胞不含有 DNA。下图中能正确表示在一定 O_2 浓度范围内,K^+ 进入该细胞的速度与 O_2 浓度关系的是(　　　)

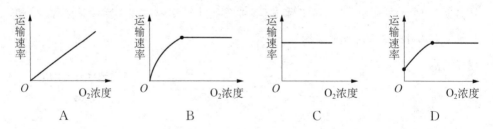

很多学生都选 B 或 D,理由是离子进出细胞一般是主动运输,而主动运输需要能量,能量由细胞呼吸提供,随着 O_2 浓度的增加,有氧呼吸增强,提供的能量就越多,运输速度增加。该题若没有"某哺乳动物的一种成熟细胞不含有 DNA"这句话,则应该选 D。有了这句话就等于限定了条件,是特指哺乳动物成熟的红细胞,该细胞进行的是无氧呼吸,与 O_2 浓度没有关系,所以选 C。学生受先前做题经验的影响,套用以往的解题思路,认为离子进出细胞的方式是主动运输,确实没错;可提供能量的方式由有氧呼吸和无氧呼吸,虽然绝大部分细胞是有氧呼吸,但特定情况要特殊分析。因此,教师在平时讲题时应创设能够提供自由思维空间的情境,鼓励学生从不同角度进行思考,如该题可变换题干内容,把"某哺乳动物的一种成熟细胞不含有 DNA"改为"动物的神经细胞"、"植物的根尖成熟区细胞"等,让学生跳出审题误区。

4. "旧题新做"——关注细微之处的改变

近年高考对遗传规律的考查很少直接考查遗传规律,要么是有致死遗传,要么是环境或性别对基因型表达的影响,要么是 $9∶3∶3∶1$ 的变形,F2 中的 $9∶7$、$9∶6∶1$、$15∶1$、$9∶3∶4$ 等比例都是 $9∶3∶3∶1$ 的变形,都是用孟德尔定律这个"旧瓶"来装各种"新酒"。

如 2012 年上海高考 30 题：

某植物的花色受不连锁的两对基因 A/a、B/b 控制,这两对基因与花色的关系如图所示,此外,a 基因对于 B 基因的表达有抑制作用。现将基因型为 AABB 的个体与基因型为 aabb 的个体杂交得到 F1,则 F1 的自交后代中花色的表现型及比例是(　　)

A. 白∶粉∶红,$3∶10∶3$

B. 白∶粉∶红,$3∶12∶1$

C. 白∶粉∶红,$4∶9∶3$

D. 白∶粉∶红,$6∶9∶1$

变式训练 1：

某种观赏植物($2N＝18$)的花色受两对等位基因控制,遵循孟德尔遗传定律。纯合蓝色植株与纯合红色植株杂交,F1 均为蓝色;F1 自交,F2 为蓝∶紫∶红＝$9∶6∶1$。若将 F2 中的紫色植株用红色植株授粉,则后代表现型及其比例是(　　)

A. 紫∶红＝$3∶1$ B. 紫∶蓝＝$3∶1$

C. 红∶紫＝$2∶1$ D. 紫∶红＝$2∶1$

变式训练 2：

玉米籽粒有白色、红色和紫色,相关物质的合成途径如下图。基因 M、N 和 E 及它们的等位基因依次分布在第 9、10、5 号染色体上。现有一红色籽粒玉米植株自交,后代籽粒的性状分离比为紫色∶红色∶白色＝$0∶9∶7$,则该植株的基因型可能为(　　)

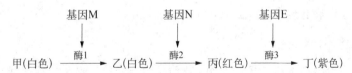

A. MMNNEE　　　　B. MmNNee　　　　C. MmNnEE　　　　D. MmNnee

在做题时,如果遇到的是新题一般会认真对待,但如果遇到"熟题",则往往会放松警惕。但是,要注意出题者往往会在"熟题"中作些细小的改变,这是最可能出错的地方。

5. 典型选择题的原题及变式训练

例如 2012 年上海高考 2 题:

如果图 1 表示纤维素的结构组成方式,那么符合图 2 所示结构组成方式的是(　　)

图1 ─○○○○○○○○○─

图2 △□△◇◇○△□◇△

① 核酸　② 多肽　③ 淀粉

A. ①②　　　　B. ②③　　　　C. ①③　　　　D. ①②

变式训练 1:

生命科学常用图示表示微观物质的结构,图 1—3 分别表示植物细胞中常见的三种有机物,则图 1—3 可分别表示(　　)

图1 ○□◇○△○△⬠◇

图2 ○□◇○△□△○△

图3 ○○○○○○○○○

A. 多肽、RNA、淀粉　　　　　　　　B. DNA、RNA、纤维素

C. DNA、蛋白质、糖原　　　　　　　D. 蛋白质、核酸、糖原

变式训练 2:

右图表示一酶促反应过程。它所反映的酶的某一特性以及字母 a、b、c 最有可能代表的物质依次是(　　)

A. 高效性、蛋白酶、蛋白质、多肽

B. 专一性、淀粉酶、淀粉、麦芽糖

C. 专一性、麦芽糖酶、麦芽糖、葡萄糖

D. 高效性、脂肪酶、脂肪、甘油和脂肪酸

变式训练 3:

右图表示一酶促反应过程。它所反映的酶的某一特性以及字母 a、b、c 最有可能

代表的物质依次是（　　　）

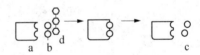

A. 高效性、蛋白酶、蛋白质、多肽

B. 专一性、淀粉酶、淀粉、麦芽糖

C. 专一性、麦芽糖酶、麦芽糖、葡萄糖

D. 高效性、脂肪酶、脂肪、甘油和脂肪酸

三、"三阶段七环节"讲评课教学模式的注意事项

（一）讲评要及时

考后及时总结、反思是提高效率的重要因素。学生完成一份生物试卷经历了从识记理解到应用表达的复杂的思维过程，他们对于自己的劳动成效是非常关注的。若把试卷发放和讲评安排在考试过后一个星期甚至更久之后，那此时学生解题时产生的思维火花早已消失，能够刺激学生的也就只剩下分数了。

（二）给予学生充分的激励

讲评课不是"批评课"，一堂好的讲评课，首先应该是发现学生已经学会了什么，并通过讲评肯定学生的成绩，鼓励和表扬学生的进步，进而充分调动各类学生学习生物的积极性、主动性。

（仲桂兰及高三课题组）

2 评价范式变革下的教师评价素养

"教育评价"的概念最早是由美国俄亥俄州大学教授泰勒提出的,泰勒认为,教育评价就是确定教育目标在实际上达到何种程度的过程。现代教育评价学就是在泰勒理论的基础上诞生、形成和发展起来的。[①]

本文先理清教育评价范式的变革,在分析现代评价范式特征的基础上,提出现代教师的评价素养的职业要求。

一、教育评价范式沿革

在对教育评价范式发展的研究中,广为学界认可的是美国著名教育评价专家库巴和林肯在《第四代评价》提出的教育评价的"四代论",是分别以测量、描述、判断与建构为特征的评价范式。

1. 基于测量的评价

19世纪末至20世纪30年代,由于测量理论的发展,教育评价的目的主要是对评价结果的数量化与客观化。这一时期,评价的中心工作是编制测验量表以测量学生的一些心理技能与特征,被称为评价历史上的"测量时代"。客观式测验和常模参照测验在解决学力测验的标准化和客观化方面取得了很大的进展。但教育测量以收集客观数量化的教育资料为主旨,对数据的教育意义不够重视,评价服务于教育,评价的最终目的是判断教育达到目标的程度,于是,以描述教育目标与教育结果的一致程度为主要任务的教育评价出现了。

---

① 蒋建洲. 发展性教育评价制度的理论与实践研究[M]. 长沙:湖南师范大学出版社,2000.

2. 基于描述的评价

20 世纪 30 年代至 20 世纪 50 年代，泰勒评价模式的产生及应用，启动了描述性范式评价，评价目的不仅仅是测验，而是描述教育目标与教育结果的一致程度。泰勒研究小组明确提出了不同于测量概念的评价概念与实施步骤，对教育评价领域产生了深刻的影响，被归纳为"泰勒评价模式"。泰勒评价模式强调，"评价不是为了评价而评价，而必须是为了更好地达到教育目标的评价"，这种观点使评价行为有了目的性和计划性，提高了评价的功效，为多数人所接受和运用。但教育过程是复杂的，除了很多可以被量化的行为与结果，还有很多难以被量化的行为与过程，显然，泰勒评价模式并没有覆盖它们。

3. 基于判断的评价

20 世纪 50 年代末，美国实行教育改革，教育评价范式也发生了变化，评价涉及了"价值判断"，而且还把它作为评价工作的关键。在这个时期，评价者不仅要运用一定的测量手段去收集各种参数，而且还要制定一定的判断标准与目标。美国教育学家克隆巴赫认为：评价者不仅应检验教育目标达到的程度，更应关心教育的决策；评价的重点应放在教育过程之中而不是结束之后；评价不是决定优劣的过程，而是收集和反馈信息的过程。美国著名教育评价专家斯塔弗尔比姆认为"评价最重要的意图不是为了证明，而是为了改进"，他提出了以决策为中心的 CIPP 评价模式，通过找出"实际是什么"与"应该是什么"之间的差异来为决策者服务。这一时代评价的显著特征是用一定的标准去衡量所得结果是否达到了既定目标，并作出"价值判断"。

4. 基于建构的评价

20 世纪 80 年代，以"回应"和"协商"为重要标志的"建构"范式评价登场。评价提出了"共同建构"、"价值多元化"、"评价中的伦理道德问题"等评价思想；主张评价应该在自然情境下进行，更多地使用质性评价的方式，而不能为了追求评价的精确失去了评价应有的深度和意义。在价值观多元化的社会里，评价活动就需要综合考虑如何融合或沟通各方利益相关者的意见。其主旨是反对评价中的管理主义倾向，主张重视评价利益相关者的价值观，提倡在自然主义的情景下，运用建构主义探究方法，充分听取不同方面的意见，组织协商，促进共识的达成。①

---

① 卢立涛.测量、描述、判断与建构—四代教育评价理论述评[J].教育测量与评价,2009:3.

二、现代教育评价范式特征

从教育评价的发展沿革可见,以往的教育评价范式主要由以心理测量学作为学科背景的测量专家为主体,教师、学校管理者、政策制定者很少被要求具有评价素养。随着新评价范式的出现,教育评价回到它的本原,现代教育评价范式的评价特点有:

1. 评价是教学的一个重要组成部分,评价的目的是适合于高质量的学习并用以促进学习。

2. 评价有清晰的评价标准。标准的理解不应只是教师的事,也应当是学生的事。评价越来越多地被当作提高学生成就乃至于教育改革的杠杆,国际、国家、地方、学校层面的评价不断增加。

3. 教师评价是评价的核心成分。评价应能支持学生的学习并为之提供支架,教师应能评价多种情境中的表现。"真实性评价"、"表现评价"等新型的评价方法应运而生。

在这样的变革中,评价素养的内涵发生了变化,基于新的教育评价文化的评价素养观正在出现,而作为教育评价的最重要的实践者的教师的评价素养也开始受到广泛的关注。①

三、教师需要具备的评价素养

对这个问题,美国学者斯蒂金斯根据不同相关者划分了三个层次的评价素养人群:一是功能性评价素养人群,如学生、家长及利用数据进行决策的政府官员等;二是实践性评价素养人群,如教师、校长、咨询者和教师培训者等;三是高级素养人群,如测量和评价领域的所有专家。其中对实践性素养的界定为:他们知道自己所作的决策、这些决策如何影响学生以及哪些数据有助于教学决策;深入理解可靠数据的特征、影响数据质量的因素以及避免评价中的错误策略;能够开发并运用三种基本的评价类型(纸笔测验、表现性评价、直接交流)来生成高质量的评价信息,知道并理解各种评价类型的优势和局限性,并确保这些评价的合理性。

从教师的日常评价实践来看,教师大多数时间都花在课堂评价上,很少参与外部

---

① 王少非.教育评价范式转换中的教师评价素养框架[J].教师教育研究,2009;21(02).

评价,但不能说教师就不需要外部评价素养。教师评价素养,应以课堂评价为主,兼顾外部评价,外部评价素养以正确理解外部评价以及合理利用评价结果为主,课堂评价素养应从课堂评价的质量标准来解读和建构。[①]

基于以上对教师的教育实践工作的分析,本文提出教师需要具备的四个方面的评价能力:基于目标设计评价方案的能力、选择评价方法与开发工具的能力、综合评定与解释评价结果的能力、运用评价结果改进教学的能力。

1. 基于目标设计评价方案的能力

(1) 教师能准确地将课程标准的课程目标转化为具体的教学目标。

(2) 教师能准确地将教学目标中学生所要达到的行为表现转化为学业目标。

(3) 教师能依据所要评价的学业目标按不同层次设计相应的评价方案。

评价是教学的一个部分,评价对教学起着引导、监控和改善的作用。教师要保证评价设计先于教学设计,以评价来引领教学,保证学业目标、教学目标和评价目标的达成及一致性。

2. 选择评价方法与开发工具的能力

(1) 教师能根据学业目标选择恰当的评价方法。能合理运用纸笔测验、表现性评价、家庭作业和口头交流等多元评价方式,保证方法与目标的匹配。

(2) 教师能根据特定的目标开发评价工具。能熟练地运用双向细目表编制试题,合理地设计表现性任务与评分规则,开发高质量的能够评定学生真实表现的评价标准,有效地收集准确的信息。

3. 综合评定与解释评价结果的能力

(1) 教师能运用分数、等级与评语相结合的方式全面描述学生的学习情况,以真实、准确地反映学生的学业情况。

(2) 教师能解释和管理教学过程的评价结果及其相关程序,便于以后的比较与解释。

(3) 教师能合理地解释外部评价结果,教师应能读懂外部评价结果呈现的各类数据,并能与评价目的联系起来解释考试结果。

4. 运用评价结果改进教学的能力

(1) 教师能利用过程性评价信息诊断学生的表现,为学生提供发展性建议或针对

① 郑东辉.教师评价素养内容框架探析[J].教育科学研究,2010:10.

性的学习辅导,鼓励学生为取得更好的表现而努力。

(2)教师应能运用评价结果反思自己的评价方案、教学计划、教学过程以及成效,规划和改进后续的课程、教学和评价,提升教学与评价质量。

(3)教师能采用不同的方式向学生及其家长解释评价结果的含义,并以学生及其家长能理解的方式进行交流与沟通。

除此之外,教师需注意评价偏见和伦理问题,教师应当保护学生在评价中的隐私,避免评价任务与程序上的偏见,确保评价的公正和公平。

(何穗)

3　初中物理单元复习课教学模式

复习课是教学过程中一种非常重要的课型，一个单元的新授课结束，学生恰需要通过复习，梳理知识，使知识系统化和网络化，加深对知识的理解，提升分析问题、解决问题的能力。

在参与上海市教育科研重点项目"基于课程标准教学的区域性转化与指导策略研究"的实验中，我们尝试将"三维多元聚合"课堂教学范式运用于初中物理单元复习教学，以提升学生解决真实问题的能力为目标，最终形成了"解析—设计—拓展"三阶段的教学模式，其结构图如图所示：

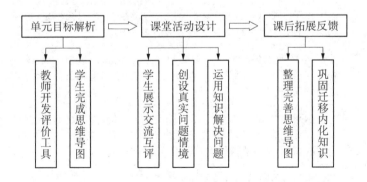

一、"解析—设计—拓展"三阶段的初中物理单元复习教学模式及评价的实施

单元复习的教学任务主要是帮助学生理顺知识结构及关系，达到深化理解和灵活运用的水平。所以教师首先应该解析单元教学目标，当有明确的表现性目标时，才能更好地观察学生的反应。

1. 第一阶段：解析教学目标

解析教学目标的基本步骤是：分析初中物理课程标准中教学目标的句型结构和关键词；剖析和扩展关键词（行为动词和核心概念）；建构关键词之间的结构关系图；细化出适合学生的教学目标。清晰的单元复习目标能帮助教师更好地设计出表现性评价量规，量规中的评价证据包括表现性任务（思维导图）、学生的展示、学生对他人的建议、小组交流、师生对话等。

我们这里提到的思维导图是指由华东师范大学现代教育技术研究所"思维可视化教学体系"研究团队提出的"学科思维导图"，它更强调概念与概念之间的逻辑关系，而且要求每个概念之间必须要有清晰明确的逻辑关系，这样才能用引导线将其连接起来，而不会画出没理由的连接线。这需要学生把习得的繁杂新知进行分类、归纳、整理，把具体的问题抽象化、重点的知识结构化，这是一个开放性及能力要求可逐步升级的任务。所以在布置任务之前，我们可以先把评价量规告诉学生，充分发挥评价的诊断功能、导向功能和激励功能。

初中物理复习课评价量规

评价环节	评 价 要 素	等第
自主建构物理学科单元思维导图	能说出单元的各课课题、主要知识点或关键词。	D
	能说出单元的各课课题、主要知识点或关键词，能运用类比、推理、判断、归纳、抽象等思维方法把知识点连成板块。	C
	能说出单元的各课课题、主要知识点或关键词，能运用类比、推理、判断、归纳、抽象等思维方法把知识点连成板块，能找出各板块知识之间的联系。	B
	能说出单元的各课课题、主要知识点或关键词，能运用类比、推理、判断、归纳、抽象等思维方法把知识点连成板块，能找出各板块知识之间的联系，自主建构的单元思维导图富有创意。	A
小组交流，自主梳理知识结构	能在小组内清晰表述自己的思维导图。	D
	能在小组内清晰表述自己的思维导图，能发现他人思维导图中的不足。	C
	能在小组内清晰表述自己的思维导图，能发现他人思维导图中的不足并提出正确的修改建议。	B
	能在小组内清晰表述自己的思维导图，能发现他人思维导图中的不足并提出正确的修改建议，该同学的单元知识思维导图被选为小组代表。	A

（续表）

评价环节	评 价 要 素	等第
运用知识解决真实问题	能参与课堂讨论，能从真实情境的问题中发现研究对象。	D
	能积极参与课堂讨论，能从真实情境的问题中发现研究对象，能对研究对象进行正确的状态分析（受力或初温等）。	C
	能积极参与课堂讨论，能从真实情境的问题中发现研究对象，能对研究对象进行正确的状态分析（受力或初温等），能对研究对象的运动过程或状态变化建构模型。	B
	能积极参与课堂讨论，能从真实情境的问题中发现研究对象，能对研究对象进行正确的状态分析（受力或初温等），能对研究对象的运动过程或状态变化建构模型，能运用物理规律分析物体的运动或状态变化。	A
课后知识巩固、拓展、提高	完善个人的单元复习思维导图。	D
	完善个人的单元复习思维导图，能按时完成课后巩固练习。	C
	完善个人的单元复习思维导图，能按时高质量地完成课后巩固练习。	B
	完善个人的单元复习思维导图，能按时高质量地完成课后巩固练习，能总结建构思维导图的方法为后阶段学习提炼经验。	A

2. 第二阶段：课堂活动设计

复习课活动的设计同样是以目标为导向的，知识网络的梳理是为了能更好地运用技能和方法解决真实的物理问题，从而初步形成物质观、能量观及相互作用观，初步具有物理学科的核心素养。但是初中的学生遇到新问题时习惯用已有的生活经验解决物理问题，而这些已有观念往往是片面或错误的，这样反而阻碍了物理概念及规律的建立。所以复习课教学的开始就是小组交流展示单元思维导图，学生通过自主建构、小组讨论修改、教师参与补充这样的循环修改过程把握概念的内涵和外延、知识的整体结构，从而为运用知识和技能解决问题搭建好脚手架。

课堂设计的第二环节是解决真实问题，这首先需要教师合理组织教学资源和素材，寻找一个既能涵盖单元复习的重点知识和内容，又能激发学生思考、研究和挑战的兴趣的问题，这个问题还要是一个真实的问题，对学生而言是有实际意义的。其次，由于初中学生还缺乏建立物理模型和分析物理过程的能力，所以需要教师将大问题，设计成由简到繁、由表及里的问题，或分解为小问题，通过小组分工完成小问题，最终合作完成大问题。在这样的师生互动、生生互动过程中学生逐渐掌握物理概念和规律的本质,感受物理的思维方式,体会解决物理问题的方法。

3. 第三阶段:课后拓展反馈

学生通过独立修改、完善单元复习思维导图,会发现自己物理知识的理解错误或不足,会不自觉地回忆课堂中是如何运用物理概念和规律解决问题的,思维方式逐渐从形象思维向抽象思维转换;再通过教师设计的课后练习,巩固物理概念及规律的理解,运用正确的物理方法和技能去解决问题。

二、"解析—设计—拓展"三阶段的初中物理单元复习教学案例与点评

1. 案例(案例由西南模范中学楼燕青老师提供)

课题:"功和能"知识的专题复习

第一阶段:解析教学目标

原课程教学基本要求目标:

理解功和功率是两个重要的力学物理量,是电功和电功率概念的基础。功的概念要在实例分析的基础上理解,功率的概念在经历比较做功快慢、类比速度概念的过程中建立。理解机械能是能量的一种形式。

调整后的教学目标为:

(1)经历"功和能思维导图"的完成过程,感受比较、归类的方法。

(2)通过分析"飞船运行的三个阶段"的活动,理解机械功,理解动能和势能、机械能和内能的相互转化,理解功是能量转化的量度,感受物理思维的逻辑性和严谨性,认识分析问题的一般方法。

(3)通过"动能和重力势能大小决定因素"的复习,认识控制变量的科学方法,感受比较、归类的方法。

(4)通过能量转化和守恒定律的复习,感受生活与物理之间的联系。

调整后的教学重点和难点为:

重点:动能和重力势能、机械能和内能的相互转化。

难点:理解能量转化过程总是伴随着力做功,了解能量变化多少用做功多少来量度。

第二阶段：课堂活动设计

（1）设计基本思路是：教师通过"思维导图"的形式梳理功和能知识点。以"飞船运行的三个阶段"材料为载体，学生小组合作讨论，尝试自己分析能量转化的问题，理解在各个阶段，机械能和内能的相互转化以及功是能量转化的量度。然后，学生通过活动分析动能、重力势能的决定因素，理解控制变量的方法。最后，学生从节能角度讨论轻轨车站站台设计的优点，巩固动能和重力势能的相互转化，理解能量转化和守恒定律。

（2）教学流程图：

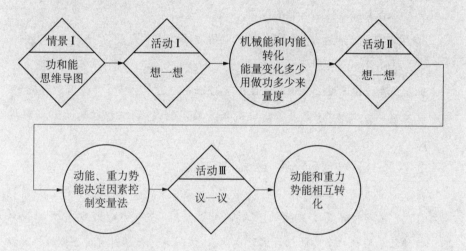

（3）教学流程图说明：

① 教学目标：功和能的相关知识点。

——情景Ⅰ　功和能思维导图

说明：通过 PPT 展示、交流"功和能思维导图"，巩固学生已学过的知识，引入新课。

② 教学目标：知道机械能和内能的相互转化。

——活动Ⅰ　想一想

说明：活动Ⅰ是为了突破"机械能和内能的相互转化"教学重点而设计的。通过学习活动卡上的阅读资料，分析飞船上升、返回两个阶段。教师引导学生分析两个阶段中动能、重力势能、机械能的相关知识以及机械能和内能的相互转化。

③ 教学目标：知道能量转化过程总是伴随着力做功。

——活动 Ⅰ 想一想

说明：教师在上一步教学的基础上，引导学生分析两个阶段中机械能和内能相互转化，进一步体会能量转化过程总是伴随着力做功，了解能量变化多少用做功多少来量度。

④ 教学目标：知道太阳能和电能的相互转化。

——活动 Ⅰ 想一想

说明：通过学习活动卡上的阅读资料，分析在飞船入轨运行阶段中太阳能电池帆板打开后太阳能转化电能的过程。

⑤ 教学目标：知道"探究动能、重力势能与哪些因素有关"实验的科学方法。

——活动 Ⅱ 想一想

说明：活动 Ⅱ 是为了突破教学目标"探究动能、重力势能与哪些因素有关"实验而设计的。通过动能、重力势能决定因素的实验复习，认识控制变量的科学方法。

⑥ 教学目标：知道动能、重力势能相互转化。

——活动 Ⅲ 议一议

说明：活动 Ⅲ 是为了突破教学目标"知道动能、重力势能相互转化"而设计的。教师展示某轻轨车站的设计方案示意图，该图表明与站台前后连接的轨道都有一个小坡度。要求学生从节能的角度，分析这种设计的优点。答案是：进站时，火车动能转化为重力势能，可减小制动力，减小因刹车而消耗的机械能；出站时，火车重力势能转化为动能，可减小驱动力。

⑦ 教学目标：知道能量转化在生活中的应用。

——活动 Ⅱ 想一想；活动 Ⅲ 议一议

说明：教师在活动 Ⅱ 中利用图片展示动能、重力势能在生活中的应用及其利弊，又通过活动 Ⅲ 的图片展示轻轨车站站台设计的优点，帮助学生进一步巩固能量转化在生活中的应用。

（4）教学主要环节：

第一环节，教师通过"功和能思维导图"的复习，引入功和能复习课课题。

第二环节,学生通过阅读资料,知道动能、重力势能、机械能和内能的相互转化;体会机械能和内能转化过程中是什么力在做功;知道能量变化多少用做功多少来量度。

第三环节,学生通过活动,体会科学的实验方法：控制变量法。

第四环节,学生通过活动,知道动能、重力势能相互转化以及能量转化在生活中的应用。

(5) 学习活动卡：

活动Ⅰ 想一想

阅读短文：

神舟飞船的每一次飞行,都是一次进步,一次突破。从无人到有人,从一人到多人,从一天到多天,从首次进入太空到出舱行走再到交会对接……一代代中国航天人凭借着不懈努力和勇敢气魄,一次次把国家的崭新高度标记在太空。

飞船和运载火箭在技术厂房按垂直组装和垂直测试的一系列程序完成技术准备工作后,整体垂直运输到脐带塔,并进行最后的功能检查。一切准备就绪后,在地面控制中心数到0的时候,第一级火箭发动机就开始点火。火箭的一级燃烧室箱开始燃烧,喷射出炽热的气体,火箭开始离开地面,加速升空。当第一级火箭的燃料燃尽,准备脱离的同时,第二级火箭点火,火箭继续升空。这时,火箭已经冲出大气层,达到最高速度了。火箭在达到最高速度后,开始依靠惯性和地球引力继续飞行。此时,第三级火箭开始点火加速飞行,直到达到预定速度,进入轨道,火箭的任务就基本完成了。

入轨后,飞船建立轨道运行姿态,展开太阳电池帆板并对太阳定向。太阳光照射到太阳能电池上,产生光生电压,这就是光生伏打效应。太阳能光伏发电系统是一种利用太阳电池半导体材料的光伏效应将太阳能直接转换为电能的一种新型发电系统。

飞船在完成规定的环绕地球飞行圈数和科学试验任务后返回,在返回前由地面站和测量船发出调姿指令。飞船的轨道舱与返回舱分离,建立返回制动姿态。飞船制动进入返回轨道,在返回舱进入大气层后,着陆场地面雷达站和测量站跟踪捕获目标,测量返回轨道,预报返回舱着陆点。在约10公里高度时,返回舱抛撒舱盖,拉出引导伞和辅助引导伞,拉出减速伞;减速伞分离后,拉出主伞,主伞张开,当下降到离地面约 1 米时,着陆缓冲发动机工作,返回舱着陆。

分析问题:

1. 阅读以上材料后,请思考飞船的成功发射主要有哪几个阶段。

2. 阅读材料第二段,分析火箭从离开地面到第一级火箭燃料燃尽这一阶段的运动情况。

3. 火箭在以上升空过程中,它具有的动能、重力势能、机械能分别是如何变化的? 请说出理由。

4. 火箭在以上升空过程中,能量是如何转化的?

5. 在飞船随火箭一起离开发射塔飞向太空的过程中,分析火箭和飞船的受力情况。

6. 为什么科学家在发射台下设计了一个巨大的水池?

7. 在太阳能电池帆板工作过程中,能量是如何转化的?

8. 阅读第四段,分析返回舱在降落过程中的运动情况。

9. 返回舱在降落过程中,动能、重力势能、机械能如何变化? 请说出理由。

10. 返回舱在降落过程中,能量是如何转化的?

11. 分析返回舱在降落过程中的受力情况。

活动Ⅱ 想一想

探究动能大小与哪些因素有关　　　　　探究重力势能大小与哪些因素有关

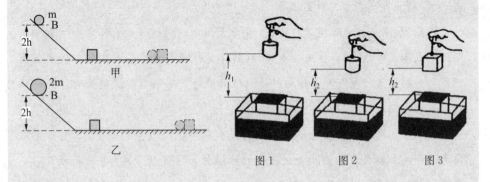

图1　　　　　图2　　　　　图3

总结两个实验的方法共同点。

活动Ⅲ　议一议

如图是某轻轨车站的设计方案示意图，该图表明与站台前后连接的轨道都有一个小坡度。请你从节能的角度，分析这种设计的优点。

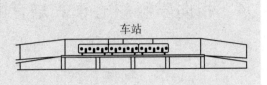

第三阶段：课后拓展反馈

课后作业：

1. 补充、完善思维导图。

2. 以小组为单位，收集、整理生活实例，并说明各种能量转化的形式。

2. 点评

"'功和能'知识的专题复习"案例充分体现了"解析—设计—拓展"三阶段的初中物理单元复习教学模式，同时又是"三维多元聚合"课堂教学范式的具体教学实践。

首先，教师在教学任务分析的基础上，确定单元复习的教学目标以及教学重点、难点，之后布置任务让学生自主建构物理知识思维导图。其次，教师自编教学素材，利用学生感兴趣的"神舟号飞船"的阅读材料，让学生从材料中找出能量的转化、涉及到什么力做功等物理知识，使学生在回答一个又一个问题的过程中，逐步达到不同能力层级的要求：①根据阅读资料，了解飞船各个阶段运动情况；②能判断飞船在各个阶段中的动能、重力势能、机械能的变化情况；③知道在火箭发射升空过程中，内能转化为机械能；④知道返回舱在返回过程中，机械能转化为内能。教师通过这些表现性的目标来评价学生对概念及规律的理解。最后，教师以轻轨车站的设计方案为例，在教学中引导学生把生活中的物理现象转化为物理问题，进一步揭示物理现象和物理规律间的联系，促使学生对物理现象进行观察、思考，有助于提高学生对物理的兴趣，提高学生应用物理规律和能量守恒的观点解决实际问题的能力。

（陈浔颖）

4 指向学科核心素养培育的"双导向"教学模式

近几年,在课程与教学改革深化的过程中,国家提出了学生发展核心素养与学科核心素养培育的要求,由于教学实践中没有可借鉴的经验,为此,我们在"基于标准教学的区域性转化与指导策略的研究"课题的研究中,以"基于学科核心素养的教学实践与范式创生"为子课题,结合系列教研活动与研修活动,对学科核心素养培育的课堂教学基本模式进行系统实践、探索与研究,初步形成了指向学科核心素养培育的"双导向"教学模式。

一、"双导向"教学模式的基本内容

1. 理论基础

指向学科核心素养培育的"双导向"教学模式建构的基础源于建构主义理论,该理论认为学生必须自己建构知识来学习,每个人为了要了解、预测或控制自己的环境,需建构出属于自己的知识结构、方法体系、学科价值观;又源于理性主义、认知心理学及情境学习理论,它们注重引发人们内在的能力,活化先前所学的知识和方法,形成引导式教学,以"问题—目标"引发与导向新信息、知识与方法的讨论,活化学生已有的内在知识,并使之进行再组织,让学生主动地参与学习,而且能在情境问题与目标的引导下自主建构知识、发展思维、形成能力与观念;还源于"掌握学习"与"迁移学习"理论,注重目标的达成与所学知识的应用迁移。

2. 模式内涵

所谓"双导向"教学模式,是指将学习内容与目标设置到真实的、有意义的问题情境中,是"问题—目标"导向教学的融合。问题用以激发与保持学生的学习兴趣,刺激学生的思考,提供学生主动参与议题讨论、反馈与协助的机会;目标是引导学生有意识地寻找问题及背后的知识与信息和解决问题的方法与技能。教学中通过师生互动,激发和支持学生的高级思维,让学生在合作解决真实性问题的过程中,学习隐藏于问题背后的科学知识与技能、思维方法,形成解决具有不确定性问题的关键能力、必备品格与价值观念。

3. 基本结构

"双导向"教学模式的基本结构由"四阶段·五环节"组成,如下图所示:

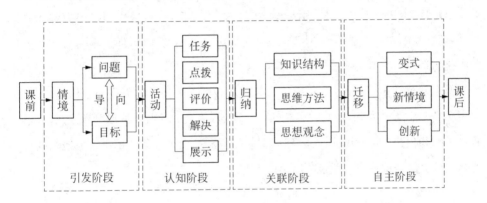

"问题—目标"导向的目的在于对学生学习动机和学习成效进行对比,引导教学活动优质、高效地运行。问题是激发动机、引起思维的基础,学生学习的过程就是发现问题、分析问题、解决问题的过程,有价值的问题使学生的思维处于积极主动获取知识、自主构建知识结构的状态。

4. 操作程序

(1) 创设情境,激发动机。创设教学情境就是根据教学的目标、内容和学生的心理特点,创设一个能激发学生学习动机,激活学生课堂思考的问题与背景,以及适合学生思考、学习的氛围与环境。

(2) 提出问题,明确目标。提出问题与解决问题是驱动教学发展的动力;明确目标是尊重教学实际,将目标融入课堂教学的各个环节,发挥目标对教学的正确导向作用。由情境提出的问题要具备目的性、适应性和新颖性。目的性指问题是根据一定的教学目标而提出来的;适应性指问题的难易程度要适合学生的实际水平,保证使大多数学生都能处于积极的思维状态;新颖性指问题的设计和表述具有新颖性、生动性,使问题具有吸引学生的力量。

(3) 示范学习,引导探索。教师围绕当前学习的内容,以便于学生"知识迁移"的要求,选择合适的小目标,并示范完成目标的过程;为学生提供现实的、有意义的、富有结构性和生成性特点的学习任务,让学生独立思考;在分析、解决问题的过程中,对学习内容进行理解、内化,示范问题的解决要点,为归纳学习内容做准备。

教学过程中,对学生进行的一系列学习活动,完成的任务的引导与评价,是以学习目标为标准和依据的。引导学生为了找出支持自己观点与假设的证据,分工协作,搜集信息,开展小组交流、展示、讨论,共同完成学习目标;学习结束后进行自我省思及评鉴。

(4) 形成结构,应用迁移。引导学生自主建构概括化、结构化的知识内容和方法程序,把学到的知识形成结构、体系,乃至提炼出一般性的规律,促进学生对所学知识的内化与运用。

学生学习知识,目的也在于应用与迁移。教师设置任务与创设问题情境,让学生应用所学知识解决问题,检验学生对知识的理解,使学生巩固所学知识与方法;让学生将学到的知识与方法从一个场景迁移到另一个场景,依据某些知识创造性地去发现问题、分析问题、解决问题,提高学生的学习能力。

5. 教学原则

(1)"问题—目标"前置。问题与目标呈现的时机须先于学生所学的基本概念、原理、知识、方法。问题引发学生学习的兴趣,激发学习动机,刺激学生思考;目标引导学生解决问题,建构知识与方法体系。

(2)"有序—点拨"启发。结合学科的逻辑结构和学生的认知规律,有次序、有步骤地开展"问题—目标"引导,把握好教学时机,在思维的最佳突破口点拨学生,启迪学生的智慧,引导学生独立思考、积极探索、生动活泼地学习,自觉地进行问题的解决与知识的建构,获得多方面的体验和锻炼,有效地掌握系统的科学知识与方法,有效地促进学生身心的和谐、健康发展。

(3)"理论—实际"联系。让学生从理论和实际的结合中理解、掌握知识,运用所学的知识解决问题,同时在解决问题的过程中获取新的知识,形成运用知识解决实际问题的能力;让学生在理论和实际的结合过程中学会交流体验,表达感受,分析、总结在理论联系实际过程中的收获。

(4)"教、学、评"一致性。教学目标是预期的学习结果,对教学过程具有指导和定向作用,并为教学评价提供标准和依据。教学过程中教学目标、教学活动、评价任务成为一个整体,具有内在的一致性,根据教学目标设计评价任务,评价任务用以检测学习目标,评价贯穿教学始终。

二、"双导向"教学模式实施与案例分析

案例

二氧化碳　一氧化碳

(沪教版　九年级第一学期　第四章　第二节碳第 2 课时)

[设计思想]

在生活中,学生虽然对二氧化碳、一氧化碳有一些了解,但都是零散的、初步的。本节课的教学,帮助学生将所学知识系统化、网络化,并与前面化学物质的学习联系起来,初步形成知识结构;同时,完善学生对二氧化碳在自然界、生命活动中的作用的认识,完善一氧化碳在生活、生产中的作用的认识。

本节课的特点是实验较多,联系生活和生产实际的内容也较多,教学设计以化学性质为中心,密切联系生活实际,从实验着手,通过新旧知识联系、对比,使气体的性质、用途紧密联系。突破一氧化碳还原性教学的难点,从比较一氧化碳和二氧化碳的分子组成差异入手,知道由于在它们的每一个分子中相差一个氧原子,使它们的性质大不相同,一氧化碳具有还原性,并通过实验来论证自己的分析。

通过讨论二氧化碳、一氧化碳在生活、生产中的作用,学生从身边的事物当中去发现问题,用所学的知识解释和解决一些生活中的实际问题,激发学习兴趣,养成良好的学习品质。

[教学目标]

1. 知识与技能

(1) 知道二氧化碳、一氧化碳的物理性质和用途。

(2) 解释二氧化碳、一氧化碳的化学性质,写出有关的化学方程式。

(3) 根据二氧化碳、一氧化碳的性质解释一些日常生活的问题。

2. 过程与方法

(1) 比较一氧化碳、二氧化碳性质的异同点,学习比较、归纳的思维方法。

(2) 通过相关实验,学会观察实验现象和由现象分析化学反应本质的方法。

3. 情感态度与价值观

(1) 结合一氧化碳的毒性及其与空气混合遇明火爆炸的性质,树立安全意识。

(2) 联系自然界的生命活动和生活实际,形成保护环境的意识。

[重点和难点]

教学重点:二氧化碳的化学性质、一氧化碳的可燃性和还原性。

教学难点:二氧化碳与水的反应、一氧化碳的还原性。

[教学用品]

药品:二氧化碳、一氧化碳、氧化铜、澄清石灰水、石蕊试液等。

仪器:试管、铁架台、酒精灯、带导管的单孔塞、烧杯、集气瓶等。

媒体:电脑、投影仪。

[教学流程]

1. 流程图

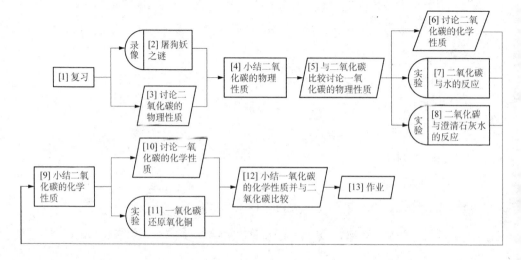

2. 流程说明

(1) 写出木炭与氧气(足量、不足量)、氧化铜反应的化学方程式。

(2) 创设"屠狗妖之谜"的教学情境,情境中隐含着教学目标、内容与展开内容的问题。

(3) 二氧化碳有哪些物理性质? 如何设计一个实验,证明二氧化碳密度比空气大? 二氧化碳能否溶于水?

(4) 小结:二氧化碳的物理性质。

(5) 一氧化碳有没有颜色? 有没有气味? 能否溶于水? 比较二氧化碳与一氧化碳物理性质。

(6) 从这些用途中可推测二氧化碳有哪些化学性质呢?

(7) 二氧化碳与水结合有什么反应?

(8) 二氧化碳与澄清石灰水结合有什么反应?

(9) 小结:二氧化碳的化学性质。

(10) 为什么会发生一氧化碳中毒,中毒的原因是什么? 煤炉或煤气燃烧时火焰的颜色是怎样的(说明煤气的主要成分是一氧化碳)? 上述现象说明一氧化碳有什么性质? 一氧化碳能否从其他含氧元素的物质中夺取氧,生成二氧化碳呢?

(11) 一氧化碳与氧化铜发生了什么反应?

(12) 小结:一氧化碳的化学性质;二氧化碳、一氧化碳性质比较(有反应的用化学方程式表示)。

(13) 练习与作业。

3. 教学过程

教学内容	教师活动	学生活动	设计意图
引入课题	【讲述】碳单质的化学性质通常情况下是稳定的,但在点燃或高温下它们能跟氧气、氧化铜等发生反应,请写出木炭与氧气(足量、不足量)、氧化铜反应的化学方程式。指出反应中的还原剂和氧化剂。(教师点评) 【提问】碳有哪几种氧化物?	【练习、交流】写出化学方程式,并指出还原剂和氧化剂。 二氧化碳、一氧化碳两种。	复习旧知识,为学习新知识做准备。

（续表）

教学内容	教师活动	学生活动	设计意图
	【录像】"屠狗妖之谜" 　　在意大利那不勒斯的深山峡谷中，有一个闻名的屠狗洞，洞里有个屠狗妖，当人牵着狗进入洞时，人安然无恙，狗却昏倒，甚至死亡。科学家波尔曼决定探索此洞的秘密。他一手牵着狗，一手拿着火把走进洞里，没走多远，狗昏倒在地，他马上蹲下查看究竟，这时他感到呼吸困难，并看到手中火把的火焰飘忽不定，波尔曼抱着狗，跑出洞外，放声大笑："这屠狗妖原来是……"	【观看、思考】	创设情境，激发学生的好奇心和探究欲望。情境为展开教学提供"问题—目标"导向。
二氧化碳、一氧化碳的物理性质	【提问】 1. 屠狗妖是谁？（出示一瓶二氧化碳气体） 2. 二氧化碳有哪些物理性质？ 3. 如何设计一个实验，证明二氧化碳密度比空气大？ 4. 二氧化碳能否溶于水？ 【小结】二氧化碳通常是无色无味的气体，密度比空气大，能溶于水。 【提问】二氧化碳是大气成分之一，约占空气总体积的0.3%。 1. 假如从空气中除去这些二氧化碳，自然界的生命活动还能进行下去吗？ 2. 引起温室效应的主要是什么气体？人和其他动物呼吸作用呼出的是什么气体？植物进行光合作用的又是什么气体？如何认识二氧化碳气体？ 【小结】二氧化碳在大气中含量虽然不大，却是自然循环中的重要气体，在工农业生产中用途广泛。地球上若缺少二氧化碳，生命活动就难以维持。但是大气中的二氧化碳过多会造成温室效应，因此，为了防止温室效应的进一步增强，人类需要控制二氧化碳的排放，使大气中的二氧化碳维持平衡状态。 【示】盛满一氧化碳气体的集气瓶。（观察气体的颜色和状态） 【提问】同学们一定听说过煤气中毒的事例，煤气中毒实际就是指一氧化碳中毒。那么一氧化碳有没有颜色？有没有气味？能否溶于水？	【讨论、交流】 二氧化碳。 无色无味的气体，密度比空气大。 用二氧化碳熄灭两层蜡烛的实验。 二氧化碳能溶于水。打开汽水瓶，有气泡逸出。 【讨论、交流】二氧化碳是自然循环中的重要气体，没有二氧化碳，自然界的生命活动就不能进行，人类就难以生存下去。但是空气中二氧化碳过多也不好，会造成温室效应，对人类的危害也很大。所以保持二氧化碳的平衡是最好的选择。 【观察、回答】 无色、无味、有毒气体，难溶于水，密度比空气小。	训练观察和分析判断能力。 提出问题，形成"问题—目标"导向。 激活思维，表达个性化的见解，形成独立思考能力。 开展解决问题的教学活动。 训练观察和分析判断能力。

（续表）

教学内容	教师活动	学生活动	设计意图
	【板书】 二氧化碳与一氧化碳物理性质比较 		学习比较、归纳的学习方法。

	CO₂	CO

二氧化碳与一氧化碳物理性质比较

	CO_2	CO
颜色	无色	无色
气味	无味	无味
状态	气体	气体
密度（与空气比）	大	略小
溶解性	能溶于水	不能溶于水

教学内容	教师活动	学生活动	设计意图
	【讲解】二氧化碳气体在一定的条件下（增大压强或降低温度），可转化为无色的液体，继续降温，还能进一步转化为雪花状固体，称为"干冰"。干冰可用来保藏食品和人工降雨。二氧化碳在生活中应用广泛，你还知道二氧化碳还有哪些用途？ 【提问】从这些用途中可推测二氧化碳有哪些化学性质呢？	【讨论、回答】 灭火、制碳酸饮料、食物光合作用等。 CO_2 用于灭火：不能燃烧，也不支持燃烧。 CO_2 用于制碳酸饮料——与水反应。 用澄清石灰水检验 CO_2——与氢氧化钙反应。	体验化学来源于生活，生活需要化学。
二氧化碳的化学性质	【板书】二氧化碳的化学性质 1. 通常能燃烧，也不支持燃烧 【提问】从二氧化碳用于制碳酸饮料，可判断二氧化碳能与水反应，请设计实验证明它？ 【实验】向滴有紫色石蕊试液的水中通入二氧化碳。 【提问】产生什么现象？说明什么？ 【实验】将上述变红的溶液加热。 【提问】又产生什么现象？说明什么？ 【归纳】二氧化碳与水反应生成碳酸，碳酸很不稳定，易分解成水和二氧化碳，加热时分解得更快。请用化学方程式表示上述 2 个实验中发生的化学反应 【板书】 2. 二氧化碳与水反应： $H_2O + CO_2 \longrightarrow H_2CO_3$ $H_2CO_3 \longrightarrow H_2O + CO_2 \uparrow$	【讨论、交流】 酸能使紫色石蕊试液变红色，在滴有紫色石蕊试液中通二氧化碳，看紫色石蕊试液是否变红。 紫色溶液变红色，说明有碳酸生成。 红色溶液变紫色，说明有碳酸分解了。 $H_2O + CO_2 \longrightarrow H_2CO_3$ $H_2CO_3 \longrightarrow H_2O + CO_2 \uparrow$ 【观察、交流】 澄清石灰水变浑浊。	激活思维，表达个性化的见解，形成独立思考能力。 训练观察能力。

（续表）

教学内容	教师活动	学生活动	设计意图
	【实验】向澄清的石灰水中吹气。（描述实验现象，写出化学方程式） 【板书】 3. 二氧化碳和石灰水反应： $CO_2 + Ca(OH)_2 \longrightarrow CaCO_3 \downarrow + H_2O$	写出： $CO_2 + Ca(OH)_2 \longrightarrow$ $CaCO_3 \downarrow + H_2O$	
一氧化碳的化学性质	【提问】碳燃烧可以生成两种氧化物——CO_2 和 CO，CO_2 和 CO 在组成上有什么区别？它们的化学性质有什么不同？CO 有哪些化学性质？ 【讲解】煤气中毒是由于 CO 的毒性引起的，这是它的化学性质。 【提问】为什么会发生 CO 中毒，中毒的原因？ 【板书】一氧化碳的化学性质 1. 毒性 【提问】 1. 煤炉或煤气燃烧时火焰的颜色是怎样的？（说明煤气的主要成分是一氧化碳） 2. 上述现象说明 CO 有什么性质？ 3. 用什么方法检验 CO 燃烧产物？ 【演示实验】CO 的可燃性及产物的检验。（描述现象，写出 CO 有关的化学方程式） 【板书】2. 可燃性：$2CO + O_2 \xrightarrow{点燃} CO_2$ 【设问】CO 能否从其他含氧元素的物质中夺取氧，生成 CO_2 呢？ 【演示实验】CO 还原 CuO。 【投影】实验装置图及讨论题。 装置图见教材第 111 页。 讨论题： 1. 加热前为什么先通一会儿 CO 气体？ 2. 实验过程中观察到的现象是什么？ 3. 导管上尖嘴处排出的主要气体是什么？应如何处理？为什么？ 【提问】CO 为什么能还原氧化铜？说明 CO 有什么性质？写出化学方程式。	【思考、交流】 CO 在组成上比 CO_2 少 1 个氧原子。它可做燃料，说明能燃烧；煤气中毒主要是一氧化碳引起的，说明它有毒。 【阅读教材 P111、交流】 CO 与血红蛋白结合能力比 O_2 强，能使血红蛋白丧失载氧能力，造成人体缺氧。 【思考、交流】 CO 具有可燃性，燃烧时火焰是淡蓝色，检验 CO 燃烧产物可用澄清石灰水： $2CO + O_2 \xrightarrow{点燃} CO_2$ $CO_2 + Ca(OH)_2 \longrightarrow$ $CaCO_3 \downarrow + H_2O$ 【思考】 从与 CO_2 的组成比较看，CO 能从其他含氧元素的物质中夺取氧生成 CO_2 吗？ 赶走试管里的空气，防止爆炸。黑色固体变红色，澄清石灰水变浑浊。CO 有毒，不能排入空气中，应该回收或燃烧掉。CO 具有还原性，所以能还原氧化铜。	认识组成、结构与化学性质的关系，感悟结构决定性质的学科思想。 体会联系身边的事例学习化学知识的方法。 帮助形成处理信息、分析问题、设计实验的能力。 通过比较、对话交流，重组知识，使之结构化、系统化。

（续表）

教学内容	教师活动	学生活动	设计意图
	【板书】3. 还原性 $CO + CuO \xrightarrow{\triangle} Cu + CO_2$ 【小结】 二氧化碳、一氧化碳性质比较 （有反应的用化学方程式表示） 【练习与作业】 1. 往紫色石蕊试液中通入二氧化碳，溶液会变_____色，原因是（用化学方程式表示）_____；加热溶液后，变色，原因是（用化学方程式表示）_____。 2. 二氧化碳能使澄清石灰水变_____，写出该反应的化学方程式_____。 3. 一氧化碳与氧化铜反应的现象是_____，化学方程式为_____，这说明一氧化碳具有_____性。 【解释】用二氧化碳的性质解释生活中的问题，如碳酸饮料、光合作用、温室效应等。	$CO + CuO \xrightarrow{\triangle} Cu + CO_2$ 【讨论填表】	所学知识的应用与巩固。 所学知识的迁移。

二氧化碳、一氧化碳性质比较表：

项目\物质		CO₂	CO	备注
物理性质				
化学性质	跟水反应			
	跟石灰水反应			
	可燃性			验纯
	还原性			
	毒性			

4. 点评

本课教学是指向学科核心素养培育的"双导向"教学模式的一种实践。

教学以录像"屠狗妖之谜"和身边的事例导入，激发了学生的好奇心和探究欲望。该情境中隐含着教学目标、内容以及组织教学活动的问题。教学中实验贯穿始终，问题的设计为学生的学习创设了一个宽松、开放的学习空间，让学生主动参与,发表自己的见解和叙述生活中自己知道但无法解释的有关现象,使学生思维的敏捷性得到释放,思维的深度和广度得到发展,同时,也激发了学生的探究意识和探究精神。

教学中的实验,激发了学生的学习热情,引导学生充分观察、动手操作、探究实验,满足学生的探究欲望,让学生既动眼又动手,在亲自实验探究中获得知识与方法,使学生的观察能力、思维能力、实验操作能力和创造能力得到有效的锻炼和发展;引导学生积极主动地进行分析、概括、建立知识之间的联系,自主总结概括,构建知识体系,并大胆展示自己的成果。教师在点拨过程中,引导学生提出疑问和修改补充,明晰知识之间的联系,完善知识网络,使知识结构转化为认知结构,提高学生分析归纳能力和知识迁移能力。

教学过程基于情境问题与目标,让学生回忆联想、发现并提出问题,教师引导学生领会知识的特点和解决问题的基本方法;通过师生共同交流,引导学生构建出所学内容的知识结构,明晰本部分知识的重点、难点、疑点和关键点;通过精讲点拨,学生独立完成典型例题,然后交流总结,最后师生共同剖析典型例题,经归纳、总结、提炼等环节,真正弄懂、弄通典型例题,进一步巩固学习内容,引导学生分析问题、解决问题,提高学生分析问题、解决问题的能力。

教学活动中以"问题—目标"为导向,引导学生挖掘知识间的内在联系,比较归纳、整理所学知识,把局部的知识点按一定的观点和方法组成整体,建立合理的知识结构,形成知识网络;注重"问题"、"情境"、"自主"、"合作"、"探究"、"检测"、"交流"、"反思"等元素在教学设计中的运用;还通过所学知识的应用、变式、迁移,将教学评价嵌入到教学过程,充分体现了"目标—教学—评价"的一致性和全程性。

整节课的教学关注目标、教学与评价的一致性,评价与学生讨论相结合,突出思路点拨,为学生提供自我解决问题的思维台阶,使学生经历实验探究,充分体现知识、能力、品格的融合,促进学生思维的发展;实现从意义建构向能力生成的跨越。

(姚秋平)

第六章

活动课：做中学与玩中学

活动课主要是在教学过程中为了达到既定的教学目的,从学习需要出发,引入、创设与教学内容相适应的具体场景或活动,以引起学生的情感体验,帮助学生更好地理解学习内容。在活动课中,教师要注重通过氛围营造、活动设计等引起学生积极的、健康的情感体验,提高学生学习的积极性。同时,活动课使抽象的知识具体化、形象化,能使学生从形象的感知达到抽象的理性的顿悟,有助于学生的意义建构,激发学生的学习情绪和学习兴趣,使学习活动成为学生主动的、自觉的活动,以此推动学生认知活动的进行。因此,在活动课的课堂教学过程中,教师要注重创设情境,使学生感到轻松愉快,促进学生心理活动的展开和深入。

1 小学数学实验教学模式的研究

一、研究背景

（一）问题的提出

1. 深化课程与教学改革的必然要求

2014 年 3 月，教育部印发了《关于全面深化课程改革 落实立德树人根本任务的意见》，在意见中提出了"核心素养"的概念，为进一步深化课程改革指明了方向。因此"核心素养"成为了新一轮课程改革深化所聚焦的对象，以发展学生核心素养为导向的教育改革体现了时代的基本要求。2016 年 9 月，中国教育学会发布了林崇德教授领衔的专家组研究的《中国学生发展核心素养》，提出了学生发展核心素养框架。现有学校课程基本上都是以学科课程为主的，因此必须将核心素养融入到各学段、各学科的课程教学中。

有鉴于此，我们开始意识到学生发展核心素养可以与学科核心素养进行融合，而数学实验教学就是进行有效融合的一种教学方式。

2. 落实"过程与方法"目标的重要举措

数学实验教学，是为了学生能掌握数学的基本思想和方法，即不把数学看成已经验证完毕的逻辑体系，而把它视为一门"实验科学"，从问题出发，在实验之前进行猜想，通过实验来验证猜想，最后通过交流、讨论、反思、归纳、总结，进一步发现数学规律。相比传统的数学教学而言，数学实验可有效地再现知识产生的背景，还原知识产生的过程，让学生在动手"做数学"的过程中获得数学知识，体悟数学方法。此种教学方式能真正地把"过程与方法"这个目标落到实处。

3. 完善学生数学学习方式的重要途径

《义务教育数学课程标准(2011 年版)》提出："学生学习应当是一个生动活泼的、主动的和富有个性的过程。认真听讲、积极思考、动手实践、自主探索、合作交流等,都是学习数学的重要方式。学生应当有足够的时间和空间经历观察、实验、猜测、计算、推理、验证等活动过程。"此项研究将从现行的数学教材中选取可做数学实验的内容,根据学生的认知规律和思维特点设计成数学实验活动,安排足够的时间和空间让学生积极参与到丰富多彩的数学实验中来。让学生亲身经历知识的产生、形成、发展与应用的过程。学生能经常通过猜想、验证、推理、归纳来获得数学规律,并养成动手实验或验证想法的学习习惯,变被动接受为主动探索,从而完善学生数学学习方式。

(二) 概念的界定

1. 小学数学实验教学的界定

数学实验是实验者在数学思维的参与下,在某个特定的实验环境中,借助一定的技术或者物质手段,而进行的探索、实践活动,实验的最终目的是为了检验数学猜想、得到数学结论,或者是解决数学问题。该定义主要是从实验目的、实验条件、实验要求、实验手段等几个方面进行阐述,概括的较为全面。

小学数学实验教学就是把数学实验融入小学数学课堂,用数学实验的思维方式去思考和设计的课堂教学。这里所提出的数学实验教学应该是以学生学习为基础的一种研究性的学习方式。面对一个数学问题,学生全员、全程参与到探索和研究活动中,可以独立实验,也可以分组实验。数学实验的形式包括观察、测量、动手操作、制作模型和教具演示等。数学实验教学应是传统数学教学方式的有益补充。数学实验教学的特点概括为：教学理念的先进性、实验过程的直观性、实验人群的主体性、教学方法的探究性、组织形式的多样性、研究问题的实用性六个方面。[①]

2. 数学实验的兴起

纵观数学发展的历史,从古代埃及、巴比伦、希腊以及中国的古典数学到现代数学都是产生于实践,服务于实践的。人们从计数(例如结绳计数)开始就在进行数学实验,并通过实践不断地检验实验,使之得到建构和发展。例如,在中国数学史上影响较

[①] 操海涛.中学数学实验课建设的研究与实践[D].南京：南京师范大学,2008：15—16.

大的《九章算术》,其内容都是来源于社会实践,并为当时解决实际问题起到重要作用。魏晋时,刘徽曾用使正多边形的边数逐渐增加去逼近圆周的方法(即"割圆术"),求得 π 的近似值 3.1416。这显然是用了实验的方法来探求圆周率。西方数学家采用数学实验的例子也比比皆是,比如立体几何里著名的欧拉定理,当初欧拉就是对一批特殊的凸多面体进行观察、分析、实验,才得出了结论。由此可见,数学实验并不是什么新的东西,我们可以说数学实验和数学是一同诞生的伙伴。

而到了现代,特别是计算机发明之后,数学实验经历了变化。随着计算机的发展,出现了一批功能强大的数学软件,比如"几何画板"、"数学实验室"等。这些计算机软件在数学家工作的所有阶段,主要是探索阶段和实验阶段,都能提供非常大的帮助。在一些数学家看来,计算机的使用将会改变数学的特性,数学将会成为一门"实验科学"。杜克大学提出了"微积分实验课程",通过微积分实验来完成微积分教学,该项目得到了美国国家自然科学基金会的资助。

到 1998 年时,我国教育部把数学实验列为数学专业的主干课程之一。同年,由清华大学、北京大学、北京师范大学共同组织了一个课题,专门研究数学实验教学。2001年,中国社会科学院林夏水先生在《计算机实验》报告中建议,可以在中学开设数学实验课。这一建议推动了数学实验教学在高中阶段的发展。

目前,数学实验刚刚进入小学,与中学、大学有着较大的不同。大学和高中大都是借助计算机来进行数学实验,初中是计算机辅助和实际操作都有,而小学主要以动手操作来进行数学实验。

3. 相关理论依据

(1) 建构主义认知理论

建构主义认知理论认为,学习不应被看成是对于教师所授予的知识的被动接受,而是学习者以自身已有的知识和经验为基础的主动的建构活动,即学生能积极主动地构造意义。

建构主义学习理论强调以学生为中心,不仅要求学生由外部刺激的被动者和知识的灌输对象转变为信息加工的主体、知识意义的主动建构者,而且要求教师要由知识的传授者、灌输者转变为学生主动建构意义的合作者、指导者、促进者。

数学实验这种教学形式能够为学生提供一个主动学习,积极建构新的认知结构的学习环境,使教学中心由教师变为学生,教学形式由灌输变为主动建构,应该说是发展学生核心素养的新的教学模式。

（2）数学"再创造"学习理论

荷兰著名的数学教育家弗赖登塔尔认为数学教学方法的核心是学生的"再创造"。"再创造"理论认为教师不必把各种概念、法则、性质、公理、定理灌输给学生，而是应该创造适合的条件，提供很多作为知识载体的具体情境，让学生在实践活动中，自己"再创造"出各种数学知识。也就是说每个人都应该在数学学习过程中，根据自己的体验，用自己的思维方式，重新创造有关的数学知识。

数学实验能够使学生顺利进行数学化并实现再创造，数学实验可以借助现代技术和手段设计出"再创造"的教学环境，使学生在学习数学的过程中似乎置身于一个"数学实验室"之中，学生可以观察并尝试错误，可以进行发现并做出猜想；也可以做实验，并进行测量、分类；或是设计算法，通过运算检验；或是提出假说，借助逻辑推理加以证明；或提出反例予以否定……数学实验是一种能够使学生亲身经历数学"再创造"过程的教学形式，能够使学生通过体验牢固掌握所学的数学知识，并且能够使学生在具体的环境中养成用数学的习惯，从而克服学习数学而不用数学的弊端。

二、数学实验教学的设计

（一）数学实验的基本类型

根据数学实验的目的来分，可以分为以下三类：

1. 理解型实验

理解与概念有密切关系。理解型实验是借助对实物直观的操作，以学生深刻理解数学概念、定理等数学知识为目的的数学实验，也就是我们通常所说的对概念、定理等数学知识的认识要"知其然，并知其所以然"。

2. 探索型实验

探索性实验是通过实验来探索、回答一个对学生来说尚不知道答案的数学问题，为发现、提出概念、原理埋下伏笔。探索性实验一般安排在概念原理的学习之前，开始于一个有刺激性和探索性的问题，实验的过程受未知的探索结果的推动，对学生的兴趣和积极性要求较高，有利于培养学生的数学情感和数学态度。

3. 验证型实验

验证性实验是通过实验操作、观察、记录、分析等手段检验一个数学结论的真伪或猜想的正确性的活动。验证型实验，在平时的课上也是很常见的。比如，五年级"平行四边形的认识"，学生根据已有的知识经验，已经知道了平行四边形的对边是互相平行且相等的。这时就需要利用实验让学生来验证平行四边形的这些特征，在验证的过程中，加深对平行四边形特征的理解，丰富学生的基本活动经验。

（二）数学实验教学的一般模式

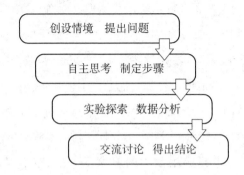

1. 创设情境 提出问题

创设情境、提出问题是数学实验教学过程的前提和条件。古语云："学贵知疑，小疑则小进，大疑则大进。"教师要引导学生进入生疑、释疑的情境，使其心理上处于激奋状态，产生了想通过实验解决问题的欲望。所以说创设合适的问题情境是促进学生对数学学习的兴趣和求知欲的有效方法。

2. 自主思考 制定步骤

与化学实验相比，数学实验的开放性较高，学生的主动性较强。化学实验的操作步骤往往是设定好的，先加什么试剂，再加什么试剂，药品应该怎么放，放多少，都是有规定的，学生只需要按照教师讲的去操作、观察、记录实验现象就可以。而数学实验教学往往以一个具体的数学问题为驱动，借助对实物直观的操作，在教师的指导下，采用学生独立或小组合作的方式进行探索，实验过程具有很强的探究性。

因此，当学生明确了需要解决的问题后，就要先自主探讨实验方案，提出可行的实验步骤和方法。这是很重要的一个环节，让学生先思后行，不盲目动手操作。在实验过程中也不可胡乱改变原有的设计方案，如果学生确有新的见解和好的方法，也要把预先设计好的实验进行到底，完成实验进行总结，然后再进行新的实验，并且与原来的实验进行比较，分析出优劣所在，培养严谨的科学态度。

通过实验的方法可以提高学生的动手能力，可以使学生从繁杂的推理和计算中解脱出来，进而可以使学生的认识过程由具体到抽象，由感性到理性，使十分繁琐抽象的推理，变为能够看得见、摸得着的实实在在的操作。

在实验过程中，教师要掌握好实验时间，充分发挥主导作用，引导学生从优化实验步骤出发，亲自去发现问题，亲自去解决问题。此外，教师要对不合乎实验要求的学生及时加以正确引导，对个别能力差的学生实行个别指导，遵循因材施教的原则。

3. 实验探索　数据分析

学生通过实验来学习数学，完成相应的实验，努力去发现与所研究的问题有关的一些数据所反映出的规律，对实验的结果做出清楚的描述。在完成实验的过程中，直观地理解其内在规律，获得感性认识，使抽象的数学知识具体化，复杂的问题简单化，一般的问题特殊化，肤浅的问题深刻化，这样做有利于学生以一个研究者的姿态在"实验空间"中观察现象、发现问题、解决问题。

数学实验的目的不是简单的得出结论而已，而是通过这些实验，实现学生的思维训练的目的以及培养学生严谨治学的态度。

4. 交流讨论　得出结论

在数学实验教学中，一方面，要让学生自己独立思考，产生猜想；另一方面，让学生通过讨论，更进一步地修改、补充，甚至是纠正，从而形成正确的结论。同时在讨论交流中也培养了学生的口头表达能力，可以使学生的表达更具有条理性和逻辑性。教师要组织好这样的讨论，可以通过个别发言、分组讨论和代表交流等形式来培养学生的共同探索精神，教师在讨论中要能发现学生对实验的理解深度：有没有独到的见解？存在的问题是什么？存在这些问题的原因在哪里？这样就可以在下一步的教学中设计出更加符合学生实际的教学方案，提出更有利于学生深入思考的问题。

（三）数学实验教学的组织形式

1. 分组合作

新课标强调教学的人人参与性，数学实验教学要建立在学生真正参与的基础上，所以每组的人数要根据实验的需求决定,可以让学生根据特长进行分工,分别负责操作、观察、记录等;还要考虑轮流分工,以达到平衡发展。其目的是"逼"着学生人人参与,人人成为学习的主人,避免"看客"的存在。

2. 集中演示

教师通过演示的全过程,去启发、指导学生学习,进行训练思维的数学实验。在教师的讲解、演示、推导中,学生获得知识并得到思维的训练。

3. 个体操作

数学实验教学是在教师的组织指导下学生的人人参与、操作、交流、思考的过程,它为每个学生提供相应的动手动脑的机会。

案例:

沪教版小学数学第十册"可能情况个数(例2)"

案例撰写:侯德峰

环节一:创设情境,提出问题

1. 小明和小刚要下棋,想用掷数点块的方法决定谁先走。

(1)规则:掷一个数点块,大于3点小明先走,小于3点小刚先走。这个规则公平吗?如果不公平,可以怎样修改?

(2)小结:可能情况个数一样,可能性相同。

2. 游戏规则:同时掷2个同色数点块,点数和有11种结果,老师选其中5个数(5,6,7,8,9),你们选其中6个数(2,3,4,10,11,12),谁赢的可能性大?

(1)猜测结果:学生大都认为自己赢的可能性较大。

(2)教师和学生代表进行现场比赛(五局三胜),结果老师赢了。

说明:

学生对于概率的判断经常具有主观性,从1个数点块类推到2个数点块,学生仅仅认为是数点块个数的增加,知识之间产生了负迁移。为此教师在课堂的一开始就创设了"谁赢的可能性大"这一游戏情境,当教师选5个数,学生选 6 个数时,学生大都认为是自己赢的可能性大,原因在于学生认为这 11 个点数和出现的可能性是相同的,自己赢的可能情况个数多,所以赢的可能性大,而随后的游戏结果却与猜测大相径庭,进而产生了认知冲突。为了解决这个问题,引入了"数学实验"的概念。

环节二：自主探讨实验方法

1. 刚才的比赛是老师赢了,很多同学不服气,觉得是老师的运气好,想要知道究竟是不是完全靠运气,可以怎么办?

(1) 小组讨论。

(2) 交流：掷的次数要多一些。

2. 提出实验方法：每个学生自己独立掷 1 分钟,并做好记录,一分钟后小组进行汇总,再全班进行汇总。

说明：

"五局三胜"的小游戏,大部分情况下是教师赢,当然也会出现学生赢的情况,但无论如何,学生大都会将赢的理由归结为运气好,这是因为掷的次数较少,其结果具有偶然性,体现了课标中的随机性的第一层含义。为此教师让学生讨论,探讨实验方法,学生首先想到的就是要增加实验的次数,教师顺势总结实验方法,全班参与一起掷,并将结果进行汇总。

环节三：实验探索,收集数据

1. 动手实验并汇总数据。

(1) 老师将全班的掷出的实验结果进行了汇总,并生成了一张条形统计图。(如图 1)

(2) 观察发现老师赢的次数要大大超过学生。

2. 观察条形统计图,说说你的发现。

(1) 出现 7 的可能性最大,然后依次向两侧递减,出现 2 和 12 的可能性最小。

(2) 小结：不同点数和出现的可能性是有大小的。

点数和	2	3	4	5	6	7	8	9	10	11	12
出现次数	6	5	12	11	8	5	11	11	8	6	3
	1	5	6	8	17	14	11	6	7	0	
	1	7	3	8	12	11	11	10	10	7	4
	3	5	9	14	20	14	14	7	12	10	7
	3	5	9	17	12	18	12	4	5	6	7
汇总	14	27	39	58	60	65	62	43	41	36	21
	老师赢的次数：　　　288					学生赢的次数：　　　178					
实验次数	466										

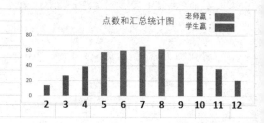

图 1

说明：

随机性的第二层含义是指当统计数据逐渐增多时，统计规律就会越来越明显。在这个环节，教师让全班同学每人掷 1 分钟，并通过软件进行汇总，每个实验数据都来自学生自己，从统计表中可以看出总共收集了 466 个实验数据，教师赢了 288 次，接近总数的三分之二。同时教师还利用数据生成了一张条形统计图，从图中学生能够直观感受到，不同点数和出现的可能性是不同的，出现 7 的可能性最大，然后依次向两侧递减，得到了实验的结果。

环节四：交流讨论，得出结论

1. 老师只选了 5 个数，你们有 6 个数，为什么最终还是老师赢的可能性大，这背后的原因是什么？试着分析一下。

（1）组内交流，尝试分析。

（2）交流汇报：图示法、列表法（如图 2）。

2. 辨析：和是 3 的情况有"1 + 2"和"2 + 1"这算 1 种还是 2 种？

（1）学生交流。

（2）利用统计数据说明：从统计图上可以看出，和是 3 的可能性是大于 2 的，如果算作 1 种，那么与和是 2 的可能情况个数相同，则它们出现的可能性应是一样的，这与实际数据不符，所以应当算为 2 种。

3. 小结：无论是图示法还是列表法都能够看出总共有 36 种情况，其中老师赢的可能情况个数有 24 种，学生赢的可能情况个数有 12 种，所以无论掷多少次都是老师赢的可能性大。

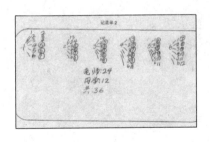

图 2

说明：

教材的例题采用的是红、黄两种颜色的数点块，目的是为了让学生能够理解诸如"红 2、黄 1"与"红 1、黄 2"应属于 2 种可能情况。但用两种颜色数点块教学后，问学生：如果数点块颜色相同的话，和是 3 的情况有几种？很多学生认为数点块颜色相同只能算 1 种，只有颜色不同算 2 种。教师很难向学生解释清楚无论两个数点块是同色还是异色，"1＋2"与"2＋1"都应该属于 2 种情况。为了避免学生误解，在教学中改为了同一种颜色，并且借助实验数据来证实无论数点块颜色是否相同，和是 3 的情况都是 2 种。学生根据全班的实验数据，自然而然地修正了自己认知上的偏差。学生通过变化数据的表征形式，亲历收集与分析数据，理解了"可能情况个数越多，可能性越大"这一核心概念，达成了实验目的。

（黄琰）

2 小学美术工艺课教学模式

工艺是指劳动者利用各类生产工具对各种原材料、半成品进行加工或处理,最终使之成为成品的方法与过程,具有美化生活的特点。工艺作为美术种类之一,范围广泛,品种繁多,分为传统工艺、现代工艺、装潢美术、民间工艺四大类,它们与人们的生活息息相关。中小学美术教材中有不少适合学生学习的民间工艺教学内容,有剪纸、泥塑、面具、会转的玩具等。小学美术工艺课学习重点是了解工艺品的特点与工艺品的内涵,学习工艺加工的过程与技艺,感受工艺创意表达的乐趣,激发对传统文化的热爱。

为达成上海市小学美术学科教学基本要求对不同年段学生工艺学习的要求,我们开展了工艺课教学模式的研究,希望通过研究能寻找出具有一定理论基础的工艺课教学的实践模式,使学生在学习工艺加工的过程与技艺的同时,提高探究思考、动手制作能力,从而培养学生的学科素养。

乔伊斯和威尔在《教学模式》一书中认为:教学模式是构成课程和作业、选择教材、提示教师活动的一种范式或计划。实际教学模式并不是一种计划,因为计划往往显得太具体,太具操作性,从而失去了理论色彩。将"模式"一词引入教学理论中,是想以此来说明在一定的教学思想或教学理论指导下建立起来的各种类型的教学活动的基本结构或框架,表现教学过程的程序性的策略体系。

工艺课的教学模式依据上海市教学基本要求,主要研究的是工艺课的材料应用、工艺表现和工艺作品寓意三个方面,基本的流程如图所示:

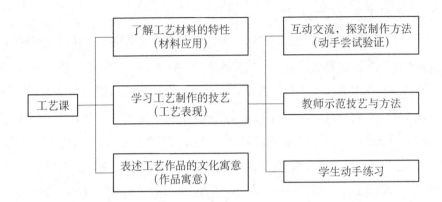

一、了解工艺材料的特性

1. 作品取材

工艺课的选材丰富多样，有时工艺作品的材料来自学生的学习与生活，就地取材，所选取的材料往往是廉价、唾手可得的，如纸张、布料、花草等，都是极好的创作作品的材料来源，只需改变它原有的功能，赋予它新的用途和作用，便能美化与创新我们的生活。

2. 材料特性

工艺课中材料的应用与工艺作品有着密切的联系，材料决定了工艺作品的制作方法与过程，材料是为将要表现的工艺作品服务的，所以要了解不同材料的特性，取其所长，发挥其特性，灵活应用材料，使作品达到理想的呈现效果。

例如上海书画版二年级第一学期"染色游戏"一课，教师将几种颜色的水彩分别滴在宣纸上，瞬间水彩在宣纸上形成颜色、大小不一的圆点，并出现颜色之间相互晕染与渗透的效果。于是教师请学生用手触摸宣纸并思考"为什么滴上水彩会有这样奇妙的变化"。学生很快发现因为宣纸表面不是光滑的，有较强的吸水性特点，所以水彩滴上去会渗化。当教师问学生"生活中还有哪些这样吸水性很强的纸"时，学生马上说出面巾纸、厨房纸巾等，学生知道这些纸张有共同的特性，可以尝试着用来进行水彩的滴染练习。

本节课中教师用国画材料中的宣纸作为染色纸，学生通过实验发现染色所需用纸的特性，从而拓展思路，联系生活找到适合的材料应用于学习。

二、学习工艺制作的技艺

技艺、方法和过程的学习是工艺课的主要环节,传统的技艺学习是以教师演示、学生练习为主,在实践研究中我们一改传统的工艺技法的学习方法,以问题引导学生进行思考,相互讨论交流或动手尝试验证,探究工艺制作的方法,然后师生共同归纳方法,在此基础上教师进行示范,学生再动手实践。技艺的学习以生为本,致力于教学生学会学习,激发学生学习、探究的兴趣,并使这种兴趣和主动探究意识转化为持久的情感态度,促进学生的创意思维的发展。陶行知先生说过:"我以为好的先生不是教书,不是教学生,乃是教学生学。……对于一个问题,不是要先生拿现成的解决方法来传授学生,乃是要把这个解决方法如何找来的手续程序,安排停当,指导他,使他以最短的时间,经过相类的经验,发生相类的理想。自己将这个方法找出来,并且能够利用这种经验理想来找别的方法,解决别的问题。"工艺课技艺的学习也是如此。

1. 探究活动

在探究技艺过程中,师生共同参与探讨,教师要做好引导工作,以学生为教学活动的主体,探究问题的提出要逐级递进,让学生一步一步地思考和总结方法。当然也不能为了探究而探究,要把握好尺度,如果探究不到位就会造成学生的探究活动得不出结果,如果过度地探究也会影响课堂效率,所以教师要找准探究点。

2. 教师示范

教师可以根据师生互动交流或学生动手实验时的思维和探究中归纳总结的方法,有针对性地进行反馈式示范,使示范指导更具有适切性、时效性,对美术知识与技能的难点、要点进行各个击破,分阶段地将示范与学生练习不断交替,使学生在学习过程中始终保持旺盛的学习兴趣,从而促进学生养成自主学习、主动思考的学习习惯。

三、体会工艺作品的文化寓意

工艺作品通常含有特定的寓意和文化内涵,往往借助造型、色彩或纹饰来象征性地喻示某一种含义。很多工艺作品出于民众之手,显示出人们内心的美好愿望和质朴的审美观念,在工艺作品中我们可以发现深藏于其中的审美意蕴和文化内涵,学生可以通过工艺作品的制作过程去感受和体会。

例如"我们的扇子"一课,在制作纸扇之前通过视频和图片的欣赏,学生了解了扇子起源于中国,在中国已有3000多年的历史,中国扇文化有着深厚的文化底蕴,中国历来被誉为"制扇王国"。一把折扇从无到有需历经三四十道工序：选料、造型、断料、劈篾、打磨、雕刻、烫钉……每一道工序都十分讲究。手工艺人在制扇的过程中倾注了对所做的事情精益求精的情感，正是这样的精神推动着中国扇文化的传承。学生在学习圆扇制作的过程中，能感受到制扇艺人的不易，扇面中的每一折棱边及扇面的延边和棱边都需保持一致，这需要学生在折叠时专注、细致、耐心，学生能从中感受到制扇艺人的"匠心"，从而使他们能将严谨、专注、敬业、踏实、创新、拼搏等可贵的"工匠精神"镌刻在心中，内化为行动，成为可贵的品质。

工艺课虽然有不同的教学内容，但核心知识与技能、学科育人价值比较统一，只是程度、要求上有区别，教师能找到一定的教学规律，便于课堂教学的设计和实施。但有时也因诸多因素的影响，教学模式的结构和程序会随之产生变化，所以教学模式并不是固定、单一的，是可以灵活变化的。

（夏琛）

3 小学音乐课歌唱教学范式

——戏曲类歌曲

　　歌唱教学是实现审美教育的重要途径之一，它不仅可以提高学生的音乐知识水平与技能，还可以培养他们的音乐审美，提高自身的歌唱能力和表达能力。同时歌唱也是一种表达情感的方式，能促进学生的身心健康发展，带给学生美的感悟和美的体验。

　　由于小学教材中的歌唱作品不同，学生年段不同，所以采用的教学方法也不同。就目前教材中的歌曲而言，我们可将其分为民歌、中外童谣、现代歌曲，以及戏曲歌曲等。无论是哪类歌曲，在歌唱教学中，促进学生理解的教学是尤其重要的。它能激发学生对音乐作品的思考，使学生在深入分析作品的基础上学习歌曲，把握作品风格特点，用歌声去演绎作品，从而为他们将来的音乐学习发展奠定基础。

　　为了对不同类型的歌曲实施有效的歌唱教学，在区级层面我们开展了"基于课标，提炼教学难点，探究课堂歌唱教学模式"的项目研究。尤其是戏曲类歌曲，学生平时接触较少，更谈不上了解，因此学唱此类歌曲较有困难。针对此情况，教师首先要分析作品，根据作品的特点理清教学思路，根据学生的能力和认知规律制定教学目标，将深度体验音乐作品、理解音乐表现意义作为主要教学环节，与此同时运用科学的教学方法，帮助学生将戏曲作品中具有独特魅力的音乐和丰富的内涵用歌声进行表现。这样不仅提高了学生的歌唱能力和音乐审美能力，更激发了学生对戏曲文化的热爱，真正实现歌唱教学的目的。

一、歌唱教学课基本流程——戏曲类歌曲

　　歌唱教学范式的流程如图所示：

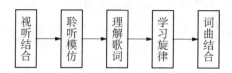

1. 视听结合，初识戏曲文化

戏曲对于小学生来说是比较陌生的，那如何帮助学生走进戏曲呢？最好的途径就是"视听结合"。教师在课前要准备和戏曲有关的视频、音频资料，通过欣赏视频片段和教师简要的介绍，让学生对该戏曲的历史地位和艺术特点有初步的了解，激发学生对学唱戏曲的欲望。

2. 聆听模仿，熟悉方言歌词

戏曲中的方言是学生较难掌握的，所以在学习此类戏曲的开始，一定要帮助学生听懂戏曲的方言。借助艺术家精湛表演的视频或教师的示范，教师采用"模仿"、"口传心授"的方式让学生学习方言，为学唱戏曲作准备。

3. 理解歌词，打拍朗读歌词

戏曲的歌词有些是对专业表演的描述——例如《唱京戏》，有些带有方言——例如《紫竹调》。当学生会朗读歌词后，首先要了解歌词所表达的意思。教师可以把对戏剧的介绍、视频观摩与理解歌词内容三个活动相结合，通过读读、看看、说说的方式，帮助学生理解歌词含义。根据不同歌曲，采用打拍的方式，让学生掌握戏曲的节奏难点，为配上旋律进行演唱打好基础。

4. 学习旋律，感受戏曲韵味

戏曲的旋律在乐谱上的音乐符号表达通常较为复杂，所以一般不建议马上让学生视谱学唱。通常先采用"跟唱法"、"听唱法"熟悉旋律，在钢琴或录音的伴奏下，尝试用戏曲特有的发声位置来哼唱旋律，这样不仅能找到戏曲的韵味，更能帮助学生掌握戏曲旋律。然后在学习过程中逐步帮助学生观察乐谱，提高他们对乐谱中音乐符号的认知。最后，学生能看着乐谱，在钢琴伴奏或录音伴奏下，感受戏曲中的音乐符号所带有的特殊韵味。

5. 词曲结合，表现戏曲韵味

词曲结合是学唱戏曲最难的环节，不同的戏曲有不同的唱腔，在此环节建议教师采用"口传心授"和"模仿"的教学方法，少让学生走"弯路"，在已经解决歌词和节奏难点的基础上,直接通过生生互助、师生合作以及对难点乐句进行有效指导的教学实践,帮助学生找到戏曲的韵味,并用多种形式表现出戏曲的韵味。

二、教学案例及设计思路

《唱京戏》

(沪音版四年级第一学期第二单元)

(一)作品分析

《唱京戏》是一首带有典型的"西皮流水"腔的京歌,旋律活泼、欢快,由京剧唱段《苏三起解》曲调改编而成,唱腔刚劲有力、节奏紧凑,虽然篇幅较短,只有四句唱词,却概括地唱出了京剧的表演、行当、脸谱艺术和乐器伴奏的特点,表现了欣赏京剧艺术时的愉快心情。

(二)教学设计思路

围绕京剧特点,通过对京剧知识的介绍与拓展以及一系列音乐实践活动,帮助学生理解歌词含义,使学生在初步高位置念歌词、词曲正确演唱京歌的基础上感受歌曲的"京味",并结合"唱"、"做"的综合表演引发学生对祖国国粹的自豪感。

1. 视听结合,了解京剧的博大精深;唱做合一,表达对国粹之热爱

整节课采用视听结合的方式,拓宽学生视野,引发学生感悟,了解京剧的博大精深。在尝试用京腔、京韵念歌词、唱歌曲的实践过程中,体会京歌的独特魅力以及它所带来的愉悦。在与同伴表演"唱"、"念"、"做"、"演"的音乐实践活动,感受学习京剧的乐趣并表达对祖国民族传统优秀音乐文化的热爱之情。

2. 把握教学重点,增强知识了解;转变教学方式,培养学习能力

京歌是学生较少接触的音乐作品,课的开始,教师通过京剧片段欣赏及简要的介绍,让学生对京剧的历史地位及艺术特点有了初步了解。在初听京歌时利用有效关键设问,使学生初步感受本首京歌的情绪及歌词内容,教师可将对京剧的介绍与熟悉歌词内容两个活动相结合,通过教师助学、学生自学的方式,使学生做到高位置朗读歌词,为唱好本首京歌做铺垫。最终,在静听默唱、师生互动、反馈评价的过程中,学生能够初步用高位置发声方法唱准歌曲旋律与节奏。

3. 亲身实践体验,突破教学难点;以合作表演为载体,加深对国粹的喜爱

本首京歌运用"西皮流水"的曲调与节奏。学生结合准确的打板,体验"过板开唱"的节奏难点,并尝试用京剧特有的练声发音"yi"来哼唱旋律,找到较高发声位置,结合"口传心授"的方式模仿"行腔",唱出京调韵味。学生通过分组合作表演,初步能在演唱中带有京调韵味、唱准"过板开唱"的节奏。

（三）教学目标

1. 学唱歌曲《唱京戏》,初步了解京剧的历史地位和艺术特点,尝试用京腔、京韵念歌词、唱歌曲,体会京歌的独特魅力。同时,感受与同伴合作学习与表演京歌所带来的愉悦。

2. 在对唱、模唱、打板、表演等音乐实践中,借助钢琴(电子琴)或录音的伴奏,运用"口传心授"的教学方法,帮助学生基本唱准歌曲旋律,使学生初步感知歌曲"过板开唱"的节奏特点。

（四）教学过程

第一板块：视听结合,初识戏曲文化

观看京剧《苏三起解》视频

思考：这位演员表演的是我们国家的哪一种戏曲？

教师介绍京剧。(播放 PPT,配歌曲伴奏)

说明：

（1）学习要点：初步了解京剧的艺术特点及历史地位。

（2）教学意图：通过观看视频、聆听教师对京剧的介绍,初步知道京剧的艺术特点及其在中国戏曲中的地位。

第二板块：聆听模仿,熟悉方言歌词

1. 初听歌曲(录音范唱)

关键设问：（1）京歌中唱了些什么？

　　　　　（2）歌曲带给你怎样的感受？

2. 揭示课题"《唱京戏》"

要求：师生共同高位置朗读课题。

3. 再听歌曲（教师范唱）

要求：师生交流，熟悉歌词。

说明：

（1）学习要点：初步感受京歌的情绪及熟悉歌词。

（2）教学意图：通过聆听教师的演唱与音频范唱，激发学生对学习京歌和了解京剧艺术的兴趣，把握歌曲的情绪，熟悉歌词，为京歌的学习打好基础。

第三板块：理解歌词，有节奏地朗读歌词

（一）走进京剧，理解歌词

学习方法：通过观看视频和师生互动学习歌词。

1. "生旦净丑角色全"

形式：教师通过范唱和互动介绍京剧行当。

要求：高位置朗读"生旦净丑角色全"。

2. "唱念做打不简单"

形式：观看视频《京剧演员艰苦训练》，介绍四种表演形式。

提问：你们看到了什么？领悟到什么？

要求：有情感地高位置朗读"唱念做打不简单"。

3. "五色的油彩脸上画，锣鼓一响就开演"

形式：学生自学。

要求：模仿前面的高位置朗读的方法，自学或同伴互助学习歌词。

4. 交流、反馈、互评

评价要求：能高位置朗读且吐字清晰。

5. 完整念歌词

要求：高位置朗读，带情感念歌词。

说明：

（1）学习要点：熟悉歌词内容，再次了解京剧的艺术表现形式和特点，并能高位置朗读歌词。

（2）教学意图：通过聆听教师的范唱、习练及视频观看，深入了解京剧的历史地位及艺术特点，并初步感受歌曲情绪，熟悉歌词内容，尝试用高位置方式朗读，为唱好本首京歌做铺垫。

（3）评价要点：掌握高位置的发声方法，参与活动有积极性。

（二）学习打板，念准歌词

1. 示范——教师打板念歌词

（1）提问：老师这遍念歌词和前面有什么不同？

（2）讲述打板在京剧中的作用。

2. 学生学习打板念歌词

（1）方法：口传心授、模仿练习。

（2）讲述"过板开唱"的节奏特点。

（3）学生打板念歌词。

要求：高位置朗读，打准拍点。

3. 解决节奏难点（根据学生情况预设解决方法）

方法：互动、反馈、评价。

4. 完整打板念歌词

要求：高位置朗读，节奏正确，打准拍点。

说明：

（1）学习要点：读准"过板开唱"的歌词节奏，并指导学生解决节奏难点。

（2）教学意图：在聆听、比较和实践活动中，体会本首京歌"过板开唱"的节奏特点，并通过默读、打板、师生接读以及有节奏的高位置朗读，让学生进一步体会本首京歌节奏特点。

（3）评价要点：高位置有节奏地朗读歌词，并打准拍点。

第四板块：学习旋律，感受戏曲韵味

1. 用"yi"哼唱旋律，体会发声位置

2. 模仿京剧韵味哼唱旋律

3. 解决"气口"问题，学会在休止处换气说明：

（1）学习要点：用"yi"哼唱旋律体会发声位置，并能模仿京调韵味。学会在休止处换气。

（2）教学意图：在学习旋律的过程中，运用观察歌谱、调整呼吸、模仿演唱等方法，解决旋律中的难点，一边打板一边体会"西皮流水"的旋律，进一步体会京歌韵味，为学唱歌曲做好铺垫。

（3）评价要点：唱准音高与节奏，并带有京调韵味。

第五板块：词曲结合，表现戏曲韵味

1. "口传心授"学习歌曲

实施方法：

① 教师唱，学生心里默唱；

② 教师带学生一起唱；

③ 分组唱，解决音准和节奏难点。

要求：词曲对准，打板正确，演唱时有京腔京韵。

放慢速度和教师对唱，唱出"行腔"的韵味。

2. 反馈交流

实施方法：个人、小组或师生共同演唱。

评价标准：词曲对准，打板正确，演唱时有京腔京韵。

跟着录音伴奏完整演唱。

说明：

（1）学习要点：用中国戏曲特有的"口传心授"的方式学习歌曲，用高位置的发声方法把词曲唱正确，打准拍点，并能唱出京歌韵味。

（2）教学意图：体会歌曲节奏特点，唱准歌曲旋律。通过生生互助，以及教师对于难点句的有效指导，唱准歌曲中一字多音的难点句，以及解决第三、四句紧凑的节奏难点。帮助学生更好地把握歌曲节奏并唱出京歌的韵味。

（3）评价要点：词曲对准，打板正确，演唱时有京调韵味。

（姚梅，案例提供：孙菲）

4 小学《体育与健身》课程单元教学设计范例

—— 以二年级"走与跑——自然地形跑"单元教学设计为例

近年来，上海市教研室将学科单元教学指南作为成果转化的项目之一，重点开展了一系列的实践与研究，其目的是从中观层面为基层学校和教师的学科教学设计提供切实可行的指导和帮助，以便更好地落实学科核心素养。

为了进一步地落实和跟进项目研究，我们以课程研修的形式进行了大量的探索和实践，并初步形成了单元教学设计的基本范式。

一、单元教学设计的基本要素

我们与教材相联系，取单元为单位，以基于标准和促进个性化学习为导向，针对关键要素，进行有重点的设计。设计主要包括以下五个方面：

1. 单元教材教法分析：教材分析＋学情分析＋教法分析＋问题链。

2. 单元教学目标设计：把握重点＋明晰能力＋挖掘意义。（三维）

3. 单元学生活动设计：目标建构→活动规格（流程、要求、档案、评价）→水平描述。（尤其要强化实践性学习经历的设计）

4. 单元评价活动设计：目标建构→框架设计（类型、途径、工具）→结果分析。（尤其要探索基于或伴随过程的真实性评价）

5. 单元教学资源设计：素材＋片段＋工具＋课件；网络＋场馆。

二、单元教学设计案例：小学二年级"走与跑——自然地形跑"单元教学设计

（一）单元教材教法分析

1. 教材分析

流程图 1：单元教材分析的基本路径

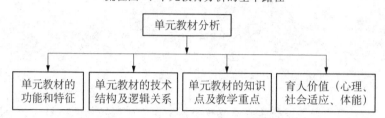

自然地形跑是"走与跑"单元中的主要教学内容，也是"跑"的基本内容。这是为耐久跑的教学提供一个基础与铺垫，旨在让学生提高跑的兴趣，同时促进下肢肌肉、关节、骨骼、韧带等运动器官的发育，提高身体的协调、平衡等素质。

自然地形跑是体育教学中不可缺少的项目，它与学生的生活以及身心发展有着非常密切的联系。但对于低年级学生来说，"跑"确实是一项单调枯燥的内容，他们不喜欢机械性的重复跑动作。因此教师要挖掘一切可利用的元素，采用丰富多样的情境教学方法，激发学生对跑的兴趣。

本单元共安排了 3 个课次，通过 3 个课次的教学让学生学会自然地形跑的方法，提高奔跑的能力，并能将学到的自然地形跑的方法运用到生活中去。

单元教学的重点是跑步时根据地形变化改变身体姿势。

跑得自然、协调、持久是掌握自然地形跑的关键因素。因此，要通过各种专项练习不断提高学生根据地形变化改变身体姿势的能力，尤其是要抓住小学这个发展学生身体协调性的关键期。通过本单元的学习，学生不仅能得到身体上的锻炼，而且能得到心理上的满足，促进身心全面发展。

在教学中运用主题情境教学、合作学练、自我评价、相互评价等有效手段，培养学生与他人交流、合作学习的能力，树立学生克服困难的信心，使学生获得超越和战胜自我的成功喜悦。在教学中要培养学生树立安全活动意识，建立安全活动的规范，帮助学生在安全的环境中认识自我、挑战自我。

2. 学情分析

流程图 2：学情分析的基本路径

本单元教学对象是二年级学生，他们年龄小，容易受到外界干扰，注意力不集中，兴趣难以持久，依赖性强，自我约束能力差；但是他们活泼好动，模仿能力强。教师要抓住他们的特点，采用多种形式（主题教学、情境教学、分组讨论教学）来进行教学。

因此，教师在组织教学时，一开始不必过分地强调技术环节的掌握，应该以调动学生锻炼的积极性为主，创设主题情境，让学生在一个又一个的趣味游戏中逐步掌握并巩固自然地形跑的动作要领，鼓励学生善于合作、善于交流、勇于竞争、发挥所长、弥补所短。采用多种教学方法，由易到难，由简到繁，让学生在教师的引导下，逐渐在实践中学会正确的动作。

3. 教法分析

单元教材教法分析的属性表

核心内容	核心要素	关 注 要 点
教材分析	教材特征	教材的功能及相关理论知识
		教材内容的技术结构及逻辑关系（见流程图 3）
		确定单元教学内容的教学重点
	育人价值	挖掘教材的育人价值，关注学生心理发展和社会适应目标
		具备完成动作所必须具有的体能，做好身体敏感期的体能发展训练
学情分析	认知水平	学生实际的学习基础分析
		从学生的现有基础出发，确定学习起点
	身心特点	学生的生理与心理特点
	能力水平	学生学习新知识可能会遇到的问题与困难
教法分析	选择运用	依据学生身心发展的特点、认知规律、人体生理机能适应规律、动作技能形成规律等选择、运用教法
		根据教材特点进行选择运用，体现主体性、科学性和创新性

　　根据教材内容的特点、运动技能形成规律,教师一开始主要采取的教法是讲解法、示范法,帮助学生建立完整的动作概念。随后采用纠错法,帮助学生逐步掌握动作要领。

　　由于小学生活泼好动而意志力不强,教师可以创设多种情境,让学生在不同的情境下进行自然地形跑的练习,既避免了单一跑的枯燥,又大大地激发了学生的学练兴趣,有效地提高了课堂教学效率。如在第一课时中创设"丛林大冒险"情境、"极限大挑战"情境等。

　　4. 单元教学问题链

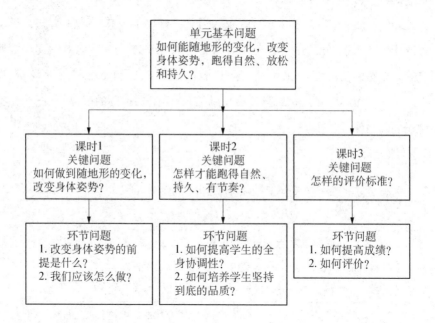

（二）单元教学目标设计

流程图 3：制定单元教学目标的流程图

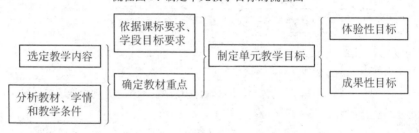

单元教学目标依据"知识、技能、安全"、"过程、方法、体能"、"情感态度、价值观、环

境"三个方面制定,每一个方面的目标在具体叙写时要从各自的目标"表现点"进行表述。具体如下:

1. 知识、技能、安全目标主要表现点:体育知识、卫生规则;基本技术、技能组合;安全知识、安全技能。

2. 过程、方法、体能目标主要表现点:学练过程、学习经历;学练方法、运用方法;体能练习、运动负荷。

3. 情感态度、价值观、环境主要表现点:学练兴趣、体育情感;体育观念、学练价值;学练环境、适应环境。

小学二年级《体育与健身》课程"走和跑:自然地形跑"单元教学流程

年级	二	学期	第一学期	课次	3	执教	
单元学习目标	1. 体验自然地形跑的正确身体姿势和呼吸方法,合理分配体力,提高奔跑的能力,树立安全活动意识,建立安全活动规范。 2. 通过自然地形跑发展耐力素质,提高心肺功能及全身协调能力。 3. 培养自主探究、合作学习的能力,激发学习体育的兴趣,养成乐于锻炼的好习惯。			教学重点、难点		重点:根据地形变化,改变身体姿势。 难点:跑得自然、协调、持久。	

课次	教学内容	学习目标	重点、难点	活动与评价
1	自然地形跑	1. 掌握眼看前方,根据地形变化,跑动中改变身体姿势的方法,树立安全活动意识,建立安全活动规范。 2. 发展上、下肢的协调能力,提高随机应变的奔跑能力。 3. 培养善于观察和团队协作的能力,激发对体育的兴趣。	重点:根据地形变化,改变身体姿势。 难点:跑得自然、协调。	主题情境:奔跑吧,萌娃们! 1. 教师引入情境:"丛林大冒险之丛林寻宝"。 2. 学生根据宝藏提示尝试练习。 3. 教师与学生共同小结:如何根据地形变化改变身体姿势,跑得自然、协调。 4. 学生带着问题进行练习。 5. 教师引导学生自行设计心中的丛林场景,体验"根据地形变化,改变身体姿势进行跑步"。 6. 教师提出练习的要求及评价方法。 7. 组织学生进行"极限大挑战"的练习。 8. 学生交流讨论,相互学习。 9. 教师给予学生及时的评价和表扬。 评价要点:1.跑动中抬头,眼看前方;2.根据不同地形能改变身体姿势;3.乐于与同伴合作完成练习。

（续表）

课次	教学内容	学习目标	重点、难点	活动与评价
2	自然地形跑	1. 掌握自然地形跑的动作和方法,并能将其运用到实际生活中,树立安全活动意识,建立安全活动规范。 2. 发展身体的灵敏、力量、耐力等素质,提高奔跑能力。 3. 激发对体育运动的兴趣,培养善于观察、积极实践的求学精神。	重点:跑得自然、持久,有节奏地呼吸。 难点:全员协调完成。	主题情境:穿越吧,萌娃们! 1. 用语言讲解上个课次的重点,通过复习并归纳总结出自然地形跑的动作方法与要求。 2. 带入情境"穿越山谷"。学生分组练习自然地形跑,注意跑动时的身体姿势、呼吸节奏与应变能力。 3. 教师巡视指点,设计口号提高士气。 4. 教师让学生自己设计"地形"进行自然地形跑。 5. 教师及时提醒,共同参与。 6. 集合学生,师生共同探讨交流与评价。 评价要点:1. 有节奏地呼吸;2. 乐于与同伴合作完成练习。
3	自然地形跑	1. 知道考核与评价的方法,并懂得判断自己的水平层次,进一步提高自然地形跑的能力。 2. 通过考核评价,进一步发展上肢力量。 3. 通过评价自我和评价他人,培养自我认识能力,增强学习自信。	正确评价自己,宽容评价同伴。	1. 教师引导学生复习巩固自然地形跑的动作方法及呼吸节奏。 2. 组织学生六人一组进行分散练习。 3. 向学生说明评价标准。 4. 按评价要求,三人一组练习自然地形跑的动作。 5. 学生互相检查动作掌握的情况并进行评价。 评价要点:能正确评价自己和他人。 优秀:根据地形变化,改变身体姿势,跑得自然、协调、持久、有节奏,同时能够处理突发情况。 良好:根据地形变化,改变身体姿势,跑得自然、协调、持久。 合格:根据地形变化,改变身体姿势,跑得自然。
安全保障	1. 教师课前检查场地器材安全性。 2. 练习前进行安全教育,练习中时时安全提醒。 3. 对人员之间的练习空间的安排。		评价与方法	注重过程性评价,主要采用自评、互评、师评。(附单元评价表)
教学资源	1. 标志桶 36 个　　2. 跳箱 6 个 3. 呼啦圈 18 个　　4. 小垫子 30 个 5. 平整场地 1 块　　6. 假人 6 个 7. 丝带若干　　　8. 挡板 12 块			

（三）单元学生活动设计

1. 单元学生活动设计的要素

活动设计的要素

单元活动的设计是以对单元教学内容的分析，对单元内容重点的提炼，对单元知识所处的层级结构位置的探索为前提，在确定单元教学目标的情况下，根据单元要解决的基本问题和各课时要解决的关键问题而进行的学生活动的设计。单元活动设计是整个单元中学生活动的核心环节，它可以是一节课内的一个活动设计，也可以是一节课内的几个环节的活动设计。

2. "目标导向"的单元活动设计路径（主要的活动类型与学科核心能力对应示意图）

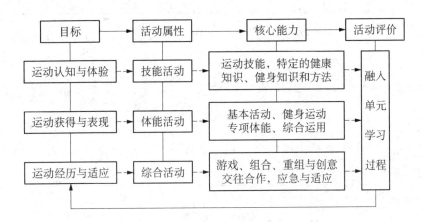

小学二年级《体育与健身》课程"走与跑：自然地形跑"自我评价表

姓名

班级

请同学按照课中表现在响应的区域打钩

评 价 内 容	是的，我做到了！	我还需更加努力！
你能在课中仔细倾听教师讲解和分析动作，认真观察教师示范吗？		
你能积极投入到每次的学习中吗？		

（续表）

评 价 内 容	是的，我做到了！	我还需更加努力！
你是否在小组练习时能观察同伴的动作，和同伴分析交流？		
你能简单讲出自然地形跑的要领吗？		
你是否已经基本掌握自然地形跑的方法？		
你能说出如何根据不同的场景改变我们的身体姿势吗？		
你在团队合作中遵守规则了吗？		
你能在团队合作中，做到帮助别人吗？		

小学二年级《体育与健身》课程"走与跑：自然地形跑"互评、师评表

姓名

班级

评价项目 / 评价人	合作能力	练习态度	遵守规则
小组成员互评	□高 □中 □低	□积极 □一般 □不积极	□守则 □不守则
教师评定、评星	技能水平 □优秀□良好□合格□有待提高	上课态度 ☆☆☆☆☆	进步幅度 ☆☆☆☆☆
教师评语			

技能掌握度评价表

姓名		评价者		日期	
等级评价	评 价 标 准				
优秀	根据地形变化，改变身体姿势，跑得自然、协调、持久、有节奏，同时能够处理突发情况。				
良好	根据地形变化，改变身体姿势，跑得自然、协调、持久。				
合格	根据地形变化，改变身体姿势，跑得自然。				
有待提高	无法完成。				

目标融入了学科的核心素养和学习的主要经历，通过主要的活动类型对应学科的核心能力。活动属性是课程的三个实践主要领域（技能、体能和综合活动），每一类的活动属性也对应着学科学习的要点和能力培养的侧重点。

（四）单元评价活动设计

1. 单元教学评价整体规划路径

2. 融入教学过程的课时评价设计思路

（五）单元教学资源设计

1. 单元媒体资源设计流程及说明

（1）设计流程

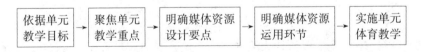

（2）设计说明

单元媒体教学资源设计应以单元教学目标为依据，根据已聚焦的单元教学重点，明确媒体资源设计的要点、资源对应的学习活动环节、对应的目标和希望解决的问题等，择优选择。

（陈善军，案例提供：上实附小 吴荣）

5   小学《品德与社会》课程历史常识类
课文内容教学模式

一、概述

　　小学《品德与社会》课程一至十册的学习内容大致可以分为四类，即生活类、地理类、历史类、政治类。根据总项目组基于课程标准教学的"三维多元聚合"的课堂教学范式，《品德与社会》学科子项目组结合本学科实际，对历史类课文教学进行了实践研究，形成了教学模式。

二、依据

　　在基础教育中，历史学习作为培养学生公民素养的重要组成部分，要能够产生效益，就必须让学生理解他们所处的世界，以及现在与过去的联系；通过研习不同时空的社会生活和道德、习惯等，扩展学生的社会生活经验；帮助学生运用历史知识以及从中学到的技能，应付复杂的社会关系，并增强对优秀文化、优良生活方式的选择能力；为学生们发展校外文化活动提供途径，并发展他们的批判性思考能力。

　　在小学《品德与社会》课程标准中我们看到，比较规范的历史知识内容主要安排在中、高年级，所涉及的模块包括家庭、学校、社区、国家等。《品德与社会》课程中历史常识的教学，要服从《品德与社会》课的目标核心立意，所以，教师应选取最具代表性、易于被接受的史实材料，整合相关资源，帮助学生读懂材料，了解材料内在意义，运用材料有理有据地论证问题，运用相关教学策略，以情感激发为主，使学生形成正确的价值观。

　　小学《品德与社会》课标解读中明确指出，对有关历史知识的教学，最基本或常规的方式是分析史料和开展访问调查。针对小学生的特点，教师注意多采用合作学习的方式，史料要包括文献和文物，可用清晰的图片和实物进行展示，进行访问时要注意选择被访对象有历史价值，指导学生逐步了解"求真"为主体的历史思想和方法。历史学习在小学阶段着重培养学生的判断能力和理解能力。

　　本模式的理论依据是建构主义教学理论。学习是在一定的社会文化背景下，借助其他人的帮助，即通过人际间的协作活动而实现的意义建构过程，因此学习关键由"情境"、"协作"、"会话"和"意义建构"四大要素组成。

三、流程

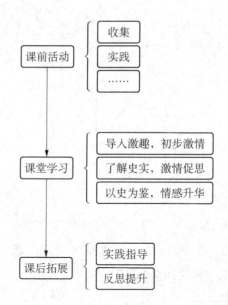

具体操作流程如下：

（一）课前活动

　　课前活动可以根据学习内容请学生收集相关信息，或参加相关实践活动，作为学习活动准备。

（二）课堂学习

　　课堂学习主要分三步，下面具体展开。

1. 导入激趣，初步激情

　　教学导入环节在整个教学过程中尤为重要，对学生而言，能起到安定情绪、集中注意力、引发兴趣、明确任务等作用;对教师而言,能起到激发学生兴趣与求知欲、激发学生内在情感、激活学生思维等作用。

从导入形式讲,可以分为以下几类:

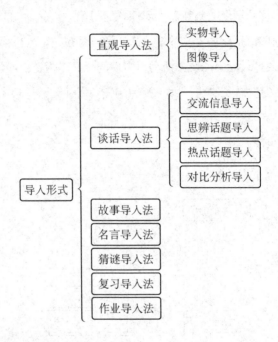

2. 了解史实,激情促思

这是课堂教学中的主要部分,从课堂学习活动的方法来讲,主要采用史地融合法、音像感知法、故事学习法、角色扮演法、情境模拟法、思辨交流法、问题探究法等,这些活动方法可以根据学情、目标选择组合使用。

具体使用方法阐述如下:

(1) 史地融合法

从地理位置、地貌特征等内容导入,让学生通过相关图表,把地理的相关知识同历史事件结合起来,发现内在联系,了解到许多地方发生的著名历史事件往往与其地理位置有着密不可分的关系,充分了解地理位置有助于科学全面地了解历史背景。

其一般操作流程为:

（2）音像感知法

音像感知，顾名思义，就是通过给学生提供图片、照片、地图、录音、录像、影视、音乐、多媒体课件、网络信息等资源，以优美的旋律、生动的图片、活动的画面调动学生多种感官，让学生获得形象直观的认知，获得情感的感染和理性的启发，激发学习兴趣并增强进一步探究的学习欲望，有利于学生的主体性发展，在学习过程中可以突破教学重点，分散难点。

其一般操作流程为：

激趣导入 → 呈现图像 → 运用视听 → 解析感知 → 感悟提升

（3）故事学习法

以故事促发兴趣，围绕主题选择历史故事。故事应含有发展过程，富含细节，详略得当。通过讲故事或阅读故事的形式，让学生学习历史事件，认识历史人物，感知社会发展。

其一般操作流程为：

激趣导入 → 呈现故事 → 分析故事 → 感知评价 → 感悟提升

（4）角色扮演法

依据教学目标，结合课程内容，由学生扮演某一历史或社会角色，或模拟以往社会中的历史人物，或模拟现实社会中的人物，学生通过亲身的情感体验来加深对社会的观察，对历史的了解与认识。在主动参与学习、与他人互动的过程中，分享彼此的学习经验，习得、领悟辩证看待历史。

其一般操作流程为：

（5）情境模拟法

围绕教学目标，在尊重历史事实的前提下，让学生对历史场景进行还原，代入当时的历史人物，体会人物的心理活动及情感，在对话、表演、操作中学会客观辩证地了解史实，感受历史事件的影响。

其一般操作流程为：

激趣导入 → 解析历史背景 → 情境模拟 → 活动感悟 → 评析总结 → 激情促思

（6）思辨交流法

在教师的引导下，学生用所掌握的知识及方法，通过讨论、辩论等多元互动的形式，对历史事件中的相关问题做进一步的探讨、分析，了解历史事件，辩证看待历史，以达到促进共同发展的目的。活动主要以讨论、辨析、辩论等形式进行两难选择，从而促进学生逻辑思维、语言表达等多种能力的发展，促进其社会生存能力的提高。

其一般操作流程为：

激趣导入 → 引出辩题 → 选择观点 → 自由交流 → 学习资料 → 再次选择 → 自由交流 → 评析总结 → 感悟提升

（7）问题探究法

让学生在参与课内的学习活动中，以动手动脑、团队合作的方式，分析、解决和处理问题，培养学生的问题意识和探究意识，增强综合素质。

其一般操作流程为：

激趣导入 → 提出问题 → 分析问题 → 学习讨论 → 探究实践 → 解决问题 → 交流展示 → 释疑总结

3. 以史为鉴，情感升华

通过了解历史事件的历史意义与现实意义，进一步激发情感，指导行为。用创设情境问题或思辨的方法，让学生能够辩证地看待问题，用史实作为学生思考的依据，让学生以之为鉴，从而能够在后续的学习中，深化情感，持有正确的价值观、人生观。

（三）课后拓展

课后可以组织学生参加实践活动，在实践活动中加强认知，指导行为，也可以通过活动作业，帮助学生走进历史，反思提升，形成正确的价值观。一般常用参观考察法、展示交流法等。

1. 参观考察法

结合丰富的社会基地资源，将课堂拓展到社会，开展现场学习活动，关注学生综合能力的运用与提高。

其一般操作流程为：

提出任务 → 考察准备 → 参观学习 → 分组研究 → 成果展示 → 交流总结 → 感悟提升

2. 展示交流法

将学生通过调查、访问、收集资料等活动产生的作品进行展示和交流。作品形式应是多样的，如演讲稿、纸质或电子小报、专题手册等。展示形式也应是多样的，如演讲会、故事会、板报展览等。

四、实施要点

（一）以微知著，小处着手学方法

我们的《品德与社会》课要服从目标核心立意，历史学习的真正目的不在于让学生掌握大量历史知识、通晓中华民族五千年的历史，而是要立足于品德教育，发挥历史特有的道德教育价值：讲皇帝，要体现五千年文明的源远流长；讲孔子，要体现儒家思想的长远；讲汉字与书法，让学生了解文字传承文明，而书法作为艺术为文明添彩；讲四大发明，让学生体会科技推动文明的发展进步；讲中华医药，让学生学习创造、传承独特的文明等。

1. 教学内容的处理

要在尊重史实的基础上，围绕目标对教材进行选择、调整、加工、提炼，根据学生的生活实际和接受程度加以补充和拓展。历史内容远离学生的生活世界，可能许多内容也不是学生感兴趣的。我们教师可以做的，就是想方设法使教学能从学生已有的生活经验或熟悉的内容着手，找到贯穿今昔的通道，使学生逐渐掌握学习的方法。

2. 教学过程的设计

有效组合运用多种教学方法，做到精心设计问题、创设情境，引导学生积极讨论与探究；实施师生互动，引导学生主动参与、合作学习；合理使用现代教学技术和教具，为创设情境、引发探究等服务，为引导学生进行开放式学习服务；训练活动要有效，要结合实际安排考察参观类活动等。

3. 学习方式的完善

多种多样的学习方式，可以使学生在课堂上对历史知识点的学习更有趣味性，更为扎实。首先要注重实践体验,历史知识是客观存在的,但是有体验才会印象深刻。因此,教师要创设情境,让学生有实践体验的机会。其次要注重思辨探究,历史的背后往往包含着背景要义,具有客观存在的规律,教师要引发学生善于思辨,探究历史。最后,也要注重互动合作,合作会迸发智慧,学生能在合作中掌握学习历史的正确方法。

4. 教学评价的运用

历史性内容的教学虽然和生活性内容的教学有所区别,但是作为教学过程中的重要环节,评价是必不可少的。不过,在评价方式上我们要提倡主体多元,方法多样,内容综合。而在评价中,我们需要注意重过程,重激励。

（二）以情动人,言行引导激共鸣

品社教学与历史教学很大的不同可能就在于品德性的目标,给学生讲历史,更多的是希望通过一个历史事件的教学而达成一种情感目标。课堂上提倡教师能声情并茂,用自己的情感引起学生情感的共鸣。要善于用媒体渲染氛围,要巧用多媒体,整合典型史实,用证据说话,让教学有说服力,以情染情,激情促思。

（三）以史为鉴,科学态度看发展

历史发生在过去,学生和教师都没有亲身经历,但可以以史为鉴,让学生感受到历史的客观真实,然后用科学的态度去考虑未来,真正体会到历史带来的启迪与反思。

建议教师结合具体的教学内容,让学生走进博物馆,去看中国的文物,去看中国人民的智慧,去看中国古代创造的辉煌;更重要的是,要让学生站在历史的角度,学会去看未来。同时,教师要充分结合鲜活的社会即时信息资源,如在组织学生观看"纪念反法西斯胜利 70 周年"的阅兵式中,引导学生感受中国的武器的先进,军队的强大;聆听习近平总书记的讲话,知道我们的胜利来自战士们的浴血奋战;明了我们的阅兵式并不是为了战争而是为了和平;了解我们铭记历史并不是为了报复而是为了看向未来。让学生感受到我们中国对待历史的态度,我们当今中国的气魄。

我们教材中的历史知识不应教给学生一个个死板的知识点,而是从一个个鲜活灵动的生命,一段段精彩纷呈的故事,一曲曲荡气回肠的赞歌中呈现历史的客观与真实,让学生愿意去触摸历史,感受历史,反思历史,面对现在,展望未来。

（徐汇区教育学院曹娟娟;徐汇区田林第一小学孙易燕）

6 算法教学中的回溯式设计模式

一、基于"三维多元聚合"的项目设计模型

在《上海市高中信息科技学科教学基本要求》建议的一学年 63 课时教学内容中，算法与程序设计部分为 32 课时，占比超过 50%。因此，教好算法部分，是每一位高中信息科技教师的必备技能。

算法与程序设计部分的教学，尤为考验教师自身的逻辑推理能力和思维引导能力，如何让算法设计的过程与结果自然而然地铺展与呈现，如何推导算法设计每一环节的因果与逻辑联系，如何引导学生亲历算法设计的思维路径而不是简单地将算法结构、语句代码告知学生，解决这些问题是教好算法的关键。

基于"三维多元聚合"设计思想的"回溯式教学设计模式"，是以课标和教学基本要求为指导目标，以学生思维发生与发展为路径与主体，从生活情境中发现问题，通过分析推演、设计算法、程序验证，获得解决问题的初步结果，再将此结果回溯到问题的本源，从中发现新问题，思考并修正前一轮的算法设计，重新验证，直到最终解决问题的教学设计。

二、回溯式教学设计案例

（一）教学背景

1. 内容分析

本课内容是华师大版高中信息科技教材《算法与程序设计》第二章"基本算法实例"第二节"枚举算法"，以及第四章"基本算法实现"第二节"枚举算法的程序实现"的

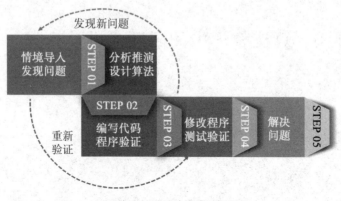

"回溯式教学设计模式"模型图

内容,共分三课时,本课为第一课时。本课将教材中的第二章和第四章相关内容进行整合,通过"算法设计"与"程序编写"的结合,让学生更容易理解枚举算法的基本设计思想,更直观地体验计算机解决问题的基本过程。

2. 学情分析

教学对象是高中一年级学生。本课之前,学生已经学习了算法的概念和特点,知晓如何使用流程图、自然语言描述算法,了解了顺序、分支、循环三种算法结构的执行特点;学习了程序设计的基本思想,掌握了赋值语句、分支语句、循环语句的基本用法和 Visual Basic 的基本操作,这些都为本课内容的学习提供了良好的知识储备。对于高中生而言,枚举算法思想比较容易理解,但学生缺少运用该算法解决实际问题的经验和能力。因此,期望通过本节课的学习,学生能根据实际问题,分析关键步骤,设计和优化枚举算法,最终实现问题的求解。

(二)教学目标

1. 知识与技能

(1)描述枚举算法的基本概念。

(2)解释枚举算法解题的基本思路。

(3)用程序实现枚举算法并求解。

2. 过程与方法

通过"韩信点兵"、"查找伪钞编号"2个实例的分析、编程实践、交流等环节,体验用计算机解决问题的基本过程与方法。

3. 情感态度与价值观

（1）体会程序设计缜密的逻辑思维。

（2）领略古人的智慧，感悟中国古代数学中的算法思想及古文化的博大精深。

（三）教学重点与难点

1. 教学重点：根据实际问题确定列举范围以及验证条件。

2. 教学难点：选择合适的方法实现枚举，提高算法效率。

（四）教学资源

1. 软件：Visual Basic 6.0 中文版。

2. 教学课件：《亘古通今的枚举算法.pptx》。

3. 学习单：《枚举算法》课堂学习记录单。

4. 其他资源：教师提供"有待完善的程序"，学生在此基础上完成代码的填充，实现"韩信点兵"问题的求解。

```
Private Sub Command1_Click()
Dim x As Integer            '变量 x 用来表示士兵人数
Dim n As Integer            '变量 n 用来统计该问题解的个数
n = 0                       '该问题解的个数设初值为 0
For x = ___ To ___ Step ___ '列举士兵人数的范围
  If ___ Then               '检验该人数是否是问题真正的解
    List1. AddItem Str(x)    '将符合条件的人数输出到列表 1 框内
    n = ___                 '解的个数 + 1
  End If
Next x
List1. AddItem "该问题的解有" & Str(n) & "个"  '最后在列表 1 框内输出解的
个数
End Sub
```

[注]"有待完善的程序"优势：将一些与本节课的重点与难点无关的因素，例如界面设计等弱化，将课堂的重点放在问题的分析和求解上，提高课堂效率。

（五）教学评价

围绕"韩信点兵"、"查找伪钞编号"两个问题，开展上机编写程序、交流讨论活动，通过"课堂学习记录单"的填写，对学生的学习过程进行记录，进而给予评价。

（六）教学过程

1. 情境导入

（1）教师提问：

超市促销期间，王阿姨买了一箱梨，回到家打开一看，有些梨已经坏了，如何把好的梨挑选出来呢？

（2）学生思考并讨论后可能回答：

从箱子中一个一个地将梨拿出来，检查每个梨是否完好，好的留下，坏的扔掉。

（3）师生共同分析问题，导入课题：

细化"挑梨"的步骤，引出课题"枚举算法"，按问题本身的性质，一一列举出该问题所有可能的解，并在逐一列举的过程中，检验每个可能"解"是否是问题真正的解，若是，则采纳这个解，否，则抛弃它。

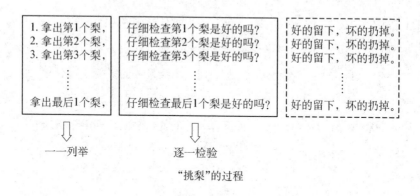

"挑梨"的过程

2. 任务一："韩信点兵"问题（单循环嵌套分支结构）

（1）教师讲故事并提问：

秦朝末年，一位大将军带 1500 名兵士打仗，很多人战死了。剩下的兵士 3 人站一排，多出 2 人，你能帮助大将军算出剩下的兵士人数吗？请从两方面来思考解决该问题的步骤，即剩下兵士人数的范围是多少？ 检验的条件又是什么？

（2）学生分析并推演：

（a）剩下人数 x 的列举范围：5～1499。

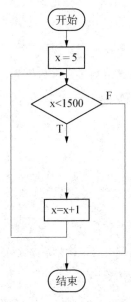

循环结构实现——列举

（b）剩下人数 x 的检验条件：$x \bmod 3 = 2$。

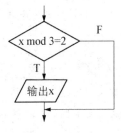

分支结构实现逐一检验

（3）学生尝试编写程序：

学生在"有待完善的程序"基础上补充程序，运行程序，求得问题的解有 499 个。

（4）教师提出第一个进阶的思考问题：

出示第一条线索"前线来报，死亡兵士四五百人"。请思考，根据现在的实际情况，如何调整你的程序？是调整列举的范围还是调整检验的条件？

（5）学生尝试后获得结论：

缩小 x 的列举范围，改为 $1000 \sim 1100$。

（6）学生根据进阶问题一修改程序：

学生在"有待完善的程序"基础上修改列举范围，运行程序，求得问题的解有

33 个。

（7）教师提出第二个进阶的思考问题：

出示第二条线索"将军又命剩余的兵士进行排列，发现若 5 人站一排，多出 3 人；若 7 人站一排，多出 2 人"。请同学们想一想，这次我们需要调整程序的哪部分？如何调整？

（8）学生思考并讨论：

增加检验的条件，检验的条件由原先的 1 个增至 3 个，并且要同时成立。即 x mod 3 = 2 and x mod 5 = 3 and x mod 7 = 2。

（9）学生根据进阶问题二修改程序：

学生在"有待完善的程序"基础上修改检验条件，运行程序，求得问题的解只有 1 个。

（10）回顾问题的解决思路并总结：

回顾问题的求解过程，随着条件不断细化，解的个数从 499 到 33 再到 1，在这个过程中，我们通过缩小列举范围，增加检验条件，不断改进算法，最终求得问题的真正解。用枚举算法解决实际问题时，需根据实际的情况，合理地缩小列举范围，增加检验的条件，优化算法，这样可提高计算机工作的效率，以最快的速度求得问题的真正解。

（11）案例资料的拓展阅读：

学生阅读"韩信点兵"历史典故资料。

秦朝末年，楚汉相争。一次，韩信率领 1500 名将士与楚王大将李锋交战。苦战一场，楚军不敌，败退回营，汉军也死伤四五百人，于是韩信也整顿兵马返回大本营。当行至一山坡，忽有后军来报，说有楚军骑兵追来。只见远方尘土飞扬，杀声震天。汉军本来已十分疲惫，这时队伍大哗。韩信兵马到坡顶，见来敌不足五百骑，便急速点兵迎敌。他命令士兵 3 人一排，结果多出 2 名；接着命令士兵 5 人一排，结果多出 3 名；他又命令士兵 7 人一排，结果又多出 2 名。韩信马上向将士们宣布："我军有 1073 名勇士，敌人不足 500，我们居高临下，以众击寡，一定能打败敌人。"汉军本来就信服自己的统帅，这一来更相信韩信是"神仙下凡"、"神机妙算"。于是士气大振。一时间旌旗摇动，鼓声喧天，汉军步步进逼，楚军乱作一团。交战不久，楚军大败而逃。

（12）领略中国古人的智慧，领会一题多解：

古代人在解决这类问题的时候，有他们特有的算法，这个算法就是享誉世界的"孙子定理"，利用孙子定理中的公式，大将军韩信快速计算出士兵人数，此算法可归入解析算法。而在今天的课堂上，我们是采用枚举算法，并通过编写程序求得问题的解。这也正说明，解决问题的方法不止一种。

3. 任务二："查找伪钞编号"问题（双循环嵌套分支结构）

（1）用情境引入任务二：

刚才我们利用枚举算法解决了一个古代问题，现在让我们回到 21 世纪，看看我们能不能用课堂所学帮助警方解决一个棘手的问题！

最近警方抓获一批制造伪钞的犯罪分子，并发现制造假币用的模版，但是由于受到损坏，千位数和十位数已经模糊不清，我们看到的后 5 位数字右图所示。同时据情报称，在他们制造的这批假币中，编号有一定的规律，后 5 位数是 73 或 83 的倍数，那么编号到底是什么呢？

模糊的编号

（2）学生思考并讨论后得出可能结论：

结论 1：编号 x 的列举范围是 10407～19497，检验条件是 x mod 73 = 0 or x mod 83 = 0。

结论 2：10407～19497 的列举范围有问题，把不可能的解也包含进去了，例如 10408 并不符合，步长若改为 10 似乎也不行，例如 10507 也不符合。

（3）教师进一步设问引导思考：

该题难在列举，我们试试分开列举，若设 a 为千位数，b 为十位数，请同学们思考，要如何列举？列举多少次？用什么样的算法结构来实现列举？

思考的过程中，请同学们在学习单上书写列举的过程，整理思路。

列举		列举		列举	
0	10407	0	11407	0	19407
1	10417	1	11417	1	19417
2	10427	2	11427	2	19427
3	10437	3	11437	3	19437
a=0 b={ 4	10447	a=1 b={ 4	11447	……a=9 b={ 4	19447
5	10457	5	11457	5	19457
6	10467	6	11467	6	19467
7	10477	7	11477	7	19477
8	10487	8	11487	8	19487
9	10497	9	11497	9	19497

列举的过程

（4）学生解读算法流程图：

学生解读"双重循环"实现列举的算法流程图,思考检验前还需做什么,尝试补充流程图中缺失的部分流程框图。

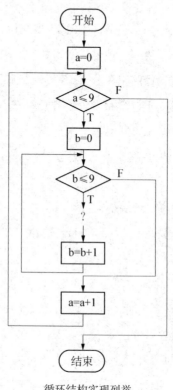

循环结构实现列举

（5）学生在 Visual Basic 中编写程序并调试：

在 Visual Basic 中书写完整的代码,调试程序,实现"查找伪钞编号"问题的求解。

（6）回顾问题的解决思路并总结：

如何根据列举的范围选择合适的方法实现列举,是该问题的难点。最终借助两个循环变量值的变化实现了一一列举,即双重循环结构实现了列举,由此可知,枚举算法中列举的方式并不是唯一的。另外需要注意的是,逐一检验前,要仔细考虑检验的对象是循环变量,还是其他的变量。

今天同学们利用课堂所学,成功、快速地帮助警方破解了小难题,进一步体会到了枚举算法是充分利用了计算机快速高效的计算能力,让计算机在列举范围内进行逐一运算验证，从而求得问题的解。

4. 课堂总结

（1）学生总结：

枚举算法的关键是<u>列举和检验</u>。

枚举算法的一般结构是<u>循环结构中嵌套分支结构</u>。

（2）教师总结：

用程序实现算法，最终获得问题的求解，一般要经历这样的过程：分析问题、设计算法、编写程序、上机调试、问题解决。我们今天在学习用枚举法解决实际问题的过程中，实际上也是经历了这样的过程。

枚举算法是将所有可能的解无一例外地进行检验，因此只要列举正确，枚举算法具有非常高的准确性和全面性，然而也正是这个特点决定了枚举法的局限性——效率不高。它的准确性和全面性是以消耗时间为代价获得的。

（3）布置课后作业：

有一个三位数 x，其百位、十位、个位数分别为 a、b、c，满足 $a^3 + b^3 + c^3 = x$，则 x 称为水仙花数，找出所有的水仙花数。请同学们绘制完整的算法流程图，并书写 VB 代码。

三、"回溯式"案例设计的分析

《亘古通今的枚举算法》课堂教学案例是高中信息科技"模块二信息处理"的算法之"算法实例"中的重点知识，内容涉及枚举算法的基本思想、特征、实现方法和适用情况，以及根据实际问题分析关键步骤，设计和优化枚举算法。教学资源的选取颇有独到之处，从蕴含中国古人智慧的"韩信点兵"，到现代生活中的"破获伪钞案"，在引导学生解决两个实际问题的过程中，领会枚举算法"一一列举、逐一检验"的精髓，同时体会解决一个问题可以有多种方法的多维思维。教学过程中，通过实例分析、问题进阶、流程图解读、编程实践、拓展阅读、总结归纳等环节，体验用计算机解决问题的基本过程与方法，很好地体现了信息科学学科核心能力中，对高中阶段"能根据需求分析，设计算法，解决简单的实际问题"和"能用自然语言、规范的流程图和程序表达算法"的要求。建议在"查找伪钞编号"的活动中，"在 Visual Basic 中编写程序并调试"环节，调用"调试"菜单中的"添加监视"命令，引导学生观察双重循环的两个循环变量 a 与 b 的变化与变量 x 的变化关系,以及检验条件的 F 与 T 的值的变化,直观地理解双重循环嵌套分支结构在枚举算法实例中的实际运用。

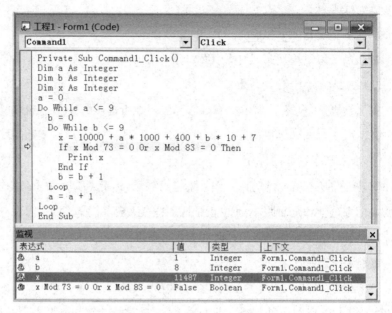

"调试"菜单中的"添加监视"命令

（袁文铮、童琳）

7　初中思想品德课情境创设教学模式研究

　　初中思想品德课情境创设教学模式是在初中思想品德课教学中，根据教学内容，创设学生所熟悉的生活情境，辅之以教师生动的语言，借助现代教学手段，使学生产生身临其境的感受，从而激发学生的学习兴趣的教学模式。情境创设教学模式的核心是激发学生的情感，调动学生的积极情绪，让学生在生活情境中体验、感悟并接受思想品德学科的知识教育和德育熏陶。这种教学模式改变了"教师讲、学生听"、"教师辅导、学生练习"的被动刻板的程序，强调贴近学生实际，激发学生情感，培养学生体验、感悟、理解并分析问题的能力，帮助学生提升综合素养。

一、理论和实践依据

　　1. 教学理论依据。美国心理学家罗杰斯倡导的非指导性教学模式，从构建教学活动中新的人际关系——师生关系、生生关系着手，以人际关系中真诚、接受、理解三大要素的实现作为教学的首要条件，试图以积极情感作为动力推动认知学习。情境创设教学模式正是为了构建教学活动中新的师生关系、生生关系，从创设情境出发，发挥教师的情感因素，让学生在生动、活泼、融洽的教学氛围中，提高自身的认知、情感水平。

　　2. 哲学依据。我们知道感性认识是理性认识的源泉。学生只有在积累大量正确而丰富的感性材料的基础上，才能更好地分析、综合、抽象、概括。任何思维，不论它是多么抽象的，都是从分析经验材料开始的。情境创设教学模式就是教师用创设情境的方式，形象地再现教材的内容，向学生提供丰富、正确的感性知识，让学生浸润其中，产生情感共鸣，从而推动认知学习。

3. 课程标准依据。六至九年级（初中阶段）思想品德课程结合学生所熟悉的生活情境，对学生进行公民道德教育、法制教育、国情和社会责任教育，以及健康的心理品质的引导，帮助学生逐步形成良好的思想品德、行为习惯和正确的思想政治观念。本课程重视学生在实践活动中学习的体验，根据学生的认知特点和知识、能力基础，立足于学生现实的生活体验，着眼于学生的未来发展需求，构建贴近社会生活和学生实际的课程内容体系。

4. 思品学科教学实践依据。长期以来许多思品课教师根据不同年级、不同年龄的学生的特点，结合教材内容和学生生活实际创设各种情境组织教学，从而激发学生的学习积极性，让学生在一定的场景中交流感悟、掌握知识、指导行动。情境创设教学模式就是建立在广大教师教改实践的基础上的。

二、教学目标

教师通过创设情境，以情施教，促进学生情感的发展，提高学生的学习兴趣，使学生的情感活动和认知活动有效地结合起来，从而逐步达成知、情、意、行相统一的教学目标。

三、实施条件

1. 运用情境创设教学模式的首要条件是，教师在备课时，不仅要把握教学内容中的重点和难点，还要把握教学内容中的情感因素，即既要准备认知方面的内容，又要准备情感因素方面的内容。根据这些内容创设适当的教学情境组织教学。

2. 准备好创设情境所需要的教具，如录音、录像、多媒体软件，或排演小品的剧本等。

3. 情境创设教学模式对教师本身也有一定的要求。在教学中，教师要善于用语言、表情来表达教学内容中的情感。教师的一言一行，既能传情达意，又能帮助学生理解，引发学生的学习兴趣，提高学生注意力的集中性和稳定性，减缓听课疲劳，激发学生情感。

四、教学程序

情境创设教学模式的基本程序如下：

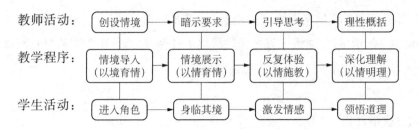

1. 情境导入。教师依据教学内容创设一定的情境，引导学生进入"角色"，激发学生的兴趣，使学生主动地参与教学过程。在这一阶段教师应是指导者，通过情境的创设，以境育情，唤起学生的积极情感。

2. 情境展示。充分展示情境，让学生有如临其境、如闻其声、如见其人的感受，以达到触境生情、以情育情的教学效果。教师在展示情境时，还要暗示学生观察情境中描述的景物并思考它们说明了哪些道理，使学生抓住情境中最本质的问题。

3. 反复体验。通过反复体验让学生深入情境，抓住情境与教学内容相通之处，把教学内容与情境融为一体。在这一阶段教师不仅要充分发挥学生的主体作用，让全体学生积极参与讨论，还要用真挚感人的言语和表情描绘情境，进一步激发学生的情感，从而做到以情施教。此时学生深受情境的感染，追求真、善、美的情感也随之出现。

4. 深化理解。经过对情境的反复体验，教师要引导学生领悟情境中的道理，概括出理性的知识、事物的本质或规律，深化理解教学内容，以情明理，提高学生分析问题和解决问题的能力，促进智能的发展。

五、教学策略

初中思想品德课教学实施情境创设教学模式必须贯彻的教学策略有：

1. 以生动活泼的情境提高学生感知教材的能力。情境缩短了事物的时空距离，增强了真实感，促进学生产生细致的情感体验。

2. 以真切的情感调动学生的学习主动性。情境教学注重以生动形象的场景激起学生的学习情绪，促使他们积极主动地投入整个学习活动中，激起学生相应的情感，使学习成为学生的内在要求。

3. 以良好的师生关系激发学生的求知欲。情境教学以建立良好的师生关系为前提，教师要在师生之间、生生之间营造出一种真正融洽与和谐、相互理解、相互信任的关系，使学生在教师的指导下，借助一定的情境理解有关的原理。

4. 情境创设教学模式选择的教学方法一般是归纳法,因为情境教学强调通过具体、生动的生活情境、实物情境等充分展示教学内容,教师要让学生从分析具体的场景、事例着手,归纳出概念、原理,以提高学生的认知能力。

六、教学评价

运用情境创设教学模式,在教学评价上不仅要注意认知领域的评价,更要注重情感领域的评价,可以尝试采用以下评价方法:

1. 活动观察法。就是对被观察对象的日常活动情况,有计划、有目的地进行观察,做好记录并将其作为评价的资料。观察法的要点在于注意学生自然流露出来的表现,从中捕捉宝贵的评价资料。为了提高观察效果,在观察中要注意把自然观察与有选择的观察结合起来。自然观察不易深入,有选择的观察不易全面,两者结合起来可以互相弥补,收到较好的效果。

2. 角色扮演法。即要求学生在有角色心理矛盾冲突的具体情境中去充当其中的角色,设身处地地表露自己的情感和行为倾向。

3. 问题情境测验。教师设计一定的情境,要求学生用学过的知识进行价值判断和行为取向的抉择,或分析说明其中的道理。

七、设计说明

1. 情境创设教学模式比较适合初中低年级的思想品德课教学。情境创设教学模式实施的关键是教师创设的情境要合理、动情。

2. 情境创设教学模式的基本程序的四个环节不是截然分开的,它们可以互相渗透。教师在教学中要根据学生的具体情况实施这一模式。

3. 情境创设教学模式吸取了传统教学方法中的优点,因此在使用这一模式时并不排斥传统的教学方法,而应该是有机融合,相得益彰。

4. 运用情境创设教学模式时,教学评价比较适合采用开放的评价方式。要注意评价的整体性,重视知、情、意、行的综合评价。注意评价的主体性和综合性,重视发挥学生自我评价和相互评价的作用,努力做到学生自评、互评和师长评价的有机结合。

(张清)

案例：

七年级第七课第二框"自觉遵守邻里道德"教学设计

上海市田林第二中学　诸晓梅

【教学目标】

1. 知识与技能目标：通过本堂课的学习，懂得邻里间的相处要遵守互相了解、互相尊重、互相礼让、互相帮助等道德准则，懂得正确处理邻里关系是建设和谐家庭、和谐社区乃至和谐社会的需要。

2. 过程与方法目标：通过图片展示、案例情境分析、小组讨论等一系列环节，培养观察、分析与归纳的能力，在活动中体验邻里道德的重要性。

3. 情感态度与价值观：通过本课的学习，学会自觉遵守邻里道德准则，规范自己与邻里相处的一些行为，建立和谐的邻里关系。

【教学重点与难点】

1. 教学重点：了解和明确邻里间的相处应该具备的邻里道德：互相了解、互相尊重、互相礼让、互相帮助。

2. 教学难点：如何在实际生活中遵循邻里道德。

【教学准备】

教师方面：

（1）PPT制作　（2）案例撰写　（3）学习单制作　（4）作业单制作

学生方面：

观察身边所听到的、碰到的邻里间的故事，并进行收集。

【教学过程】

一、导入

师：课前，老师针对我们班级各自的邻里关系进行了一个小调查，调查同学们是否认识、了解自己的邻里，与邻里间的交往过程是如何的，是否与邻里间发生过互相帮助抑或是产生矛盾的情况，让我们一起来看一看调查结果。

课代表：我们班级共 36 人，其中 23 名同学(64％)对自己的邻里毫无所知，不认识自己的邻里，与邻里也几乎没有任何的交流与沟通，或是仅仅认识 1—2 人，也鲜有交流；而另外的 13 位同学(36％)和邻里间的交流与交往可以说是比较多的，也常常会相互帮助。

师：我们发现，大多数的同学和自己的邻里很少有沟通，但是我们也发现，即使交往很少，依然难免会有纠纷，会有不理解，会有误会，那么遇到这些情况我们该怎么处理，怎么解决呢？其实，这都是需要我们共同去遵守一些行为准则和邻里道德的，那么今天我们就一起来学习我们应该自觉遵循哪些邻里道德呢？

二、出示课题："自觉遵守邻里道德"

三、教授新课

(一) 相互了解

师：大家有没有看过《新老娘舅》这个节目呢？这是一个调解婚姻纠纷、邻里纠纷的电视节目。在我们的生活中，很多社区的居民都需要这样的调解，今天我们受社区主任的邀请一起来到这个社区中的《新老娘舅》调解室，帮助社区主任一起来调解调解社区中所产生的矛盾。

师：《新老娘舅》调解室收到了这样一封信：

一天，L 大妈正在午睡，屋里突然响起敲门声。一名年轻男子站在门外，满头大汗，见到 L 大妈，他长舒一口气，说道："大妈，我是斜对门 7-2 的小王，我把钥匙锁在家里进不去了，麻烦借电话联系一下家人。"L 大妈所住的单元楼，每层有 4 家人，她对眼前这名男青年没有一点印象，既然是邻居，L 大妈便让男青年进屋，到客厅打座机。L 大妈去厨房倒了一杯冰水走出来，男青年已打完电话，道谢后便离开了。

下午 6 时，L 大妈儿子下班，发现书架上的 3000 元钱不见了。这些钱中午刚取回，一直是 L 大妈一人在家，只有借电话的男邻居进过屋。

L 大妈连忙敲开 7-2 的门，家里只有一名单身女性，也不姓王。

(真实案例：2011 年 7 月九龙坡区)

Q：作为调解员，请分析这个事件发生的原因。

A：邻里间互不认识、不了解，如果知道这家住的是谁，就绝对不会将陌生人误以为是邻居了。

案例补充：

办案民警介绍，陈某被捕后，曾向民警总结轻易得手的原因。

民警：不怕对方认出来？

陈某：我只进小区行窃，现在住小区的不像以前的老楼房的邻居，通常情况下，都很少交往，碰面也只是打个招呼，一般都不熟。

Q：为什么现在邻居之间的关系是冷漠和疏远而不是过去的拉家常、互相体谅呢？

A：1. 工作忙碌，上班下班匆匆而过，走进家，关上门，也就将邻里间的沟通关得彻彻底底；

2. 成年人休息时也只和自己的朋友外出，孩子们各自忙于学习，没有时间与邻里进行沟通了解；

3. 观念上认为与邻里间的交流是没有必要的。

师：少了沟通，少了交流，互相不了解各自的家庭状况，自然也便少了彼此之间的宽容和体谅。

师：很多邻里间出现了"不漏水不交流、不漏气不通气"的现象，邻里间相处首先要相互了解，这是最基本的一种邻里道德。

（二）相互尊重

《新老娘舅》调解室信件：

小 M 来自农村，刚到上海读书的他成绩很不理想，可是邻居小 N 的妈妈每次遇见他总会问他考了几分、排名第几、准备去哪所高中就读，有时会弄得小 M 很不好意思。有一天，小 N 穿上了爸妈给他买的新衣服，电梯内碰到小 M 时，他问道："小 M，新年你爸妈没给你买新衣服吗？怎么总看你穿这件衣服？你爸妈一个月挣多少钱呀？"小 M 尴尬地低下了头……

Q：1. 你如何看待小 N 妈妈的行为？为什么小 M 会尴尬地低下头？

2. 邻里间互相了解与交流时，应注意些什么？

A：询问他人成绩等是关心他人的一种表现，但注意有些事其实别人不一定想让你知道。尊重他人的生活习惯和生活方式，不要探听他人的隐私，更不要因为自己知道别人的隐私而议论纷纷、说三道四。

师：尊重是指对他人的一种尊敬和重视，遇到比我们年长的邻里我们理应做到尊敬他们。要开始学会重视每一位邻里，哪怕过去你没有关注过他们。

（三）相互礼让

《新老娘舅》调解室的信件接踵而至：（分小组讨论）

① 一楼的小 A 家经常遭到楼上居民的"飞天炸弹"，整洁的小花园和天井内被楼上飘落的垃圾弄得一塌糊涂。于是，小 A 的爸爸在电梯内贴了这样一张告示："楼上那些往一楼扔脏东西的猪，请你们以后注意环境卫生！"——不能在言语和行为上损害他人的人格尊严。小区的环境卫生靠大家，自己家的垃圾应该扔在垃圾桶内，随意往下扔不仅影响邻里更影响小区环境。

② 小 B 反映，住在他们家楼上的健身达人小 C、楼下的 K 歌达人小 D，他们不分早晚地勤加练习，双休日更是加班加点，忘我地沉醉其中，家中简直像是地震了！小 B 还有两个月就要中考了，和他们交涉无果，只得前来求助了。——站在他人的角度，设身处地地为别人想一想，可以将时间错开，取得双赢的结果。可以有自己的喜好和个人习惯，但不能打扰和影响他人。

③ 邻居小 E 和小 F 在同一个幼儿园学习，经常玩在一起。周日的早晨，小 E 不小心将球踢到了小 F 的脸上，小 F 的脸一下子肿了起来。小 F 的妈妈知道后，带着孩子冲到了小 E 家要求道歉并赔偿，小 E 的妈妈却认为儿子是不小心的，而且当时已经道过歉了，有什么好赔偿的呢！——邻居能玩在一起很快乐，不应该为了一件不小心为之的事互相冲突，应给予及时的道歉和关心。

④ 小 G 和小 H 两家是邻居，搬进来时，小 G 因为家中没有地方放自行车而把它放在了走廊里，小 H 家越看越觉得小 G 家是占用了他们的公共地方，于是，也搬出了一大堆杂物放在了楼道间，导致整个楼道几乎没办法走路了。——学会谦让，做到守礼谦让、让而不争。公共楼道本就不应该堆放任何杂物，会产生安全隐患。

链接：美丽楼道

师：同学们有没有留意过楼道内还有哪些安全隐患是需要我们去注意

和整改的呢？如何避免呢？

生：物业的管理和每一位居民的关心。

师：在这方面，我们徐汇区就做得非常好，徐汇区开展了"美丽楼道"行动，发动306个重点小区的居民、物业等共同参与小区自治，清除楼道堆物，清洁居住环境，使小区更宜居。在湖南社区积极开展"美丽楼道"系列活动，通过发放告居民书、张贴宣传版面等，提高市民的知晓率，从而整治楼道内的环境卫生。对于影响消防安全的楼道堆物，近日由消防部门发出限期整改通知单，消除隐患。

我们同学在今年寒假时也通过小队的形式为"美丽楼道"作出过自己的贡献，也请同学们从今天起就做个有心人，阻止生活中这些破坏美丽楼道的行为。

师：邻里之间相处，发生矛盾是难免的，当这些问题产生的时候，只要大家设身处地地为他人想一想，抱着谅解的、礼让的态度，这些矛盾就能够迎刃而解了！在我们同学的帮助下，调解室已经为居民们解决了很多的矛盾。

（四）相互帮助

师：一个月后，《新老娘舅》调解室又收到了这样一份请求：

小J一次在回家途中遇到了住在楼下的小K，发现小K身体不适就立即把他送到了医院并垫付了医药费500元。在小K的家人前来后，他就离去了。时间已经过了一个月了，小J发现最近他遇到小K家人想询问小K的病情时，他们就远远地躲开了，小K也没有前来道谢过，更不要提那垫付的500元医药费了。

Q：1. 再一次请出调解员，请大家说一说你更认同谁的行为？为什么？

2. 你会对另一个人说些什么呢？

师：在日常生活中，需要别人帮助的时候是很多的。都说"远亲不如近邻"，有时需要帮助，远水救不了近火，近邻更能够提供给我们及时和有效的帮助。邻里间的互相帮助，能够使我们居住在一个"大家庭"中，生活在"好伙伴"旁！

Q：1. 你会如何回应邻居向你借东西？

2. 生活中，你受过邻里哪些帮助呢？

3. 你帮助过你的邻里什么?

4. 你的邻里中有没有需要你帮助的人呢?

(五)设计活动,共创和谐邻里关系

师:《新老娘舅》调解室里经常收到这样一些信件,这让社区主任开始思考,是否应该采取一些行动改变一下这样的状况呢? 一天,她在新闻中看到这样一则报道:

上海的静安区每年都会举办"邻居节"、"社区节"等这类居民活动,这个是静安区各个街道多年来的"保留节目"。静安区石门二路社区的"邻居节",评出 8 名"社区孝行人物",倡导"和美家庭、和睦邻里"社区新风尚,通过"邻居节"中多样的活动形式,鼓励邻里间互相走动,增进相互的理解,推动和谐社区的建设。

于是社区主任想请我们全体组员帮忙,也在小区内开展一个"邻居节"活动,请大家一起设计一些活动,能够增强邻里间的了解,加强邻里间的相处。

学生活动:以小组为单位,进行活动设计,确定活动主题。第一组:敲响邻居家的门,增强邻里了解。第二组:为邻居做一件事,互相帮助。

活动开展不久后,《新老娘舅》调解室收到的信件:

那天,我家楼下新搬来一对老人。上楼时,看到老人正吃力地搬着箱子一步步往上挪。要不要上前帮忙? 我想到了社区内开展的"邻居节"活动,想到了邻居之间互相照应一下是应该的,于是帮助老人提了箱子! 几天后一个晚上,我正在吃饭,"笃、笃、笃",有人敲门。打开门,是住在二楼的老人,手里拿着我的汗衫:"这是你家的吧? 掉到我家阳台上了。"我这才想起白天晒的衣服还没收进来。老人是在没有灯的楼道里一步步摸上来的,感谢这位老人,感谢"邻居节",感谢《新老娘舅》调解室!

(六)总结

Q:收到这样的信件,作为调解员的大家一定很欣慰,但大家随即又发现了问题,是什么呢?

A:楼道里安装灯吧! 这是楼道内的一个安全隐患啊!

Q:同学们,今天这节课你收获到了什么?

A:邻里间需要互相帮忙等。

　　师：邻里间需要在尊重别人的前提下互相了解、互相沟通、互相体谅、互相礼让，更要在需要帮忙时给予力所能及的帮助。

　　作业布置：同学们，大家对于自己目前的邻里相处状况是否满意呢？请大家想一想，作为一名中学生，作为社区中的一员，为良好邻里关系、和谐社区的推进，我们需要去做些什么？本周完成相关行动上的小作业，并根据你自己所做的，完成相关表格。

　　师：邻里间的相处是一门学问，也是一门艺术，需要大家共同去遵守这些邻里道德。这样才能够使得"近邻"也成为"近亲"，从而创造和谐的邻里关系、和谐的社区。

8 地理课堂中的发现教学模式

教育部 2017 年版的《普通高中地理课程标准》中指出："地理课程旨在使学生具备人地协调观、综合思维、区域认知、地理实践力等地理学科核心素养,学会从地理视角认识和欣赏自然和人文环境,懂得人与自然和谐共生的道理,提高生活品位和精神境界,为培养德智体美全面发展的社会主义建设者和接班人奠定基础。"根据学生地理学科核心素养形成过程的特点,在地理课堂教学中运用发现教学模式较为适合。

一、何为发现教学模式

"发现教学"也可称作探究教学,这是一种基于问题学习的教学模式,是教师在学生学习概念和原理时,不将学习的内容直接提供给学生,而是向学生提供一种问题情境,只给学生一些事实(例)和问题,让学生积极思考,独立或合作探究,自行发现并掌握相应的原理和结论的一种教学方法。

教学模式是指在相关教育思想的指导下,在丰富的教学经验基础上,以完成一定的教学目标和任务为目的,形成具有可操作性的、稳定的、简明的、符合教学理论的教学实践方式。

地理课堂中的发现教学模式就是在地理教师的指导下,学生积极参与地理课堂教学活动,通过主动地思考和探究,发现地理现象之间及人地之间的关系,提升地理学科素养,领悟地理科学的思想与观念,体验地理学家研究工作的一种教学模式。

二、地理课堂中发现教学模式的结构与特征

1. 结构

创设情境、提供材料是发现教学模式导入的前提，提出问题、引导探究是发现教学模式实施的关键，分组合作、讨论交流是发现教学模式有效运用的核心，归纳总结、应用实践是发现教学模式成功实施的结果，学法指导、思维训练是发现教学模式运用的根本。

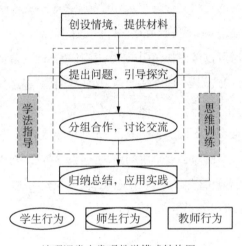

地理课堂中发现教学模式结构图

2. 特征

地理课堂中的发现教学模式具有四个明显的特征：

① 以学生为主体

地理课堂中的发现教学模式充分发挥学生在教学中的主体地位，运用各种方法让学生积极参与教学，倡导自主、合作和探究的学习方式。只有在民主、宽松、和谐的以学生为主的教学气氛中，学生才能真正地全身心投入，真正地动起来、动下去，实现思维上的"动"，认识上的"动"，即实质上的"动"，才能让学生在思维的碰撞与交流中逐渐掌握解决地理问题的方法。

② 以教师为主导

地理课堂发现教学模式中教师起引领、组织、点拨的作用。教师的主导作用主要体现在对课程标准的把握、教学目标的制定、教学情境的创设、教学环节的设计、课堂问题的提出与理答及课堂教学的评价与反馈等几个方面。在课堂教学中组织学生自

主学习和合作学习,帮助学生形成主动探究地理问题的意识和能力,不断启发学生、引导学生、鼓励学生,调动学生的积极性,使学生真正动起来,是教师在课堂上发挥主导作用的具体表现。

③ 以问题为主线

地理课堂中的发现教学模式以发现问题为指引,以解决问题为核心,以培养问题意识为目的,以问题贯穿始终,成为一条教学主线。教师需要围绕问题创设问题情境,让学生带着具有指向性的疑问进行分组合作学习,通过多种途径尝试解决问题,积极主动地培养地理思维能力,不断提升地理学科核心素养。

教师在设计问题时可以考虑如何引导学生从各个不同的角度去解决问题,可设计不同类型的问题,如导向式问题、梯度式问题、延展式问题,将这些问题有机结合,使教学不断深入。

不同的设问方式会产生不同的教学效果,如创设趣味问题,可引发学生兴趣;创设悬念问题,可引发学生求知欲;创设陷阱问题,可引发学生思考;创设对比问题,可引发学生联想;创设矛盾问题,可引发学生探究意识;创设探究问题,可培养学生创新能力;创设贴近生活的问题,可引导学生学以致用等。

④ 以发展为目标

在地理课堂发现教学模式中,从提出问题、引导对问题的探究直至解决问题、总结并发现新的问题,是一个系统的过程。在整个系统中始终以学生的全面发展和终身发展为目标,以树立人地协调观为主线,不断提升学生区域认知能力、综合思维能力、地理实践能力。

三、地理课堂教学中发现模式的实施建议

地理课堂教学需要引导学生发现、探究地理事实、地理概念和地理原理,需强调"内在动力、直觉思维、学习过程和信息提取"。地理课堂中发现教学模式在具体实施时可以采取不同的主导方式,如图像主导、实验主导及案例主导等。

1. 图像主导

学生学习地理知识一般是从具体、形象的表象开始,发展到对地理事象的抽象认识;是从对地理事象的感受和体验开始,发展到对地理事象的理性认识。而地理图像就是通过地图、示意图、结构图及景观图等形式代替了大量的地理语言文字,对地理事

象进行直观或抽象地概括,地理图像是地理知识的重要载体。充分利用地理图像除了能让学生更加直观地学习知识外,还能提高学生从图像中提取地理信息、解决地理问题的能力,提升学生的区域认知和综合思维能力。

以图像为主导的发现教学模式就是一种充分利用地理图像和地理知识之间的逻辑关系进行教学的模式,教师围绕地理图像设疑启发、步步深入、层层破解知识难点,帮助学生理解知识之间的内在规律和联系,使学生掌握知识,并能对知识进行迁移和应用。图像主导型发现教学模式的关键:一是形象、直观、清晰的地理图像的选用;二是针对地理图像进行读图指导,设计针对图像的层层深入的地理问题,如"在哪里"、"有什么"、"为什么"、"怎么办"等;三是要注重对习得知识的迁移与转化。

以图像为主导的发现教学模式可以运用于正午太阳高度的纬度变化和季节变化规律、洋流分布规律及地域分布规律等地理规律的教学。

2. 实验主导

地理现象的形成都有一个过程,要探索其成因尤其是复杂的成因,可以借助实验方式来模拟现象形成过程,让学生从动态的模拟过程中理解地理原理,并学会运用地理规律。以地理实验为主导的发现教学模式是经历了从现象到规律再回到应用的教学过程,有利于提升学生的地理实践力。

以地理实验为主导的发现教学模式的关键:教师要设计实验器材要求不高、操作比较简单、易于观察的学生实验;实验前要让学生明确实验要求、操作流程和观察要点;实验中教师要提出由实验过程中产生的现象引发的由表及里的地理问题,来帮助学生理解教学难点;实验后要指导学生学以致用,指导学生注重生活观察,要求学生运用学过的地理原理解释生活中常见的地理现象。

以地理实验为主导的发现教学模式较适合运用于热力环流、水循环、水土流失等地理成因的学习。

3. 案例主导

案例教学是一种通过模拟或者重现现实生活中的一些场景,让学生把自己代入案例场景,通过讨论或者研讨来进行学习的一种教学方法。以案例为主导的发现教学模式目的不是简单的传授知识,而是通过激发学生的学习兴趣,唤起学生已有的地理旧知和生活经验开展讨论,通过针对同一问题的不同观点的互相交锋和彼此互动,帮助学生理解新的地理知识,激发学生的创造性思维,提高学生的地理判断能力、地理分析能力、地理表达能力和地理决策能力。以案例为主导的发现教学模式可以将抽象的地理原理蕴藏在教学案例中,通过学生的讨论,让学生逐渐认识地理原理,然后引导学生运用所学的地理原理解释真实生活中的地理现象,以促进学生地理核心素养的习得。

以案例为主导的发现教学模式能否获得成功往往取决于案例的选择或编写,有些案例着眼于方案选择,有些案例着眼于过程推理;不同的案例服务于不同的教学目标,会带来不同的教学效果。用于发现教学模式的教学案例要有丰富的地理内涵,明确的地理问题,清晰的地理逻辑,规范的地理表达,长度适中的篇幅。教学过程中,教师要设计适切的话题,利于讨论的顺利开展;学生要分成若干小组围绕话题进行讨论,每个成员需明确角色分工,在充分讨论的基础上各司其职;讨论结束后教师要组织展示交流,并设计组间互相提问、质疑和点评环节,以提高学生的地理思维能力;最后要形成能用地理原理解释的讨论结论,并能用学到的新知解释生活中地理现象。

以案例为主导的发现教学模式最适合运用于产业区位、产业结构调整及区域开发等人文地理内容的学习。

(单伟文)

9 师幼交互的个别化学习区角活动设计与实施模式

一、背景说明

幼儿园个别化学习区角活动是上海市新课程实践的一个突破和探索，目的是为了使幼儿的学习活动更适合每个不同个体的发展需要和"最近发展区"，真正意义上实现幼儿的个体建构与自主发展。[①] 从 2012 年至今，我们在市教研室专家的指导下，对个别化学习区角活动如何有效开展做了多年持续的实践探索，重点研究了"基于主题核心经验的个别化学习活动设计与实施"和"个别化学习活动中幼儿行为观察分析和教师回应策略"，积累了一些实践经验。近期，我们在区域"三维多元聚合"范式核心理念的引领下，依据个别化学习区角活动的性质定位、操作要求等，对个别化学习区角活动的设计与实施进行了梳理、概括和提炼，形成了具有稳定性、系统性的操作模式，明确了活动过程的模块构成，以及各环节的内部要素，便于幼儿园教师能更好地把握个别化学习区角活动设计、实施的规律和方法，提高个别化学习区角活动的有效性。

二、理论基础

1. 以《上海市学前教育课程指南》为依据，明确个别化学习区角活动的定位

我们以《上海市学前教育课程指南》为依据，在明确个别化学习区角活动性质定位的前提下，开展了设计与实施模式的探究。"学习性区角活动是教师根据教育目标和幼儿发展水平，有目的地创设活动环境，投放活动材料，让幼儿按照自己的意愿和能

---

① 黄琼.让幼儿园个别化学习区角活动更有意义[J].上海托幼,2013:12.

力,以操作摆弄为主的方式进行个别化的自主学习活动。""可以是单一内容的学习,……也可以是综合内容的学习。""幼儿完全按照自己的需要、兴趣、意愿去选择活动区,并自己决定操作的时间、速度和次数。""它是以操作摆弄类学习为主的。幼儿在与各类材料的互相作用中,去观察、去体验、去探索、去发现,积累各种经验"。"在整个活动过程中,幼儿的学习是自主的、自动的,是独立的、个性化的。"[①]整个模式及其每一环节的要素基本以此为依据进行梳理、提炼。

2. 以《3—6 岁儿童学习与发展指南》为理论基础,引领个别化学习区角活动的价值追求

(1) 关注幼儿学习与发展的整体性

《3—6 岁儿童学习与发展指南》实施原则指出:"儿童的发展是一个整体,要注意领域之间、目标之间的相互渗透和整合,促进幼儿身心全面协调发展,而不应片面追求某一方面或几方面的发展。"模式按照设计依据、设计内容、活动开展、观察识别、回应支持的次序来实施,教师在整个过程中不仅关注幼儿的认知学习,更关注幼儿思维、情感、交往、语言、个性等方面的整体发展,注重对幼儿完整人格的培养。

(2) 尊重幼儿发展的个体差异

《3—6 岁儿童学习与发展指南》指出,"幼儿的发展是一个持续、渐进的过程,同时也表现出一定的阶段性特征。每个幼儿在沿着相似进程发展的过程中,各自的发展速度和到达某一水平的时间不完全相同。要充分理解和尊重幼儿发展进程中的个别差异,支持和引导他们从原有水平向更高水平发展,按照自身的速度和方式"发展。因此,我们将幼儿的原有经验和个性化发展需求作为设计活动的主要依据之一,并且要求教师在观察的基础上,不仅能对不同幼儿的发展水平作出准确判断,更要基于幼儿的个性特点作出适时适度的回应,让幼儿在各自水平基础上获得发展。

(3) 理解幼儿的学习方式与特点

《3—6 岁儿童学习与发展指南》指出:"幼儿的学习是以直接经验为基础",教师要"创设丰富的教育环境"、"最大限度地支持和满足幼儿通过直接感知、实际操作和亲身体验获取经验的需要"。我们依据幼儿的学习方式与特点进行设计,让幼儿有动手的机会,能亲身感受、体验、操作、探究,在活动中有自主玩耍的感受,让幼儿的学习与发

[①] 黄琼. 学前教育 我的梦想与追求 黄琼从教 30 年文集[M]. 上海:上海教育出版社,2011.

展发生在活动过程中。

（4）重视幼儿的学习品质

《3—6岁儿童学习与发展指南》指出："幼儿在活动过程中表现出的积极态度和良好行为倾向是终身学习与发展所必需的宝贵品质。要充分尊重和保护幼儿的好奇心和学习兴趣,帮助幼儿逐步养成积极主动、认真专注、不怕困难、敢于探究和尝试、乐于想象和创造等良好学习品质。"在模式中的教师观察环节,我们引导教师通过对幼儿学习态度、学习行为与习惯,以及学习方法的了解和识别,培养幼儿的学习品质。

3. 以陈鹤琴"活教育"教学论为指导,使个别化学习区角活动方式贴近幼儿

陈鹤琴"活教育"教学论的核心是做中学、做中教、做中求进步。凡是儿童能够做的,就应当教儿童自己做;凡是儿童自己能够想的,应当让他自己想;你要儿童怎么做,就应当教儿童怎样学;鼓励儿童去发现他自己的世界……①在个别化学习区角活动的实施中,我们秉持"活教育"思想,给予幼儿充分的自主选择、探索发现、大胆表达的机会,让幼儿在活动中通过与环境、材料的互动,积累经验,获取体验,进行多元化的学习。

三、师幼交互的个别化学习区角活动设计与实施模式及其说明

（一）模式结构

（见下页）

（二）操作说明

整个模式由四个模块、八个环节组成,每个环节包含其构成要素。

我们把幼儿自主的"学"作为模式的主线,试图表达在个别化学习区角活动中幼儿学什么、怎么学（过程中发生了怎样的学习）、学习品质如何、获得了哪些发展。

我们以教师的"推"作为副线,试图说明教师的活动设计、观察、识别、判断、回应等各环节的内部要素,以及教师如何通过这些环节来推动幼儿发展。

1. 模块一：依据

个别化学习区角活动是由教师发起的低结构学习活动。教师发起活动的主要依据有两个方面。一方面,要基于课程目标,以《学习活动》教材中的主题核心经验为主,它是主题活动中幼儿的发展重点所在;同时,要兼顾幼儿各领域的发展目标,把握各年

---

① 陈鹤琴.陈鹤琴教育思想读本 活教育[M].南京：南京师范大学出版社,2012.

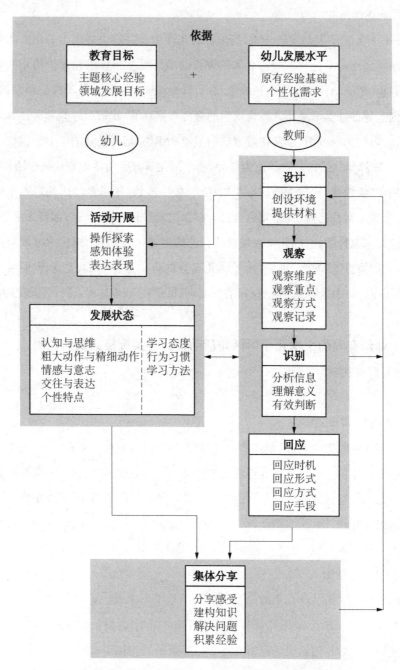

师幼交互的个别化学习区角活动设计与实施模式

龄段的发展要求。另一方面，教师要关注幼儿的实然状态，即幼儿的实际经验水平和幼儿个体的发展需求。两者结合成为教师设计个别化学习区角活动的主要依据。

2. 模块二：以幼儿的"学"为线索的"活动开展——发展状态"

活动开展。幼儿在教师为其创设的环境中与材料进行互动，在与材料的互动中，幼儿有发现、有探索、有想象、有创造，感知了材料特性，获得了操作经验，丰富了多元的体验，并运用多种方式表达自己的感受、想象和创造。

发展状态。教师对幼儿活动中的表现要进行全面的观察，捕捉幼儿在认知与思维、粗大动作与精细动作、情感与意志、交往与表达、个性特点等方面的发展信息，这些信息客观反映了幼儿当下各领域的发展水平。期间，教师要重点关注幼儿的学习品质，包括：学习态度，对周围环境的好奇心、对学习的兴趣与主动性、对困难的态度等；学习行为与习惯，学习中的坚持性、注意力、计划性、合作性等；学习方法，能用观察、小实验等方法来了解事物，能利用已有的条件来解决问题，利用自己或他人的经验进行学习等。[①] 教师通过由表及里的观察分析，准确判断幼儿各领域的发展水平。

3. 模块三：以教师"推"为线索的"设计——观察——识别——回应"

设计。教师设计个别化学习区角活动的主要任务是通过创设环境和提供材料支持幼儿学习。环境创设的要点是：整体环境安静，幼儿可与环境互动，有有利于幼儿表达表现的空间，有引发探索的问题情境，材料摆放便于操作。小班可适当借用游戏情景。材料提供的要点是：材料安全环保，保证幼儿活动的安全性；材料有层次性，以便于不同发展水平的幼儿能按自己的需要进行选择；材料结构简单，有不同的玩法，幼儿能自主驾驭材料，有发现、探索、想象、创造的机会和空间。可利用现成材料，减少教师在材料制作上的耗时，提高材料的使用效率。

观察。观察了解幼儿的活动情况和实际发展水平是教师实施有效教育的前提。教师设计的活动幼儿是否感兴趣？幼儿玩得怎样？活动是否能促进幼儿的发展？教师可观察幼儿的外在表现，如情绪、行为、语言等；对每一项活动的不同阶段应有明确的观察重点，并且关注伴随活动进程而生成的观察目标。教师对观察到的信息应采用适宜的记录方式（文字、符号、视频等）进行记录，以便深入分析。教师还可以采用定点定时观察、追踪观察和随机观察等方式获取全面、真实的信息。

---

① 李季湄.《3—6岁儿童学习与发展指南》解读幼幼儿园的教师指导[M].北京：人民教育出版社,2013.

识别。教师对于观察所获得的大量信息要进行过滤筛选,识别哪些是"重要信息"线索,并进行追踪,或在分析时将分散在各个活动中的"重要信息"关联起来构成具有代表性的学习事件链。分析信息时要能准确理解所发现的"哇"时刻对于幼儿成长的意义和价值。

回应。教师通过对收集到的信息进行有效分析,准确识别幼儿目前达到的学习水平,从而给予适宜的回应。适宜的回应包括回应时机的把握、回应形式与方式的选择及回应手段的运用。回应时机可以有即时回应和延时回应;回应形式可以有个体回应和集体回应;回应方式可以有直接回应和间接回应;回应手段可以有材料支持、语言介入、表情鼓励等。教师可以根据具体情况有选择地或综合地运用,以支持幼儿实现自己的想法,促进幼儿的学习和发展。

观察是了解幼儿发展的主要途径,是调整活动材料的依据,在观察的基础上,教师了解班中每一个孩子的发展需求,进而使材料投放精准有效。

4. 模块四:集体分享

个别化学习区角活动设计与实施模式的最后一个环节是教师组织的"集体分享",通过师幼互动和生生互动,师生分享彼此感受、建构相关知识、解决所遇问题、积累多元经验,幼儿在经历活动的过程中获得各方面的发展。

四、模式特点

1. 交互性

个别化学习区角活动,是教师发起的,基于教育目标和幼儿的实际发展水平,有目的地为幼儿设计学习活动环境和活动材料,让幼儿与环境、材料充分互动的学习活动。教师基于对幼儿活动行为的观察识别,判断幼儿的发展进程,进而用适宜的方式给予跟进支持,或即时的个别回应,或延时的集体回应,或通过调整材料进行的间接延时回应等。活动过程中教师观察着幼儿,幼儿的行为又影响着教师的识别判断与回应,整个过程是教师与幼儿不断地彼此互动,互相影响,交替作用,从而推进着教师的支持和幼儿的发展。

2. 整体性

整体性包含三个层面的涵义。其一,从"设计依据"到"集体分享"共有八个环节,这八个环节互为关联,构成了一个整体,在设计与实施过程中不能缺少任何一个环节,否则将影响活动的有效性,影响活动对于幼儿发展作用的发挥。其二,在幼儿活动的每一环节中,我们不仅关注幼儿认知学习,更关注幼儿在学习过程的学习态度、行为习惯和学习方法,关注幼儿的情感意志、交往表达和个性特点,从育人的角度关注幼儿的整体发展。其三,每个模块都是由多个环节构成的一个小的整体。如在教师模块,我们将教师的设计、观察、识别和回应作为一个整体作用于对幼儿活动的观察,因为有效回应必须以完善的设计、明晰的观察和准确的识别为前提,四者是有内在联系的整体。

3. 操作性

模式呈现了各模块之间、各环节之间的关系以及各环节的内部要素,这些要素使教师明确了每个环节的操作维度或实施要点,如在"观察识别"环节中,内部要素指出了教师要做什么(确定观察维度,明确观察重点,选择合适的观察方式,记录观察到的信息)以及怎么做(观察之后要分析信息,理解这些信息的意义,判断幼儿发展的水平),这些要素内容给予教师明确的操作指引。

五、使用建议

把握共性,关注个性,灵活调整,可有变式。

1. 本模式结构图呈现的是个别化学习区角活动设计与实施的一般的、共同的过程,但是由于区角活动内容的差异,领域特点的差异,幼儿活动状态的差异,使用中还需灵活调整,如观察可以有所侧重,不必面面俱到。

2. 个别化学习活动在推进中,基于师幼交互的具体情况,可以有不同的"回路"节点,由此形成模式的变式。譬如,有时教师观察到了幼儿的活动情况,即时回应,及时调整活动材料。有时教师也可能采用延时回应的策略,在分享交流时与幼儿共同讨论,到下次活动时再调整。

师幼交互的个别化学习区角活动设计与实施模式,梳理、概括了教师在组织实施个别化学习区角活动时一般的、共同的、规律性的操作路径和方式,对于一线教师具有实践指导意义。

(陈佩枫)

10　幼儿园自主性区域运动模式

区域运动是幼儿园体育活动的基本组织形式,是增强幼儿体质、增进幼儿健康的重要途径,以班级独立、年级混班、年段混龄等方式开展。其内容丰富,过程开放,发展多元,对幼儿运动兴趣的满足、自主运动能力的发展,以及良好个性品质和运动习惯的培育等具有独特的价值。区域运动只有充分体现幼儿的自主性,才能改变"教师对幼儿控制多、促进少,幼儿学习被动多、主动少"的现象,从而有效促进幼儿身心和谐全面发展。

一、理论依据

(一)基于学前运动的理念与要求

《3—6 岁儿童学习与发展指南》提出:"激发幼儿参加体育活动的兴趣,养成锻炼的习惯。"《上海市学前教育课程指南》强调:"要因地制宜地创设各种有趣的运动环境,开展形式多样,富有野趣的活动,吸引幼儿主动参与,让幼儿体验运动的快乐。"《幼儿园教育指导纲要》指出:"尊重幼儿在发展水平、能力、经验、学习方式等方面的个体差异,因材施教,努力使每一个幼儿都能获得满足和成功。"因此,幼儿园运动要以"激发幼儿运动兴趣,提升运动能力,增强身体素质,培育良好个性品质和运动习惯"为宗旨,教师要尊重幼儿的运动天性,遵循幼儿身心发展规律,关注个体差异和不同需求,为幼儿创设可以自己决定的、有各种选择与体验可能的愉悦、开放的运动环境,给予幼儿充分的自主探索与练习各种肢体动作的机会,提供自由交流合作、表达表现的空间,让幼儿获得自主感和成功感。

（二）幼儿运动的意义和发展特点

健康是指人在身体、心理和社会适应方面的良好状态。发育良好的身体、积极愉快的情绪、良好的运动能力是幼儿身心健康的重要标志。幼儿阶段是儿童身体发育和机能发展极为迅速的时期，也是形成安全感和乐观态度的重要阶段。童年是一个运动的阶段，特别是 2—6 岁这个阶段，惊人的活动量和运动欲望、永不停歇的发现欲望和持续的尝试是这个阶段的标志。① 幼儿通过自愿的、轻松的、充满乐趣的体育活动，接受各种感官信息的刺激，自发地反复探索和尝试各种活动的途径和方法，不断丰富运动经验，提高自身的行为能力和运动技巧，发展感知觉、运动能力、想象力，以及交往能力，自我的正确认识、自信心等也会逐渐建立起来，真正获得身心和谐健康发展。

（三）以幼儿为主体的教育理论与思想

著名教育家罗杰斯认为只有"整个人"（包括认知、情感、信念和意图等）都参与学习活动时，学习才会真正发生。这隐含着幼儿内在动机的重要意义，只有活动内容真正满足幼儿的兴趣与需要时他们才会全身心投入，这种主动参与是最持久、最深刻的，效果也是显著的。皮亚杰的"主动教育"理论提出要提升儿童的决定权和独立性，让儿童自主去解决遇到的问题，促进儿童自发的运动与自主性，使儿童获得持久的探索、发现与运动的兴趣。宽松、多样、开放式的运动教育环境让幼儿拥有大量自己做主的机会，让幼儿进行自由和自发的运动或游戏，使幼儿的活动动机由内部动机支配而非来自外部的命令，表现为"我要游戏"、"我要运动"，使得学习更具主动性。

二、模式结构

幼儿园自主性区域运动模式是一种基于幼儿园运动目标、幼儿身心发展特点，通过愉悦、开放、自主的运动环境，吸引幼儿主动参与，让幼儿经历"自由选择与结伴、自主探索与体验、自发练习与挑战"的个别和小组学习过程，促进幼儿运动思维和运动能力的发展，使幼儿形成积极主动的学习态度和良好个性品质的低结构分散运动模式，其结构如图所示：

---

① （德）蕾娜特·齐默尔. 幼儿运动教育手册[M]. 南京：南京师范大学出版社，2008.

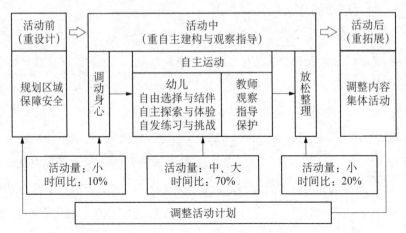

幼儿园自主性区域运动模式图

三、实施要点

（一）活动前：规划区域与保障安全

该阶段的主要任务是：基于幼儿园运动目标、3—6岁幼儿身心发展特点，以及幼儿运动兴趣和已有运动经验，对自主性区域运动方案的总体设计与规划。包括将各阶段运动目标转化为区域运动的目标，分析年段和班级幼儿的已有经验，预设各活动区的主要功能和价值，分析各类自然因素及场地的特性，选择适宜的器械材料，排查各类运动安全问题，创设愉悦、开放、自主的区域运动环境。

1. 整体规划区域。幼儿园自主性区域运动的设置要以各年段幼儿身心发展特点和运动目标、幼儿已有运动经验及个体差异等为依据，预设各活动区的主要功能与阶段目标，兼顾内容的全面、发展的均衡、形式的多样、运动量的合理等因素，教师要对场地设施的利用、区域空间的划分、器械材料的选择，进行全面规划、合理布局。如，从动作内容与场地的适宜性考虑，利用塑胶地开展跳跃类活动，利用沙池空间开展攀爬活动，利用弯曲的小路开展骑车活动等；从器械的丰富性考虑，有固定运动器械、可移动运动器材；从动作内容的全面性考虑，有与平衡、灵敏、协调、力量与耐力、速度等运动能力相对应的平衡、钻爬、投掷、跳跃、攀登、骑行等活动区；从幼儿肢体动作全面协调发展考虑，有针对上下肢体、左右肢体、四肢与躯干、技能与力量的锻炼；从活动形式上有一物多玩、多物组合玩等方式；从运动量的合理性考虑，各活动区的运动量要有大有小,有强有弱,便于幼儿自主调整,但总体适度。

2. 做好安全措施。教师要对活动场地及器械材料进行全面的安全检查,预估幼儿在运动中可能遇到的危险,做好对应的防范与保护措施。各活动区要以幼儿身心特点、现有运动经验为依据,科学创设环境与内容,既满足幼儿爱冒险、好探索的兴趣,又适合幼儿活动,避免超越幼儿的身心挑战范围。如,对场地及器械材料的尖锐之处进行软包或隔离,秋千前后确保足够的空间距离,设置"保护头部、减速慢行、保持距离"等各种安全提示标志。触摸跳物体离幼儿指尖约 15—25 厘米;悬空的荡球或秋千离地面高度约 0.8—1 米;向下纵跳的高度约 15—35 厘米;助跑跨跳的障碍物高度约30—40 厘米;悬垂高度约 1.95 米;攀爬高度约 2.9 米等。

(二)活动中:自主建构与观察指导

该阶段的主要任务是:基于幼儿生理机能能力的变化规律、基本动作学习与发展的特点、身心和谐整体发展及个体差异,营造愉悦、开放、自主的氛围,吸引幼儿主动参与,鼓励幼儿根据自己的兴趣与需求,自由选择与结伴、自主探索与体验、自发练习与挑战,对幼儿进行观察识别、适切指导、适时交流、适当调整,帮助、引导幼儿解决问题、掌握方法、积累经验,让幼儿体验运动的快乐,保护幼儿的活动安全。

1. 引导幼儿调动身心。这是身体活动的启动部分,包括心理和生理两个方面的指导。通过语言鼓励、器材与内容提示、任务交流等方法,激发幼儿参与运动的积极情绪。采用律动、操节、慢跑等形式,有针对性地让幼儿进行活动量小、强度低的身体适应性热身准备,冬季可适当增加热身的活动量,帮助幼儿建立热身的自我保护意识和良好习惯,掌握热身的简单方法,使幼儿的身体从安静状态进入较兴奋的运动状态。该环节一般占总时间的 10% 左右。

2. 支持幼儿自主运动。这是身体活动的基本部分,是个别和小组的分散自主活动,幼儿根据自己的意愿自由选择活动区与玩伴,自主探索与体验各种动作玩法,自主决定活动方式,自发反复尝试挑战新内容。教师的主要任务是对幼儿动作状况与行为表现进行观察识别,保护幼儿的安全,进行适切的指导和帮助。该环节中幼儿身体活动量和活动强度处于较大的状态,所需时间一般占总时间的 70% 左右。

(1)放手自主。教师鼓励幼儿自主决定"玩什么,和谁玩,怎么玩",给予幼儿充分的自主活动空间和机会。

① 营造愉悦、开放、自主的氛围,支持幼儿自由选择内容与玩伴。教师将各活动

区的器械材料就近分类、开放式摆放,便于幼儿安全、自主取用。营造宽松、自主的游戏氛围,吸引幼儿主动参与,鼓励幼儿根据自己的兴趣与需求,自由选择活动区,自主建构运动情境,自主决定活动方式,自由选择玩伴,进行自己喜欢的、力所能及的活动。

② 提供丰富、多功能的器械材料,支持幼儿自主探索玩法与体验动作。教师为幼儿选择可组合、易变化、能移动的多样器械材料,鼓励幼儿大胆想象,探索单个器械材料的一物多玩,几个器械材料组合的多物多玩,在创造性运动中促进思维的发展,体验各种肢体动作的可能性,丰富运动经验。如,可选用牢固、轻便、易组合的塑料方格,以及多功能的轮胎等。幼儿在探索中充满了想象与创造性,尽情体验跳、爬、滑、推、悬、跨、攀、撑、平衡等丰富的肢体动作与运动。

③ 创设多层次挑战机会,支持幼儿自发练习、尝试新内容。幼儿往往不满足于已经达到的水平,总是要略高于自己的日常水平去尝试新内容,并愿意积极调动已有的运动经验,整合同伴的经验方法,克服困难,反复尝试。因此,教师要了解幼儿的个体差异,提供多层次的器械材料,设置多样的问题和任务情境,帮助不同发展水平的幼儿获得适宜的挑战机会,引导幼儿灵活运用、整合各种经验方法。如,根据不同年龄段幼儿的动作发展特点,提供规格、功能各异的车辆,小班以功能与操作比较简单的三轮童车、蹬蹬车、三轮滑板车等车辆为主;中、大班的车辆在功能与使用上相对更加丰富,有踩、摇、滑、推等功能,以及合作骑行的车辆。又如,三种不同悬挂方式的轮胎秋千,以垂直与平面、单根绳与双根绳的不同,为幼儿创设不同难度的平衡控制体验,使得每个幼儿拥有适合自己的方式和挑战机会。

(2) 观察识别。教师要运用幼儿运动专业理论与知识,借助观察记录表,对运动环境与器材、幼儿的运动量、动作状况和行为表现进行观察与识别,判断幼儿的运动兴趣与发展水平,关注特殊儿童,反思各活动区的安全性、有效性。观察的方法有全面观察与重点观察;观察的内容有环境、器材与幼儿;观察的要点有环境与器材是否安全,活动指向哪些运动经验的发展,能否诱发幼儿的探索与体验兴趣,与幼儿当前发展水平与经验是否吻合,能否满足不同水平的幼儿的发展需求等,还有关于幼儿在运动过程中所反映的兴趣与态度、运动能力、想象与创造、问题的解决方式、合作与交往、专注与坚持、勇敢与自信、自我保护、自我服务、身体状况与运动量等情况。

(3) 适切指导。在观察识别的基础上,教师要根据幼儿的需求,决策介入的时机、指导的方法,通过现场的器材调整、动作辅导、规则提示、分享交流等方式给予有效回应，激发幼儿持续探索、练习的兴趣，帮助幼儿获得进一步发展的可能性。介入的时机可以是：当运动中出现场地器材、幼儿动作等不安全因素时；当幼儿时常表现出对活动不感兴趣，与同伴没有互动，无所事事，成为旁观者时；当幼儿在反复尝试中对某一动作技能掌握出现困难时；当幼儿在运动中遇到困难想要放弃或者主动请求帮助时；当幼儿与同伴之间出现冲突而无法解决问题时；当幼儿在运动中出现疲劳状态而不会自主调整运动量时；当特殊儿童需要照顾时等。

（4）安全保护。因幼儿对危险事物和行为的认识与判断能力有限，自我保护能力较差，具有爱冒险、易兴奋等年龄特点，教师要更加关注自主运动中因众多不定因素而产生的问题，建立自主运动规则，掌握幼儿运动安全知识和正确保护方法，加强对幼儿的安全保护与指导，明确"三位一体"的分工与职责，确保每位幼儿的活动情况都在观察的视线里。引导幼儿发现问题、解决问题，积累自我保护的经验和方法。帮助幼儿逐步养成自我保护的良好习惯：一定高度的攀爬、悬垂或高处往下跳会用软垫保护自己；不在晃动的秋千前后走动；拥挤时会耐心等待；组合器械时会仔细检查是否牢固；快速行进中遇到障碍会及时避让；寻找合适的地方活动不影响同伴；不尝试超越自己能力的活动等。

3. 组织幼儿放松整理。这是身体活动的结束部分，包括身心的放松和器械材料的整理。教师根据幼儿身体活动的规律，通过播放舒缓的音乐、做简单的放松游戏或动作，以及整理衣物等方式使幼儿身体肌肉放松、呼吸及心律得到恢复，让幼儿的情绪和各器官系统逐渐由兴奋状态趋于平静活动状态。教师提供安全、简便、开放的器材整理设施，引导幼儿共同参与器械材料的整理，与同伴合作完成小型移动器材的归类整理任务，帮助幼儿养成自主整理的习惯和认真整理的态度，增强自理能力。该部分一般占总时间的 20％左右。

（三）活动后：调整内容与跟进集体活动

该阶段的主要任务是：基于幼儿全面发展、经验拓展的需求，教师根据活动中对幼儿动作状况和行为表现的观察与识别，分析幼儿的运动兴趣与发展状况，反思各活动区环境器材的安全性、有效性，通过调整活动区的内容与器材、跟进集体运动活动等策略，支持幼儿的持续发展。

1. 调整内容器材。以自主性区域运动中的观察分析为依据，反思各活动区应然状态与实然状态之间的差异，针对"如何保障幼儿的运动安全、激发幼儿的持续兴趣、兼顾幼儿的均衡发展、支持幼儿的逐步挑战、满足幼儿的个体差异"等问题,对各活动区的内容与器材做进一步的调整与完善,让自主性区域运动更贴近幼儿的兴趣,更吻合幼儿的发展需求,更有效地促进幼儿逐步发展。

2. 跟进集体活动。幼儿运动能力的发展需要遵循一定的序列,学习新的运动能力需要依次达到功能性水平、表现性水平、社交性水平三种熟练水平。幼儿的运动经验除了在自主活动中习得以外,还需要通过教师有目的、有计划的集体指导进行拓展。因此,教师要通过自主性区域运动中的观察与识别,掌握班级幼儿基本动作学习与发展轨迹,了解幼儿的共同兴趣与需求,判断幼儿的基本发展水平与难点,设计与组织集体性运动游戏,帮助幼儿体验多种肢体动作,掌握正确的动作技能、拓展运动经验、积累合作方法。幼儿将在集体活动中习得的经验方法,自发地迁移运用到自主运动中,在反复体验中逐渐掌握动作。如,当幼儿对侧滚、旋转等处于功能性水平的动作体验有困难、无法完成的情况时,当幼儿对某一器材的玩法探索缺少经验时,当大多数幼儿对跳跃、快跑骤停等运动内容缺少正确方法时,当幼儿缺少合作运动的经验时,当幼儿在自主运动中缺失某一动作经验时……教师便可开展集体性活动。高结构的集体活动与低结构的自主活动两者相辅相成,创造丰富的体验与练习的机会,增强幼儿的身体素质。

四、实施建议

1. 教师在设计与组织区域运动时,既要基本遵循模式的设计思想和实施路径,又要根据幼儿园运动课程的特点和幼儿发展需要,创造出更多的变式,指导多变的教育过程和多样的教育对象。

2. 幼儿园自主性区域运动模式的有效实施对教师专业素养提出很高的要求,需要教师建立专业自觉,提高对儿童学习与发展的有效观察、识别与回应能力。

(吕旭茜)

11 幼儿园自主性游戏分享交流互动模式

《幼儿园工作规程》和《幼儿园教育指导纲要》纷纷指出，幼儿园教育要"以游戏为基本活动"。由此可见游戏在幼儿园教育中的重要地位。在幼儿的生活中，游戏是他们最为喜欢的活动。游戏不仅仅是幼儿的消遣，更是他们主要的学习方式。幼儿园游戏有两类：一类是自主性游戏，是幼儿按自己的需要自由选择开展的游戏；另一类是教学游戏，是以游戏的形式来完成特定的教育教学目标的活动，让幼儿能够在活动中有游戏化的体验。

一、问题的提出

《3—6岁儿童学习与发展指南》"说明"部分明确提出："幼儿的学习是以直接经验为基础，在游戏和日常生活中进行的。"《幼儿园教育指导纲要》在"组织与实施"部分也提出："善于发现幼儿感兴趣的事物、游戏和偶发事件中所隐含的教育价值，把握时机，积极引导。"由此可知，游戏是基于儿童的内部需要而产生的自发活动，幼儿的学习主要在游戏中发生，同时幼儿在游戏中的学习也离不开教师的引导。而游戏分享交流活动是师幼围绕游戏展开的交流和讨论，是教师帮助幼儿整合和提升经验的重要时机。

1. 自主性游戏分享交流的现状

游戏分享交流是游戏开展中的一个重要环节，是提升幼儿游戏品质的有效途径，也是目前游戏课程实施中的"软肋"。在实践中，教师普遍认为游戏结束后的分享环节是非常重要的，能够帮助幼儿梳理、整合和提升经验，促进幼儿游戏水平的提高，激起幼儿下次游戏的兴趣,帮助教师了解到一些没有观察到的内容。因此,教师重视在游戏后进行分享交流,但是在实践中却由于很多不确定的因素致使教师不能完全放手,从而导致实践操作与理念的脱节。教师在幼儿游戏时不能有效地观察幼儿,游戏分享交流时也只能提出一些模式化的问题,缺乏必要的分享策略。游戏分享交流活动的形式、内容、时间过于随意,不能很好地利用分享活动提升幼儿的认知水平,促进幼儿核心素养的发展。因此,教师的游戏回应与组织交流分享能力有待提高。

2. 自主性游戏分享交流的作用

(1) 游戏分享交流是教师指导幼儿游戏的重要途径

游戏分享交流在幼儿这一次游戏的结束与下一次游戏的开始之间起着承上启下的作用,为教师指导幼儿游戏提供了依据,能帮助幼儿梳理、提升经验。分享活动有助于教师根据每个幼儿的游戏水平推进他们的发展。

(2) 游戏分享交流是幼儿与同伴分享游戏体验、交流游戏经验的过程

在分享交流的过程中,师幼围绕一个或几个共同的问题进行讨论和对话,幼儿个体与集体、教师个体与集体进行有效互动,不仅使全体幼儿在同一情境中学习了彼此的经验,而且节省了教师重复劳动的时间和精力,达到了游戏与教学活动相融合的效果。

(3) 游戏分享交流是激发幼儿游戏热情和自信心的有效途径

在轻松、愉快的氛围中,分享交流活动鼓励和支持了每一个幼儿在游戏活动中的创造,让幼儿体验到了成功的快乐,激发了幼儿进一步开展游戏的兴趣和热情,增进幼儿自信心,对幼儿的发展起到导向作用。

基于上述游戏分享交流活动的现状和作用,我们意识到,只有形成可操作性强,能给一线教师提供可学习的基本结构与内容线索的游戏分享交流模式,才能够帮助教师让游戏分享交流环节达到应有的教育效果。因此,我们以徐汇区学前游戏研修组与9所院校合作园游戏现场为分享交流的研究平台,逐步研究游戏分享交流的组织形式、内容、语言回应策略、各年龄段分享交流指导建议等。本活动模式力图解决的问题是:如何运用游戏分享交流促进幼儿主动的表达,促进教师把幼儿个体经验向集体经验引发,看懂游戏、抓住价值点,让教师从表面的热热闹闹到深度挖掘游戏的价值,促进幼儿快乐玩、有效学。

二、自主性游戏分享交流的概念与结构

1. 游戏分享交流的概念

游戏分享交流是指教师基于对幼儿自主游戏的观察和了解，引导幼儿就刚才的游戏活动进行讲述、讨论、分析，帮助幼儿将游戏经验化零为整，分享成功经验，修正错误认知，并找出存在的问题，从而为下一次自主性游戏的开展做好材料、经验等方面的准备。分享交流活动能使幼儿从游戏中建构的个性化经验扩展到集体范围，使整个集体都感受或者获得这一经验的过程，并且这一环节由教师与幼儿作为一个整体参与其中，这体现着游戏的精神，同时也交叉和隐含了在分享中获得发展、实施教学的可能性。游戏分享交流环节是游戏的结束环节，是完整游戏活动的重要组成部分。

2. 游戏分享交流之名的演变

国内游戏分享交流之名是从最初的"游戏评价"、"游戏讲评"到"总结讨论"、"自主交流"等概念逐渐发展而来的。根据对国内研究文献的梳理，我们发现关于游戏评价和游戏讲评的文献最早出现于1980年。以2001年《幼儿园教育指导纲要（试行）》为界，把研究内容分为两个时期：1980—2001年的教师主观评价和讲评时期；2001年以来的游戏分享交流时期。21世纪以来"游戏评价"和"游戏讲评"已经慢慢地向"总结讨论"、"分享交流"、"自主交流"、"交流活动"、"游戏分享交流"等转变。从这些名称的转变中能看出教师观念的不断改变，从最初教师主导游戏评价，到教师权威地位的动摇，到逐步认识到幼儿在游戏分享交流中的主人地位。

3. 分享交流活动互动结构图

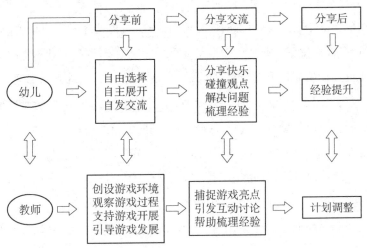

三、自主性游戏分享交流活动实施原则

1. 分享交流要以幼儿为主体

游戏过程是幼儿自我表现的过程,幼儿是游戏的主人,因此也是游戏分享交流的主人。分享是以幼儿为主体的,分享应该成为幼儿的群言堂,而不是教师的一言堂,只有少数或者个别幼儿参与分享的活动,肯定是失败的游戏分享交流。分享交流活动要以幼儿的需要、兴趣、能力、经验为核心,幼儿是自发地与人、与事、与环境互动的,因此教师创设的环境应顺应幼儿的发展需要,追求幼儿主动发现知识的过程,这一知识包含了幼儿当时的全部事实经验。教师的工作是组织、引发话题,追问拓展,重述强调,征求解决问题的意见等。教师要多鼓励表达——让幼儿学着"说自己的事",多呈现过程——让幼儿能"弄懂别人的事",多创设机会——让幼儿"有话大家说"。

2. 分享交流保持在游戏氛围中进行

每一次的游戏体验,都是幼儿身心享受的过程,幼儿在其中充满着快乐的体验。因此游戏后的分享活动,幼儿的谈话与讨论都是热烈的、情感外露的,有了游戏的情境,表达也会变得更加流畅,这是游戏高潮的又一次延续,孩子们是在重温愉悦的体验中和同伴分享快乐。因此,游戏虽已告一段落,但分享交流仍要保持在游戏的氛围中,这是分享交流的最佳状态。教师以游戏的口吻与幼儿共同商讨,保持角色身份引导谈话,这样能使幼儿更专注投入、畅所欲言。游戏情境的保持与回顾能够让幼儿与刚才的游戏产生顺畅的连接,教师可以给予一些作为经验丰富者的回应,帮助幼儿梳理、提升原有经验。

3. 分享交流要有效捕捉重点

游戏中的情况千变万化,可谈的内容非常多,不可能通过一次讨论解决所有的问题,因此要避免面面俱到。教师可以根据观察所得的主要情况,或计划中的指导重点,进行有重点的谈话引导。重点的捕捉可以以发展能力为导向,捕捉新出现的创意及成功的体验;也可以根据游戏中存在的问题,特别是矛盾的焦点,引导幼儿讨论,鼓励幼儿以自己的方式解决问题,注重幼儿发现、解决问题能力的培养;也可以通过幼儿的提前预约来分享,在过程中要做幼儿的朋友而平等地倾听,从幼儿的角度提问,遇到了问题要放低心态,共同探讨、协调解决。

4. 分享交流要基于教师的有效观察

受到游戏转型的推动,我们更在意"游戏回归幼儿,让幼儿成为游戏的主人",更加

尊重幼儿游戏的天性。在游戏转型过程中，教师的作用不再局限于环境、材料的创设和提供，幼儿的游戏趋于自主性不等同于放任自流。对于教师而言更重要的是对幼儿游戏的观察分析以及更好的支持，教师要明确观察目的、观察种类、观察态度、观察流程、观察的主要内容、各年龄段游戏观察的重点、观察的方法、观察结果的分析等。幼儿游戏不仅要放手，更要在原有的基础上有所提升，教师的观察有利于分享交流的有效开展，进而推动幼儿游戏发展，帮助幼儿提升游戏水平。

四、自主性游戏分享交流要素

立足游戏现场，综合幼儿的需要、游戏的行为表现、教师对幼儿的指导过程，我们认为游戏分享活动有三大重要元素。

1. 分享交流活动的开启方式

分享交流都要围绕一定的话题进行，游戏分享交流话题的开启方式包括教师直接开启分享话题和师幼共同开启分享话题。教师直接开启分享话题是指教师单刀直入引出分享话题，在此过程中教师可以通过借助照片或实物材料等方式为幼儿回忆经验提供支持。师幼共同开启分享话题是指教师不直接开启分享话题，而是通过提问幼儿、围绕幼儿提出的问题展开讨论的方式。教师直接开启话题式可以借用照片、视频、材料、实物、作品、情境再现进入分享主题，比较适合小、中班幼儿。师幼共同开启式是指教师请玩某个游戏的幼儿或者直接请某幼儿进行分享，可以分"指定性提问"、"邀请性提问"、"教师自由邀请式提问"。教师指定性提问是指教师通过请幼儿分享"开心的事情"、"遇到的问题"、"创意的点子"等开启分享话题。教师自由邀请式提问是指在游戏分享交流时，教师不直接指定分享话题的内容，而由幼儿自己决定。这种方式下，教师一般这样提问："还有谁想讲的"、"还有没有其他问题"、"还有谁来说说你今天是怎么玩游戏的"等。

2. 分享交流活动的话题种类

分享交流就是对今天游戏的总结，对明天游戏的计划。游戏分享交流时要选择大部分幼儿感兴趣的话题进行分享，教师通过观察要捕捉游戏中的闪光点，聚焦游戏中的矛盾点，能够诠释游戏中的未知点。我们从调查结果发现，游戏分享交流的内容基本围绕游戏材料、游戏情节、收拾整理而展开，以前面两大类居多。

（1）对游戏材料使用、收纳的分享

这是指在游戏分享交流时，师幼围绕游戏过程中幼儿与材料互动出现的问题，或者是幼儿对游戏材料的想象、组合或创造而成的作品进行交流与讨论。可以是材料不够或不合适，如娃娃家缺垃圾桶、超市缺购物袋、医院缺标记、酒店缺厕所、医院没有床等；可以是材料太多，如超市的东西太多，蛋糕店的蛋糕太多没有地方放等问题。幼儿在游戏材料的操作方法或规则方面也会出现很多问题，如在快递游戏中如何正确填写订单、医生如何给别人包扎伤口、五块钱可以买几样超市的东西等。师幼围绕这些问题进行讨论可以让幼儿在以后的游戏中更好地与材料互动。游戏分享时师幼也会围绕材料摆放问题展开讨论。如请幼儿观看恐龙园或自助餐厅的照片，通过回忆与对比，让幼儿说一说今天这两个游戏与往常不一样的地方，提醒幼儿关注今天自助餐厅在材料摆放、空间位置上的新变化，或恐龙园有何新的设施等，让幼儿对游戏空间的设置有更深的思考，有利于幼儿下次合理地安排游戏空间，促进同一个游戏发展出更加丰富的游戏情节。同时，游戏材料的收拾整理也是分享的一项重要内容，游戏分享时师幼围绕游戏中收拾整理出现的问题，或者是快速、有效收拾的秘诀进行分享与交流。

（2）对幼儿创意作品的分享

在游戏过程中，幼儿能够通过自己的想象、替换、搭建、绘画及手工制作等方式创造出丰富多样的作品，在游戏分享交流时，教师和幼儿可以围绕幼儿的创意作品展开分享和讨论。教师可以先请"设计师"分享作品名称、创意来源、作品用途、操作方法等，并做出鼓励和赞赏，然后请其他幼儿观察作品中存在的问题，教师和幼儿群策群力，为进一步完善作品提出修改建议，帮助幼儿提高作品的科学性和复杂性。对自己设计的作品进行分享有利于鼓励幼儿积极创造，有利于推动幼儿的个别经验发展成为集体的经验，促进幼儿主观能动性的发展。

（3）对游戏情节的分享。

对游戏情节的分享是指师幼围绕游戏中的（创新）游戏情节、游戏情节中出现的问题以及游戏规则进行分享和讨论。（创新）情节或玩法的分享是师幼重点围绕幼儿"玩了什么"、"怎么玩的"等一系列游戏事件进行讨论。在游戏分享时幼儿会提出自己在游戏的过程中遇到的问题，这时候教师可以把问题抛给幼儿，幼儿经过讨论、交流，就可能自己找出解决问题的方法。游戏规则是幼儿对角色行为的认知，例如顾客买东西要付钱、人多时要排队、餐厅的工作人员要招呼客人等。游戏分享中关于游戏规则问题的讨论有利于促进游戏规则自下而上的生成，与教师强加的规则相比，幼儿自己经过讨论生成游戏规则不仅是对幼儿分享主体地位的贯彻，这样的规则幼儿也更容易接受，对于这类规则的遵守更能够保证游戏装扮行为的顺利进行。

3. 分享交流活动的形式

游戏是否需要交流，以何种形式交流应视需要而定，形式方法可灵活多样。如个别、小组、集体交流，在游戏的开始、过程中、结束时交流等。游戏分享交流形式的灵活运用有利于让幼儿通过直接感知、体验和吸收分享经验，符合幼儿的年龄特点和学习特点，有利于激发幼儿的参与兴趣。游戏分享交流的形式可以有照片展示、现场示范、纯语言讨论、视频再现、绘画展现、作品展示等。

（1）多媒体呈现

照片或视频呈现是指通过播放幼儿游戏情节或作品的照片、视频，再现游戏中的精彩片段，帮助幼儿进行回忆的一种分享形式。游戏照片、视频对幼儿回顾游戏过程有很大的作用，但这就要求教师对幼儿游戏进行细致观察，及时捕捉幼儿游戏的闪光点，并以照片或视频的方式记录下来，这样才能使这些视觉性事实和信息为幼儿回忆和分享经验提供帮助。

（2）情节示范

幼儿现场示范是指幼儿以情境对话的方式再现游戏情节，或者幼儿现场演示材料、作品的操作方法等。游戏分享交流中，幼儿可以用现场示范的方式给予其他幼儿感知、操作和体验的机会，这有利于调动所有参与分享的幼儿的热情。如：示范如何给娃娃刷牙、洗澡，如何用长管子做成安检门等。

（3）作品展示

幼儿作品或实物材料展示是在游戏分享交流过程中，幼儿通过直接展示自己的作品或者其他游戏材料，为自己与同伴分享经验和回顾经验提供支持。幼儿在游戏过程中经常会创造很多作品，他们可以直接把作品拿来与同伴一起分享。另外，在游戏分享时，当谈到某种材料的使用时，幼儿可以直接拿出该材料，以直观的形象丰富其他幼儿的感官体验。如：积木做成的望远镜、飞机的行李传送带、娃娃家的旅行箱等，让大家通过观察，自己找出其中出现的问题或巧妙的创意。

（4）实地参观

当幼儿对在积木区搭建的建构作品或者其他不容易移动的材料进行分享时，可以请分享者带领其他幼儿实地参观,直接进入现场进行观看。如:搭建的大型恐龙博物馆、星际酒店等。这种实地参观对设计者来说是对他们搭建作品的一种认可。对于其他幼儿来说,通过仔细、认真地近距离观看他人的作品受到启发,丰富自己的建构经验。

(5)绘画表达

绘画表现是言语讲述的重要补充。在游戏过程中,幼儿经常会创作出许多的绘画作品。如:快递订单、飞机票、VIP 健身卡、医院的病历卡、视力表、游乐场的门票、餐厅菜单等。这些绘画作品的分享能够让同伴、教师更加理解他们的游戏内容,以便共同加入游戏。同时,绘画也能够弥补由于时间有限而导致只有部分幼儿参与分享的遗憾,它可以满足全体幼儿交流分享的愿望。

(6)言语讨论

纯语言讨论是指幼儿不借助其他媒介,只是通过语言互动分享经验,这时候语言的生动性就尤为重要。幼儿可以通过对游戏情节、游戏材料以及收拾整理等相关内容进行细致描述、提问、总结,在师幼互动、生生互动中更好地回顾和分享经验。在大班,可以更多地使用纯语言讨论的方式进行分享。在小班和中班,要更注重分享形式的灵活性和多样性,想方设法调动幼儿多感官经验,吸引幼儿的参与兴趣,为幼儿回忆经验提供更多支撑。

在分享交流的过程中,教师切忌把幼儿对游戏的自发讨论变成教师对幼儿游戏与行为好坏的评价判断。同样,评论不要面面俱到,更不能变成一种说教或像上一节集体教学活动。

五、自主性游戏分享交流中互动回应策略

游戏分享环节是幼儿游戏结束后,教师与幼儿一起交流、沟通、分享游戏经验的活动,游戏分享的过程就是师幼交往互动的过程,游戏分享的本质就是"交流"和"沟通",因此对话语言在分享交流活动中有着非常重要的作用,其中包括幼儿的讲述与教师的回应。教师回应语言大致可以分为:代答式、点评式、重述式、扩展式、追问式等,各种回应语言类型具有不同的特点和作用,代答式和点评式的使用代表教师在活动中的权威地位,扩展式和追问式语言的使用有利于保障游戏分享的深度和效度。

1. 问题导引式退位，把话语权还给幼儿

在游戏分享交流过程中，教师代答和讲评语言过多会减少幼儿的分享机会，教师应该不断退位，通过问题导引，把发表看法、解决问题的权利还给幼儿。教师可以通过邀请更多的幼儿参与分享来实现退位。当幼儿分享自己游戏中的问题和发现之后，教师可以邀请更多的幼儿进行补充。例如当玩娃娃家的"爸爸妈妈"反映宠物店的问题时，教师请宠物店的"医生"或"护士"发表看法；当餐厅的厨师分享了自己在餐厅做的菜式之后，教师可以请"服务员"进行补充。这样做不仅可以丰富分享的内容，而且能够让师幼对话维持下去。当幼儿反映的问题关于某个游戏区或某个幼儿时，教师可以直接邀请相关幼儿发表意见来扩大游戏分享的覆盖面，教师采用"滚雪球"的方式，使游戏分享交流从一个游戏区扩展到另一个游戏区，实现游戏分享交流的自然过渡。当分享创意作品和游戏玩法时，教师可以先不让"当事人"分享，让其他幼儿"猜一猜"，设置悬念以激发更多幼儿参与讲述的兴趣。

2. 互动问答式讨论，把未知点抛给幼儿

游戏分享如何才能抓住幼儿的注意力，使幼儿不游离于游戏分享活动之外，与幼儿进行有效的沟通非常重要，它是保障游戏分享价值实现的关键。幼儿随着年龄的增长，逐渐变得有主见了，是非观念也逐渐明确和增强了。因此可以引导他们展开讨论，在讨论中解决问题，在互动中寻找答案，进一步发挥幼儿的主动性和积极性。为了提高游戏分享交流的有效性，教师要不断回应分享者的讲述，接住分享者抛过来的"球"，并有智慧地抛回给分享者或其他幼儿，提高游戏分享交流的覆盖面。游戏分享交流中教师不需要时时扮演解决问题能手的角色，教师可以做一个"懒"老师，当幼儿提出问题寻求教师的帮助时，教师可以直接把该问题抛给其他幼儿，让全班幼儿为解决问题献计献策。当幼儿现在的经验水平不能解决游戏中出现的问题时，教师可以给予幼儿去生活和游戏中继续体验的机会，等幼儿具有了相关经验后再进行讨论。

3. 刨根探询式扩展，帮助幼儿梳理零散经验

在每一次的游戏分享中总会产生许多的话题，教师要根据幼儿的话题进行筛选。对深入讨论分享话题的选择要符合幼儿的"最近发展区"，既要选择对幼儿有一定挑战的分享内容，也要考虑分享经验的切合性，当幼儿经验达不到时要"适可而止"。在游戏分享交流过程中，教师可以通过追问来帮助幼儿分享更多的经验，还可以通过刨根式探询，不断激发新的信息，使游戏分享交流深入开展，促进幼儿新经验的生长。同

时,教师还可以运用扩展性语言对幼儿的讲述进行一定的补充或概括。如:在飞机场的游戏中,教师提问:"你们要坐飞机去哪儿?(目的性)一架飞机上为什么有去日本的,有去美国的?(航线的概念)飞机票上一般会有哪些信息?(标识水平)你们上飞机前要做些什么?(经验梳理)"在分享交流时,师幼常常围绕一个问题讨论很长时间,想出很多办法,在结束分享话题之前,为了避免幼儿遗忘,教师也可以利用扩展性语言帮助幼儿梳理分享经验,对幼儿的分享经验进行归纳,借此帮助幼儿积累游戏经验,提升游戏水平。

六、不同年龄阶段分享交流活动的组织建议

1. 小班重在引发游戏的兴趣和扮演角色的积极性,促进语言与思维能力的发展

小班幼儿的游戏无明确目的,所反映的是日常生活中简单的角色动作与行为,语言表达和交往较少。教师运用游戏后的分享交流可逐步提高幼儿游戏的有意性,游戏行为和语言表达的同步性,角色和行为的一致性。小班幼儿游戏后的谈话以再现式谈话为主。再现的重点是幼儿对玩具的操作、游戏行为与角色的关系,以此引起幼儿对角色的重视,并逐步理解游戏动作的目的性。分享交流的重点应结合游戏的内容,谈谈幼儿对同伴、对玩具、对常规的态度等。谈话时最好以角色的身份,多用游戏的口吻,并注意帮助和吸引幼儿参加到谈话中来。

2. 中班旨在引导幼儿友好交往和合作,促进其分析与解决问题能力的发展

中班幼儿的游戏正是由小班个人单独游戏向小组集体的多个游戏主体过渡的阶段。随着年龄的增长,中班幼儿在日常生活中积累了一定的生活经验,角色扮演相对认真,有了初步的规则意识,能基本按自己扮演的角色职责行动;能按意愿提出游戏主题,学习和同伴合作共同游戏;能为游戏选择替代玩具,学习自制玩具,会收拾整理玩具,有较丰富的想象力和一定的创造力。因此,游戏的目的性增强了,主题开始趋于稳定,情节得到了发展;游戏中会出现幼儿在游戏前协商角色、设计简单情节等游戏现象;主题角色之间有了相应的交往联系,幼儿在游戏中产生了相互交往的需要,也就自然地产生了角色分配的矛盾。中班幼儿对是非的判断能力尚弱,因此游戏后的争论也较多,需要教师恰如其分地引导,引导他们学习分工合作、互相协商。教师可以深入游戏,通过提问、建议和参与游戏,启迪幼儿的思维,促使他们动脑筋解决游戏中的问题,克服游戏中的困难。

3. 大班要鼓励幼儿探索发现、想象创造，在互动讨论中提高互动性语言技巧以及对游戏构思、方法等方面的表现能力

大班幼儿接触到的社会内容已大大扩展，生活经验的积累增多，有较强的游戏目的性和独立性。在游戏中他们不但能反映所体验的事物和现象，还能创造性地反映从电视中看到的、从成人或同伴处获得的知识经验。大班幼儿主题较中班广泛、丰富，会产生旅游公司、农贸市场、敬老院、电视台、飞机场、酒店、军营、学校等社会性主题。当他们设想反映的某一个内容有困难时，他们会向成人询问，从电视、图书、杂志上面获得信息再丰富到游戏中来。教师要保护幼儿的好奇心，引发幼儿观察和了解周围事物的积极性，激起幼儿对发生在自己身上的人和事的好奇心和探索欲；要向孩子提出一些问题，让他们自己去寻找答案并大胆清楚地表达自己的意见。教师可以引导幼儿解决角色职责及角色之间相互协商合作的关系，引导他们按游戏需要制定游戏规则、遵守规则，能创造性地使用玩具、材料等。

（麻建玲）

12　基于共同生活的社会性情感教学模式

一、研究背景

在教院"三维多元聚合"课堂教学范式理念主导下,笔者尝试运用教学模型,包括幼儿发展、教学要素、教学时空三个维度,将诸多元素聚合,引导教师提高教学设计适切性、提高课堂教学规范性、解决教学随意性问题。

基于共同生活的社会性情感教育,教师首先需站在幼儿的角度思考他们眼中的情感需求、情感困惑,关注幼儿的已有经验,了解幼儿的生活和需要;其次需思考社会性情感如何与幼儿的需要结合起来。教师应结合幼儿在生活中学习与发展的特点,研究幼儿的发展规律和个体差异,遵循幼儿发展规律,为幼儿创设充满关爱、鼓励、理解、支持的安全宽松的环境,为幼儿提供丰富多样的情感体验,让幼儿主动地、个性化地感悟情感并将其内化迁移。这是幼儿当下成长中所必备的核心素养。

二、理论依据

基于共同生活的社会性情感教学模式的建立是教育观念不断自我更迭的成果。我们必须真正认识到幼儿是一个独立的人,是活动的主体,是有思想、有情感的。因此,我们在建模的过程中,始终关注从教师"教"到幼儿"学"的观念的转变,而情感的体验更需要教师的关注。

(一)基于幼儿基本生活经验　关注幼儿发展的要求

幼儿从一个自然人逐步成长为社会的人,必须学会学习,学会生活,学会生存。因此,幼儿的生活是幼儿园课程整合的基点,是幼儿园课程的重要资源。《上海市学前教育课程指南》把"生活活动"作为一门独立的课程，可见生活教育的重要。我们将生活课程按照内容划分为"自理生活"、"安全生活"、"文明生活"、"共同生活"。

"共同生活"的教学内容是让幼儿适应集体生活，感受共同生活的乐趣，培养幼儿的交往技能，丰富幼儿的情感体验，提升幼儿的自我意识。在社会领域中，自我意识、人际交往、亲社会行为、社会认知和归属感是学前儿童社会性发展中十分重要且关键的概念，这五个概念相互联系、相互作用，并蕴含在幼儿社会交往的生活情景中。通过社会性的发展，幼儿开始初步掌握社会规范，初步形成自理能力，并且开始学习扮演社会中的角色，懂得如何在集体生活中更好地认同自己、认同他人。

（二）基于幼儿核心素养理念　关注社会性情感价值

《中国学生发展核心素养》认为心理社会能力是幼儿社会性发展的核心内容，并将幼儿心理社会能力细化为情绪管理、自我认知、人际沟通和社会适应四个维度。

幼儿阶段是成长的关键时期，相比在知识和智力上获得发展，幼儿更需要在情感和社会性层面上有所收获。他们要学习如何与人交往、如何建立安全的依恋关系，学习如何表达自己、理解他人、控制自我，学习如何处理生活和人际问题等。这一阶段教师要重点培养幼儿在未来生活中的个性发展和适应社会发展所需要的必备品格和关键能力。教师还要注意，幼儿是在复杂的社会文化环境中发展的因此教学内容应来自幼儿的生活。幼儿的生活主要包括家庭生活、在园生活、社会生活和精神生活，它们为幼儿的社会性情感教育提供了取之不尽的课程内容。

（三）基于环境生态理论　关注社会环境系统利用

美国心理学家布朗芬布伦纳曾对影响幼儿发展的环境做了深入研究。他认为，人的发展是一个庞大的生态体系中各因素相互作用的结果，这个体系的中心是人，是具有主观能动性的个体，而个体生活的所有外部条件的综合便是环境。这告诉我们，教师要从社会发展对个人素质要求的高度出发，在幼儿园充分利用和创设良好的环境，积极开展多样的活动，使幼儿与周边环境形成相互关系，如在幼儿与物资环境之间、幼儿与教师之间、幼儿与幼儿之间开展活动，使幼儿能以相对稳定的方式与直接环境相互作用。此外，还需在家庭与社区之间、家长与教师之间形成良性回路，使之相互作用、相互配合。

因此，我们在建模的过程中关注幼儿在情境中感知、在体验中理解、通过内化学会迁移，同时，在活动前及活动后注重社会环境的创设，给予幼儿多样的活动内容，让幼儿有更多体验的机会。

三、概念界定

幼儿社会性发展是社会认知、社会情感和社会行为三者结合的统一体。社会认知是一个个体对自我与他人、社会环境、社会行为规范等的认识,这种认识建立在生活情境和已有经验基础上的。社会情感是个体在社会生活、社会交往中的情感体验。因此,只有让幼儿在正式的社会生活和社会环境中体验、感受才能使幼儿产生引发社会行为的动力。

"3+3"社会性情感教学模式结构如下:

整体分为活动前、活动中、活动后三个阶段。在活动中,创设问题情境,运用情景讨论方式唤起幼儿情感共鸣;运用多样方式帮助幼儿析事明理;通过应用巩固、表达创造使情感内化迁移。

在活动后创设系列支持性的活动与机会,让幼儿的社会性情感得到循序渐进、循环往复的螺旋式的内化与升华。

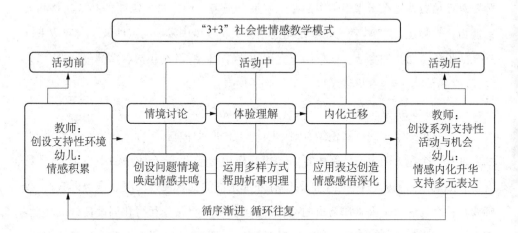

(一)第一阶段:活动前准备

社会性情感的教育活动不等于一般意义上的活动,除了在活动中需要有情感体验环节之外,在活动前及活动后都需要关注情感的积累及情感的深化。这是情感体验类活动比较特殊的地方。

教师在创设支持性环境时需要注意隐性的环境创设与显性的环境创设的不同。

隐性的环境创设在情感教育领域十分重要。它只是指幼儿园人际关系的心理氛围，表现为教师与幼儿、幼儿与幼儿、教师与教师间的交流方式，直接影响着幼儿的情感、交往行为及个性的发展。就幼儿社会性发展来说，隐性环境创设主要包括创设良好的人际环境，形成良好的日常规则和行为标准，建立融洽、和谐、健康的氛围，形成班级文化。

显性的环境的创设是针对当下活动的，能让幼儿在真实的生活中体验、感受、交往，能让幼儿在熟悉的环境中获得更为深刻的理解并将其重新建构，能引发幼儿情感共鸣的环境创设。教师可将其与教学目标相结合，基于幼儿当前情感的累积中存在的问题或当下这个年龄段的困惑，形成经验的矛盾冲突或挑战点，帮助幼儿在使用经验、改造经验的过程中获得体验，让幼儿的学习与发展得以提升。教师需为整个活动的设计做好前期物质、经验的准备。

（二）第二阶段：活动中实施

1. 情境讨论

情境讨论就是教师提供具体事件或创设一定的问题情境，通过情感追忆或者情感换位的方式激发幼儿的情感认知，帮助幼儿辨别各种不同的面部表情及其所代表的情感，理解不同的人在不同的情境中的想法、观点和情感，促进幼儿辨别他人情感、设想他人观点及进入他人角色的能力的发展，进而促进幼儿认知水平和社会理解水平的提高，为幼儿产生移情奠定基础。

在问题情境创设过程中，教师可以通过真实的生活情境、模拟的生活情境、联想的生活情境、艺术的生活情境等方式激发幼儿的情感追忆或情感换位，引发幼儿进行讨论。

情感追忆：运用言语提示唤醒幼儿在过去生活经历中亲身感受到的强烈的情绪体验，引起他们对情绪体验产生的情境、原因和事件的联想，加强情绪体验与特定社会情境之间的联系。

如中班的"班级一家亲"活动：

教师的环节目标：以"聊聊自己的朋友"作为导入，激发幼儿对活动的兴趣。（指导要点：鼓励孩子完整讲述，大胆表达）

关键提问：在班级里面你最好的朋友是哪位？说一说你和这位好朋友之间的小故事吧！

通过情感追忆的方式让幼儿回忆生活中同伴间的友谊。

情感换位：提供一系列由近及远的社会情境，让幼儿分析、讨论和扮演角色，从而使幼儿转换角色去体验某种情绪、情感状态，并促进其角色转换能力的发展。

如大班的"特别的爱给特别人"活动：

从对"特别"的已有经验出发，聚焦"盲人、聋哑人及身体有缺陷的人"这三类人群，从外表、行为着手，让幼儿分析与迁移相关经验，正确认识这三类人群的特别。

1）聊聊特别

关键提问：什么是特别？哪些人特别？为什么？

2）找找特别

关键提问：他哪里特别？

3）感受特别

关键提问：你感觉怎么样？（眼罩体验）

教师通过提问拉开活动的序幕，让幼儿在情境讨论中认识这些特殊人群，激发幼儿的同情心，引发幼儿对这些特别的人表达不一样的关爱。

教师通过情绪追忆和情感换位，以创设问题情境的方式让幼儿把过去的情绪、情感体验迁移到相应的社会情境之中，使自己置身于其中，设身处地地为他人着想，体验或设想他人正在体验的情绪、情感，从而产生移情。

2. 体验理解

社会性情感技能是个体管理自身的思想、情绪与行为的能力。这些技能不同于读写能力或者数学认知。社会性情感技能的习得取决于环境因素，并通过正式与非正式的学习体验影响着人的一生。社会性情感技能需要与认知技能相互补充，如此方能让幼儿获得更好的体验并解决社会性情感中的问题、困惑。

探索式体验：通过探索的方式帮助幼儿更好地转化情感。教师可以运用观察、比较、评价的方式帮助幼儿进行情感体验并进一步把情感体验转化为积极社会情感。

如在中班活动"班级一家亲"中，教师基于活动目标"在看看、猜猜、说说的过程中，尝试运用观察比较的方式进一步了解班级里的朋友"和"愿意用多种方式表达对同伴的爱，愿意交更多的朋友"，一共设计了四个不同的游戏。这四个游戏的内容难易相间，有相对简单的对衣服、玩具的观察比较，也有针对视力、声音等相对较难的比较。

在培养幼儿观察、比较、推测等探索式的能力时，教师要让主题紧紧围绕着"班级"、"爱"、"同伴"等，让幼儿在活动中充分发挥自主性。如玩具游戏主要是培养幼儿细致观察、比较的能力，虽然两个玩具娃娃是同一模样的，但是她们的鞋子、腰饰等都是不同的。在小结中，教师要引导幼儿多多与同伴分享自己的玩具。眼睛游戏则是让幼儿通过观察、比较眼皮的一双一单、同双、同单等形式，并观察眼部周围的细节，寻找眼睛的主人。在小结中，引导幼儿在与人说话时注视对方的眼睛，懂得这也是一种爱同伴、有礼貌的形式。在声音游戏中，教师引导幼儿比较同伴声音的轻响，语速的快慢，以及声音上的特征。小结时，教师引导孩子与更多的同伴交流、聊天、游戏。

沟通式体验：教师通过与幼儿交流、互动及辩论的方式，帮助幼儿明晰事理，进一步同化幼儿的善恶感、是非感，使幼儿达到对社会性情感的理解与认同。

如大班的"特别的爱给特别人"活动，在"特别的人，有特别之处"环节中：

1）出示图片，辩证讨论

关键提问：

① 眼睛看不见就不能阅读了吗？（盲文书）

② 不能说话难道就交不到朋友了吗？（手语）

2）出示视频，表达感受

关键提问：

① 每个人都有梦想，一个失去双臂的人，他的梦想却是弹琴，他会成功吗？

② 看了这个视频你是什么感觉？

③ 看了这个表演，你想对他说一句什么话？（从你们的话语中我已经感觉到你们对他们的尊重）

教师通过这种互相沟通式的提问引导幼儿表达感受，从而激发出幼儿内心同情、尊重的情感。

浸润式体验：通过让幼儿亲身体验的方式达到情感体验的目的。这种浸润式的体验能让幼儿在体验中留下深刻印象，并从情感认知的挑战点中形成属于自己的积极社会性行为。

如大班活动"上海——我最喜欢的城市"，要求幼儿尝试合作完成任务：

1）关键提问：

① 出示一张南浦大桥的图片：说说有些什么特点？

② 能不能 4 个小朋友一组,合作变出一座"南浦大桥"呢?

2) 幼儿现场合作,老师观察并适时指导。

(观察幼儿有否倾听别人的习惯,有否遇到问题或者困难等)

3) 分享要素:

① 这么多桥,你们是怎么变的,有什么好方法吗?

② 是否遇到问题? 是怎么解决的?

教师通过这样浸润式的体验,让幼儿在合作中解决遇到的问题,让幼儿感受如何在真实生活情境中解决问题,提升幼儿的积极情感。

因此,教师以情感为动因,以幼儿主体参与、体验为主要学习方式,依据活动目标、内容采用一种或多种方式进行不同的体验活动,使幼儿在与认知行为相互对应的过程中,启发联想、明晰事理,知情导情。

3. 内化迁移

教师可通过开展活动经验交流或反思回顾活动过程等方式提升幼儿的情感体验,促进幼儿情感的有效内化。

教师组织幼儿将自己移情的体验多元地表达出来,与同伴、老师进行交流,再由幼儿或教师小结,可以是设身处地为他人着想的关心话语或是将采取的一些行为方式。在内化迁移的环节中,幼儿是主体,教师应力求形式多样。

应用巩固性内化:教师创设各种情境,使幼儿获得重复体验,并通过外化的形式促使幼儿的情感体验在不同情境中不断巩固、内化。

如在大班活动"上海——我最喜欢的城市"中,教师先让幼儿以小组合作完成"南浦大桥"为体验,再出示三张上海特色建筑的图片,让幼儿在第一次合作的基础上,得到情感的应用巩固性内化。

1) 关键提问:

① 请出三位朋友,猜猜他们想去的地方。

② 出示想去的地点的三张图片:金茂大厦、九曲桥、游乐园。说说他们有些什么特点。

③ 这次我们还是四人一组,选择其中一个建筑,合作变出这个建筑。

2) 幼儿体验活动过程,老师观察并适时指导。

(观察幼儿是否尝试应用已有合作经验,是否感悟到合作的快乐)

3) 分享要素：

① 这次合作是否遇到问题？是怎么解决的？

② 有否用了别人的好方法？怎么做的？

通过应用巩固性内化的过程，幼儿在与同伴的认同、协商共赢、责任分工的过程中实现情感的应用内化，感受合作带来的快乐，体验共同生活的社会性情感的乐趣，在真实生活情境中解决问题，提升与同伴间积极的社会性情感。

表达创造性内化：幼儿通过角色扮演，在特定的虚构情境中处于他人的位置进行思考，通过外显的语言、动作、表情来表现角色情感或通过艺术表现手法来抒发自己的感受。这是扩散性迁移的有效手段，是一种情不自禁的外化表现。

如在大班"我是滨江小导游"活动中，教师巧妙地设计了"我是滨江小导游"的游戏情境，激发了幼儿内化对上海的情感的主动性，"有声地图"与"点读笔"的使用更调动了幼儿主动介绍、创编景点的兴趣。幼儿在宽松、自主的学习氛围中，反复进行了沪语儿歌的创编。教师运用这种创造性的表达方式，帮助幼儿更好地体验上海滨江的有趣，促进幼儿更热爱上海的社会性情感。

因此，教师引导幼儿对社会性情感从内容、形式、范围多角度进行认识、理解，并尝试运用应用巩固性与表达创造性内化的方式，帮助幼儿开阔视野、发展思维、丰富情感、增强能力。在这一阶段教师还可引导幼儿结合自己的生活实际对一些社会现象进行议论，以促进社会性情感进一步内化。

（三）第三环节：活动后延伸

教师应创设系列支持性活动与机会，使幼儿的情感通过点对点的方式进行跨时空的累积，给予幼儿更多多元输出的表达机会，这样幼儿的情感才可能会有深化与升华，并转化为积极的社会性行为。

1. 情感的外显与内在链接

在活动中注重以幼儿为主体，给予幼儿情感多元输出的机会。除了通常的语言表达、肢体表达之外，还可采用前书写、投票等方式让幼儿的情感的痕迹得到保留，情感得到升华。

2. 跨时间的累积，量到质的情感提升

丰沛的情感需要由量到质的积累，情感体验是 n 个量的累积后才可能拥有的体验，因此社会性情感教学的内容设计与安排不应是孤立的、单一的，它一定是系列的、有前后联系的递进过程。因此,社会性情感的积累,可以以周为单位,可以跨月,也可以跨年龄段。由此形成的横向及纵向的网格系统,能够保障幼儿社会性情感从量到质的内化与提升。

3. 跨空间的拓展,形成家园社区一体的循环系统

情感的渗透内化与升华是通过人与人、人与自然、人与社会之间的互动产生的,而互动的类型有同一年龄段的互动,跨年龄段的互动,与不熟悉的人的情感互动,走出去、请进来的互动等,教师通过创设不同空间与内容的活动,利用各类情感互动网络系统,使孩子的情感体验变得更为丰富与充实,帮助幼儿将情感有效转化为积极的社会性行为。

4. 尝试评价机制,让课程形成动态发展

教师在社会性情感类的活动中可以尝试设计观察工具表,根据工具表观察幼儿的行为,反思活动的目标设计,进行活动的物质、经验准备等。年级组教师在活动后要进行反思,并对后续活动进行思考,同时,将反思内容反馈给保教,从而补充完善课程方案内容。这样,课程才能在不断的调整过程中形成动态的发展。

四、"3+3"社会性情感教育模式实施要点

(一)体验性——生活情境

社会性情感必须在真实的社会生活情境中被充分感知和积极投入,这样才能使幼儿得到有效的情感体验,才能促使幼儿情感的稳定性不断增加,才能产生并引发幼儿积极的社会行为动力。

(二)游戏性——寓教于乐

游戏是幼儿在幼儿园的基本活动,幼儿的年龄特点决定了他们是在游戏中学习,在游戏中生活。同样,社会性情感教学需要根据幼儿的年龄特点,以生动有趣的、形式多样的活动进行实施。寓教于乐,在丰富多彩的活动中让幼儿感知、体验、内化情感。

(三)连续性——系列递进

幼儿园的社会性情感教育需要学校有课程意识,情感的体验不是孤立呈现的,而是形成一个相对连续且递进的高低结构转换的过程,这样幼儿的情感体验才能真正地内化迁移,幼儿才能学会情感换位,形成共情。

（四）渗透性——潜移默化

对于幼儿的社会情感的培养应该渗透在多种互动和一日活动的各个环节中，因人、因时、因地地实施渗透性的教育。教师通过创设一个能使幼儿充分感受、积累体验的环境，让幼儿潜移默化地接受教育。

（五）互动性——家、园共育

幼儿积极的社会性情感养成是一个积累的过程，需要幼儿园、家庭、社会密切协作，只有三者协调一致，才能共同促进幼儿良好品质的形成。尤其是小年龄段的幼儿，在家庭中生活的时间长，与父母及家人交往的机会多，因此更需要家、园互动，共同培育。

笔者通过对共同生活中的"3＋3"社会性情感教学模式进行梳理，抓住社会性情感教育的特质，对教育教学过程的组织方式做简要的概括，以提供教师教育教学实践操作的模式，有利用教师掌握一些比较典型、稳定的活动的结构及相关的教育策略和理论经验，帮助教师进一步明确基于共同生活的社会情感教育在活动前、活动中、活动后三个阶段分别要什么、做什么、怎么做，把相对抽象的教育理念化为具体可操作的策略，使幼儿园的生活教育更为有序、有效。同时笔者也希望通过展现模式研究与实施，使教师围绕幼儿发展这一根本点教育幼儿学会生存、学会学习、学会发展。

（金晓燕）

案例提供：

徐汇区科技幼儿园　张　琦

徐汇区宛南实验幼儿园　范　琪

徐汇区乌鲁木齐南路幼儿园　钱　蕾

后　记

　　当前,以学为中心的教学已成为课程与教学研究实践领域的核心,我们在承担上海市教育科学研究重点项目暨哲学社会科学一般项目"基于课程标准教学的区域性转化与指导策略研究"的探索实践中,深深地感到教师的课堂教学始终是重点和关键,小小的课堂空间承载着太多的教学观念和思想,是经验智慧的集散地,同时也是课程与教学生态体系中问题的聚集地。

　　教师的功夫在课堂,课堂教学领域存在的大量经验和待解问题,不断向我们提出挑战,也提供了巨大的思考探索空间。当前课程改革正步入深水区,新的课程标准正陆续颁布,学科核心素养培育成为行动的指针,在此背景下,基于标准,以素养为导向,以知识建构为基本特征的课堂教学成为主流。正是基于这些需求,早在项目研究的中期,我们在构建课程标准转化为课堂教学的工具支架体系时就开始思考微观课堂教学的落实,并展开一定的实践探索。尤其是近两年来,随着课堂教学价值追求由单纯知识传授向素养整体培育转型,我们的探索也不断深入,形成了初步而系统的课堂教学经验。本书就是这些经验和思考的集中呈现。

　　本书既是教师已有经验的梳理提炼,更是新形势下针对课堂教学问题的新探索,是广大教师和教研员集体智慧的结晶,在研究过程中,各学段和各个学科的教师扎根课堂,以项目团队的方式展开连续性的循证探索,边实践,边总结,边推广,形成了"三维多元聚合"课堂教学范式统领下的不同学科、不同课型的课堂教学模式。尽管这些实践探索还是初步的,不少地方有待进一步完善,但是它为后续更加广泛深入的系统研究奠定了坚实的基础。

　　本书根据不同课型分为六章,每章收录课堂教学模式若干篇,每篇既有该模式的基本含义、结构与流程,又有翔实的案例分析,呈现课堂教学范式形态的多样性与个性化。既给读者以范式基本规约的框架性把握,又能给予灵活性、创新性实施的启示。本书由李文萱策划并组织撰写,案例与分析部分由各学科教研员分别撰写,全书由李文萱等负责统稿定稿。

在我们研究和实践期间,得到了来自各方面领导和专家的悉心指导和帮助。上海市教委原副主任尹后庆、市教委教研室主任徐淀芳、华东师范大学课程与教学研究所所长崔允漷、华东师范大学胡慧闵教授,以及上海市教委教研室原主任孙元清老师等,对本项目的研究提出了很多宝贵的意见和建议,教育局主要领导对我们的研究给予了大力支持。在此,我们对上述领导和专家深表谢意!